U0477401

# 图书馆合理分享著作权利益诉求研究

吉宇宽 著

中国社会科学出版社

## 图书在版编目（CIP）数据

图书馆合理分享著作权利益诉求研究／吉宇宽著.—北京：中国社会科学出版社，2015.8
ISBN 978-7-5161-6166-1

Ⅰ.①图… Ⅱ.①吉… Ⅲ.①数字图书馆—著作权—研究 Ⅳ.①G250.76 ②D913.04

中国版本图书馆 CIP 数据核字（2015）第 107061 号

| | |
|---|---|
| 出 版 人 | 赵剑英 |
| 责任编辑 | 孔继萍 |
| 责任校对 | 石春艳 |
| 责任印制 | 何 艳 |

| | |
|---|---|
| 出　　版 | 中国社会科学出版社 |
| 社　　址 | 北京鼓楼西大街甲 158 号 |
| 邮　　编 | 100720 |
| 网　　址 | http://www.csspw.cn |
| 发 行 部 | 010-84083685 |
| 门 市 部 | 010-84029450 |
| 经　　销 | 新华书店及其他书店 |
| 印刷装订 | 北京市兴怀印刷厂 |
| 版　　次 | 2015 年 8 月第 1 版 |
| 印　　次 | 2015 年 8 月第 1 次印刷 |
| 开　　本 | 710×1000 1/16 |
| 印　　张 | 17.5 |
| 插　　页 | 2 |
| 字　　数 | 296 千字 |
| 定　　价 | 65.00 元 |

凡购买中国社会科学出版社图书，如有质量问题请与本社联系调换
电话：010-84083683
**版权所有　侵权必究**

# 目 录

序言 …………………………………………………………………… (1)

## 第一章　图书馆制度和著作权制度关系 ……………………… (1)
第一节　两种制度的形成和发展的历史背景 ………………… (1)
第二节　两种制度的密切关系 ………………………………… (5)

## 第二章　图书馆享有著作权豁免的法理支撑 ………………… (11)
第一节　图书馆具有公共利益的目标 ………………………… (11)
第二节　图书馆公平正义的价值存在 ………………………… (14)
第三节　符合"权利弱化与利益分享"理论范式 ……………… (16)

## 第三章　图书馆分享著作权利益的法律价值 ………………… (20)
第一节　平等性 ………………………………………………… (20)
第二节　公平性 ………………………………………………… (21)
第三节　公益性 ………………………………………………… (22)

## 第四章　图书馆分享著作权利益的经济价值 ………………… (25)
第一节　著作权必须受到保护的经济依据 …………………… (25)
第二节　著作权必须受到限制的经济依据 …………………… (26)
第三节　图书馆分享著作权利益的经济价值体现 …………… (28)

## 第五章　图书馆合理分享著作权利益的效益价值 …………… (31)
第一节　著作权制度的效益机制 ……………………………… (31)

第二节　图书馆实现作品的最佳效益 …………………………（34）

**第六章　图书馆的特别功能：合理分享著作权利益的促进** …………（40）
　　第一节　图书馆是著作权与人权冲突的调节器 …………………（40）
　　第二节　图书馆是著作权法公有领域的维护者 …………………（48）
　　第三节　图书馆：盲人、视障者服务与著作权保护的协调者 ……（56）

**第七章　"三网融合"对图书馆分享著作权利益的影响** ………………（66）
　　第一节　促进图书馆新媒体服务发展与著作权权能整合 ………（66）
　　第二节　图书馆功能扩张与著作权诉求转移 ……………………（72）
　　第三节　图书馆信息网络传播权的困境与诉求 …………………（82）

**第八章　关于图书馆获取著作权授权模式的研究** ……………………（94）
　　第一节　设立图书馆法定许可专门条款的探讨 …………………（94）
　　第二节　图书馆直接适用法定许可的机遇与困境 ……………（102）
　　第三节　著作权代理公司解决我国图书馆著作权许可问题 …（110）
　　第四节　以著作权补偿金制度解决图书馆的著作权授权问题 …（117）
　　第五节　图书馆使用网络作品的许可模式探究
　　　　　　——以数字权利管理系统为模式 ……………………（125）
　　第六节　以微量许可模式解决数字图书馆著作权授权问题 …（133）

**第九章　关于图书馆著作权侵权行为控制研究** ……………………（142）
　　第一节　数字图书馆新媒体阅读服务著作权侵权控制 ………（142）
　　第二节　图书馆知识共享中著作权侵权行为的控制 …………（150）
　　第三节　图书馆知识咨询服务中著作权侵权行为控制 ………（161）
　　第四节　图书馆联盟著作权侵权风险分析与控制 ……………（170）
　　第五节　图书馆自建数据库著作权的限制与反限制 …………（180）

**第十章　关于数字图书馆著作权作品使用付酬机制研究** …………（188）
　　第一节　数字图书馆作品使用付酬的困境 ……………………（188）
　　第二节　构建数字图书馆有效付酬机制的探讨 ………………（193）

**第十一章　数字出版者和数字图书馆著作权利益的融合** ············(199)
　第一节　数字出版者与数字图书馆交易的著作权利益冲突 ······(200)
　第二节　数字出版者与数字图书馆著作权交易融合策略 ········(204)

**附件Ⅰ　中华人民共和国著作权法** ·································(211)

**附件Ⅱ　中华人民共和国著作权法实施条例** ·······················(227)

**附件Ⅲ　信息网络传播权保护条例** ·································(232)

**附件Ⅳ　中华人民共和国著作权法(修订草案送审稿)** ···········(239)

**参考文献** ·····························································(262)

# 序　言

　　信息（包括作品）是人类社会发展和进步的主要推动力量，著作权法是调整作品与信息的创作、传播和使用的基本法律，它既要保护信息的创造、鼓励信息的传播，也要促进信息的利用，满足广大公众使用者的智力文化需求。图书馆是现代公共信息服务体系的最主要的公益性代表机构，也是作品与信息的中介服务机构。一方面，它通过对作品与信息的获取、占有、传播，供广大公众使用者理解、吸收与消化，从而达到作品与信息利用的终端——作品与信息的再创造；另一方面，它与社会公众一起构成终端的作品与信息消费者的主体部分。因此，图书馆有着强烈的著作权利益诉求。

　　20世纪90年代中期以来，数字技术、"三网融合"、"云计算"等新技术催生了图书馆的新业态：数字图书馆、移动数字图书馆、数字电视图书馆、手机电视台等信息服务新模式应运而生，图书馆功能也扩张至广播电视、电信和互联网领域。图书馆获取作品与信息、向公众传播信息的手段日益多元化，公众对于作品与信息的利用也更为便利。但是，由于网络环境中数字作品可以摆脱载体的束缚，图书馆及公众只要获取了作品，就可以进行作品的再传播，作品受权利人的控制变弱，虽然《著作权法》赋予作品创造者的权利仍然存在，但是著作权人却无法向每一个未经授权的作品使用者逐一要求赔偿，而传统时期的著作权法对数字作品的复制和传播，已经无力回应，著作权人的利益已经得不到著作权法的有效支持与保护。面对数字技术的挑战，著作权人开始扩张权能（如设置信息网络传播权），设置技术保护措施防止潜在的使用者接触作品与信息，强化作品与信息的著作权保护。但是，为作品使用者而设计的著作权法的制度规则却停滞不前，回应图书馆及公众的著作权利益诉求片面或者滞缓，图书馆及社会公众的著作权利益已经得不到有效的保障。

适逢我国《著作权法》要进行第三次大的修改之际，作为一名有着图书馆学专业和法律硕士专业知识背景、有着图书馆工作实践经验和知识产权教学与研究经验的吉宇宽同志，深感为图书馆伸张著作权利益诉求担子的重量。于是，便开始深切关注图书馆特别是数字图书馆及公众文献信息资源需求的多样性、使用和传播作品方式的变化、图书馆功能变革趋势与《著作权法》的立法动向，着手研究图书馆著作权许可与付酬机制、著作权侵权控制与问题解决方案、图书馆传播著作权作品的社会意义、价值存在等问题。自2004年以来，吉宇宽同志一直从事与图书情报相关的著作权研究，逐渐形成了自己的研究特色。先后在国家级、省部级图书馆学、情报学专业核心刊物上发表与图书情报相关著作权论文58篇；2012年获批教育部青年基金项目1项、2011年获批河南省政府决策课题1项，还主持河南省厅等厅局级项目10项；参编著作1部；获河南省人文社科成果奖1项，河南省教育厅人文社科成果奖2项；多篇论文被人大复印资料全文转载；多项课题研究成果为图书情报行业和政府决策部门解决图书馆涉及的著作权问题提供参考。

《图书馆合理分享著作权利益诉求研究》系吉宇宽同志的教育部人文社会科学研究青年基金项目"基于三网融合的数字图书馆著作权豁免诉求研究"（项目编号：12YJC870010）、河南省政府决策研究招标课题"数字图书馆资源共享工程建设与著作权保护的协调研究"（项目编号：2011B223）的研究成果之一。相信本书的出版，能够对我国《著作权法》的修订工作，在设计关于图书馆的著作权制度规则方面，提供重要的理论参考。同时，也希望吉宇宽同志继续以饱满的科学研究热情，投入到图书情报相关的著作权研究的实践中去，为图书馆合理分享著作权利益的实践作出更大的贡献。

李景文

2014年12月12日

# 第一章

# 图书馆制度和著作权制度关系

翻阅著作权制度发展史，浏览图书馆①制度的历史渊源，令人吃惊地发现，两种制度都是在资产阶级启蒙思想的影响下，在资产阶级推行"民主政治"过程中形成的。两种制度相互交织，彼此促进，关系密切。紧密联系两种制度的纽带不只有保护著作权人的正当权益目的，还有维护和保障社会公众与以图书馆为代表的公益性机构对作品的正常接近权利的目标。也正是这种平衡机制和目标使图书馆获得了"适当"的著作权侵权的豁免权，进而激发社会公众或读者的文学、艺术和科学作品创作热情。作为一名文献信息人员，作者探究两种制度关系的目的，旨在不侵犯著作权人利益的前提下，为社会公众和图书馆争取更充分的著作权豁免提供翔实有力的历史证明。

## 第一节 两种制度的形成和发展的历史背景

### 一 著作权制度的形成和发展

人类社会通过制定具有普遍约束力的法律规范来确认文学、艺术和科学作品的作者的权利，进而保护权利人因作品被商业性的使用而产生的利益的制度，这就是著作权制度。其起源于科学技术、文化教育和商品经济发展较早的欧洲。造纸和印刷为早期英国图书出版业的兴起和发

---

① 现在和将来相当长的时期，图书馆都将是传统图书馆与数字图书馆的复合体，因此，本书讨论的图书馆实际涵盖了数字图书馆；再者，在此讨论图书馆制度形成，主要以公共图书馆为案例。

展提供了技术，为出版商带来丰厚的利润。但是，"盗版"等不正当竞争行为又给诚实的商人造成极大的危害。出于竞争和维护自身利益的要求，出版商力图谋求对某些书籍的垄断，而控制复制和发行权。英王为了获得出版商缴纳特权费而应其要求，授予他们一种垄断的印刷权——特许出版权。这种制度一方面满足了出版商的要求，另一方面旨在维护封建国家政教合一的统治。在这种制度下，作者本人从中并无任何受益，他们的利益并未出现在皇家的视野中，因此，特许出版权不过是一种保护出版商利益的出版图书的专利权，并非著作权制度的起源。

随着资本主义生产方式逐渐占统治地位，启蒙运动促成人们思想发生巨大变化，使人们认识道：文学、艺术和科学作品的作者才是创造的源泉。于是，英国议会于1709年通过了一部以保护作者的权利为主要目的法案，史称"安娜法令"。这部法令所依据的原则中有两项是革命性的：第一，承认作者本人是著作权保护的本源；第二，对已出版的著作采取有期限的保护。该法令标志着以保护作者的利益为宗旨的著作权制度的诞生。1790年，美国以"安娜法令"为模本，制定了《联邦著作权法》。与英国不同的是，欧洲大陆国家的法律中体现了资产阶级启蒙思想家的一些主张。他们认为，作品不同于其他商品，首先是作者人格的反映。因此，在著作权中，人格权是最重要的，财产权次之。欧洲大陆法系作者权法的出现，使著作权发展成为以作者为权利主体的、由人身权和财产权共同构成的民事权利。但是随着国际经济、政治、文化等领域的发展，尤其是近年来，科学技术的迅速进步所造成的国际交往的频繁和国家间经济相互依存程度的提高，呈现出国际经济全球化的趋向。在这种大的趋势下，各国更愿意制定和接受交往中一体化的共同准则。于是国与国之间相互为对方作者提供法律保护的做法成为必然。1858年，在布鲁塞尔举行的文学与艺术作品作家代表会议上，各国开始就建立著作权国际保护机构的问题进行了磋商。1886年签订了《伯尔尼公约》。该公约已成为当今世界多数国家相互之间保护著作权的基础性公约，目前已有140多个成员国。1952年9月，另一个著作权公约——《世界版权公约》在日内瓦通过，《世界版权公约》的建立是对现行著作权条约的补充。1993年通过的《与贸易有关的知识产权协议》（TRIPS），更进一步强化了国与国之间相互保护著作权的联系性和一致性。随着社会、政治、经济、文化发生变化，著作权制度的内容也在不断地变化。从著作权限制这点来看，对社会公众和以图书馆为代表的公益性机构的著作权责任的豁免条件也越来越宽松。这也是图书馆界和社会公众努力争取的结果。

**二 图书馆制度的形成和发展**

公益性图书馆主体源于公共图书馆，比较复杂，各国公共图书馆的发展模式也不一样，例如英国的公共图书馆是城乡一体化模式，美国的公共图书馆是以城市为中心向乡村辐射的模式。[①] 而我国的公共图书馆是按行政区设立，是一种地区性的图书馆，原则上服务于本地区读者，也服务别的区域的读者，服务对象不确定。一般来说，公共图书馆是由国家或地方行政机构拨付经费，由国家或地方文化部门主管，免费向公众读者服务的机构。公共图书馆一般都依靠图书馆法律、法规、条例等制度对公共图书馆进行管理和运作，使其发挥着文献收藏、文献传递、信息服务等职能。因此，公共图书馆具有公益性、非营利性，公共图书馆也是公益事业的典型代表机构，目前，各界人士在界定何为公益性图书馆时，一般都认为是公共图书馆。各个国家一般也都是通过公共图书馆制度，来保障社会公众的信息权利。

无论我国还是世界其他国家，公共图书馆都不是凭空产生的，它的形成都与本国历史上各个时代（奴隶社会、封建社会、资本主义社会）的国家图书馆、学校（书院）图书馆或私人图书馆有渊源关系，而具有现代意义的公共图书馆诞生于英国。在国会议员埃德沃特（William Edward）和图书馆活动家爱德华兹（Edward Edwards）的呼吁下，1850年2月英国议会下院通过了公共图书馆法，为公共图书馆事业发展奠定了最根本的基础。依照公共图书馆法的规定，允许人口达1万人的城镇建立公共图书馆，所需经费从地方税收中支付，但建成后必须向纳税人免费开放。这就改变了1850年以前公共图书馆只对统治阶级和贵族服务的限制，从而使一般的公民有了在图书馆受教育和借阅图书资料的权利，这样，公共图书馆的服务就发生了根本的变化。[②] 美国的公共图书馆与英

---

[①] 王流芳：《社区图书馆的理论与实践》，中国民族摄影艺术出版社2002年版，第32页。
[②] 王立贵：《中外图书馆事业比较研究》，齐鲁书社1999年版，第222—224页。

国的公共图书馆几乎同时出现，但是，与英国的公共图书馆不同，美国的公共图书馆不是按国会的统一法令建立，而是各州自行其是。美国最早的公共性质的图书馆是1803年在康涅狄格州索尔兹伯镇建立的儿童图书馆。随后，1827年，马萨诸塞州的莱克星顿镇也建立了一家儿童图书馆，由镇政府支付建馆费用。1833年，新罕布什尔州的彼得博罗镇议会决定从州政府拨给的教育经费中抽出一定数额，建立一所向全镇居民免费开放的图书馆。此后，类似的公共图书馆陆续在美国各个州建立起来。①

1896年，"图书馆"一词由日本介绍到中国。1902年清政府颁发"学堂章程"时，第一次在中国官方文书上出现"图书馆"一词。1905年在湖南长沙，由当时清政府巡抚庞鸿书奏请建立我国第一个公共图书馆。1906年，清政府颁布"新政"规定，在京师及各省设立公共图书馆。1909年，又颁布了《拟定京师及各省图书馆通行章程》，并在湖南、浙江、江苏等省陆续建立了在一定程度上向社会开放的图书馆。②辛亥革命、新文化运动促成新图书馆运动，使中国的图书馆进一步走近平民。中国共产党的诞生对我国公共图书馆事业影响较大，我党和进步人士在革命的各个时期，都建立过进步的面向大众的图书馆，如1933年上海建立的"蚂蚁图书馆"、1937年成立的"延安中山图书馆"、1948年建立的"东北图书馆"等，都为新中国图书馆事业奠定了基础。

随着各国图书馆事业的发展，1927年，英、美、中等14个国家的图书馆协会代表联合倡议在伦敦成立国际图书馆联合会，旨在促进国际图书馆界、信息界的相互了解、合作、交流、研究和发展。1949年，联合国教科文组织发表《公共图书馆宣言》，建议各国和各地政府支持并积极参与公共图书馆的建设。推进民主政治、传播文明和增进公众福祉的公共需要促成现代公共图书馆制度的建立和发展，公共图书馆制度促进公共图书馆事业的发展，促进和保障民主目标的实现。可以说，公共图书馆制度是各国政府为保障公民的信息权利（重要的民主权利）而选择的一种制度安排，在为社会公众和公益性单位争取更多的著作豁免权等民

---

① 于良芝：《图书馆学导论》，科学出版社2003年版，第54—55页。
② 桑建：《图书馆学概论》，辽宁人民出版社1985年版，第93—94页。

主权利方面，公共图书馆制度是强有力的社会制度保障，因此，公共图书馆制度是民主政治的产物。反过来说，公共图书馆制度又成为民主政治重要的推进器之一。

## 第二节 两种制度的密切关系

### 一 两种制度民主价值目标契合

著作权制度保护著作权是一种专有权，在专有权之外的部分则处于公有领域——通常是没有被著作权法制纳入保护范围的作品、保护期限届满的作品和权利人放弃著作权的作品。对社会公众、图书馆及读者来说，对公有领域的作品使用是免责的（指著作权的财产权方面）。而对于专有权领域——私权领域的作品，著作权法规定，一般通过购买的方式，才允许图书馆、社会公众使用。此外，还通过合理使用、法定许可、强制许可、著作权穷竭、公共秩序保留等限制制度和原则，来保障社会公众和以图书馆为代表的公益性机构对作品的正常接近。这充分显示了著作权制度平衡作者权益和社会公众权益的价值。既保护了作者的权利，鼓励作者的作品创作激情，产生更多、更好的新作品，又维护了社会公众（包括图书馆的读者）对作品正常接近，有利于文学艺术和科学技术走向繁荣，促进整个社会的进步和发展。

公共图书馆制度保护读者（作品的使用者）的权益，主要是通过发展公共图书馆事业，发挥公共图书馆对读者（社会公众）的教育、情报、研究、文化、娱乐职能体现出来的。正如《公共图书馆宣言》宣告的，"自由、繁荣以及社会与个人的发展是人类根本价值的体现。人类根本价值的实现取决于智者在社会中行使民主权利和发挥积极作用能力的提高。人们对社会以及民主发展的建设性参与，取决于人们所受良好教育和存取知识、思想、文化和信息的自由开放程度。公共图书馆，作为人们寻求知识的重要渠道，为了人和社会群体进行终身教育、自主决策和文化发展提供了基本条件。公共图书馆是地区的信息中心，是传播教育、文化和信息的一支有生力量，是促使人们寻找和平精神幸福的基本资源"。可见，促进自由和包括文学、艺术、科学技术的繁荣以及社会与个人的发展是公共图书馆的价值所在。因此，著作权法律制度和公共图书馆制度保护权益的对象虽然不同，但是，两种制度的主要民主价值目标却基本一致，达到契合——促进人类文学艺术和科学技术的发展，促进整个社会的进步和繁荣。

**二 两种制度公平品格一致**

著作权法律制度通过对著作权人的权利限制，来保障公众对作品的正常接近。体现了著作权法制追求公平正义的价值。对于著作权人来说，图书馆是作品的使用者；对于读者来说，图书馆又是作品的传播者。因此，图书馆具有著作权法律关系的二重性。对著作权人权利限制可以看成是允许图书馆享有著作权的豁免的重要表现形式，正是通过这种豁免制度才能调配著作权人和公众读者之间的著作权利益。著作权由著作权人专有体现了著作权法对著作权人利益的特别保护，而对著作权限制则体现了著作权法对作品使用者给予责任的豁免，是对公众使用者利益的保障。也是将作品产生的一部分利益分配给使用者的调节机制。之所以将作品的部分利益分配给公众使用者，是因为要实现著作权法律制度的公平价值目标。另外，著作权保护在给社会带来一定利益的同时，也施加社会的必要成本。从维护著作权个人利益与社会利益之间均衡的角度来说，应对著作权人专有权进行适当限制，以至不会妨碍现实所需要的对作品传播与利用而产生的利益。因此，著作权法律制度既有维护个人利益的作用，也有维护社会公众利益的功能。从公平角度看，著作权制度也需要通过对著作权的限制保护公众读者对作品的正常接近与利用。"适当的"著作权限制能够保障不会因为限制而影响到著作权人的利益，而这种限制对维护社会公众利益是必要的。在过分限制的情况下，则会因为妨碍著作权人利益的实现而窒息对作品创作和传播的激情，也会危害公众利益，这样也违反公平的原则。

在著作权法制调整的作者、传播者、使用者（读者）三者关系中，作为文献（作品）的传播机构，图书馆一直在积极追求对作品的正常接近，尽可能地做好文献资源建设完整性，尽可能地满足公众读者对文献的多样性需求。而公众读者也在积极追求文献使用的公平权，包括读者借阅地位平等、借阅册次平等、开放时间公平等权利，其中最重要的是公平地接近文献的权利。读者的这些权利的实现主要取决于图书馆文献资源的完备性，而图书馆资源的完备情况，除本馆常规的文献采购外，最重要地取决于其获得著作权的豁免权。现在各个图书馆正艰难地、积极地寻求著作权法的支持，来根本实现其公正的价值目标。从整个社会来说，全体图书馆服务于整个社会人（包括所有读者），整个社会人（包括作品创作者）在积极地创作作品，所有读者在积极地寻求公正地、无限地正常接近作品，目的是创作新的作品。这是一个互益循环，在这个循环中，公正和开放是一个重要的调解机制，这个重要的调节机制很大程度上依靠著作权法赋予图书馆更多著作权豁免制度的推行。

### 三 两种制度效益目标相吻合

效益也是著作权制度追求的重要价值目标，要达到有效地分配和使用社会资源，取得最佳的社会效果，需要有一个效益机制来调节。著作权制度对作者权利进行限制，保障公众对作品的正常接近，就是这种效益机制运行的体现。为了利益，著作权制度赋予著作权人对其作品专有权或者垄断权，这种垄断权的赋予，不仅带来著作权人个人效益，也产生了社会效益。就作者而言，通过著作权制度赋予专有权，能够对他人利用作品予以有效控制，防止自由"搭便车"行为，实现控制作品利用的个人效益。利益是一切创造性活动的动力和源泉，利益驱使作者不断创作出优秀作品，丰富人们的精神文化生活。就社会而言，社会以较低成本对著作权的专有权利予以"适当"有限控制，让以读者为代表的社会公众享有著作权的豁免权，从而取得社会效益。所谓"适当"，体现在对著作权人和社会公众在利用作品的利益分配上要适当。通过权利限制，既不会降低作者创作热情，也不会妨碍作者创作成本回收和必要利益获取。适当分配就是使著作权人和社会公众都有益，使著作权人的效益和社会公众效益总量达到最大化。

著作权制度赋予图书馆及其读者作品使用和作品传播方面合理使用、许可使用等权利，彰显了著作权制度追求著作权个人效益和社会效益的均衡性，明示了图书馆和其读者的著作权的豁免权。作为文献信息的传播机构，图书馆制度同样追求效益。一方面，图书馆谋求著作权法制赋予其作品阅读、浏览、复制、缓存、超文本链接、信息传播上的豁免权（权利获取）；另一方面，它尽可能高效提供给众多读者多样性的文献信息（资源奉献）。图书馆通过常规性的文献采购，实现著作权人的部分成本回收；通过获得著作权的豁免权，实现作者把作品奉献于社会、服务于社会的精神价值。因此，图书馆是连接作者和社会公众的重要纽带，通过图书馆追求社会效益最大化，实现了作者、社会公众效益最大化，从而体现著作权制度追求效益最大化。[①] 图书馆这一切为公众争权、维权行动，也都是以图书馆制度作保障的。

## 四 作品创作的文化基础与图书馆传承文明的功能价值一致性

任何作品的创作都有继承性和社会性。作者创作作品是运用自己的聪明才智，进行智力创造性劳动的结果。他们的创作和整个社会紧密联系的。一般来说，作者创作不是凭空产生的，而是其知识、经验、情感、审美态度等等的综合产物，往往离不开对他人作品的重构、选择和重新组合，离不开对他人作品的吸收、借鉴。智力创造活动是一个演绎过程，没有百分之百的原创思想和发明。每一项革新都建立在先前的思想基础之上，哲学、历史甚至自然科学都要求对以前的资料、思想加以借鉴。也就是说，作者"原创的"作品中体现了他人的智慧成果。在一定的意义上，作者作品是对他人原创性表达的重新包装过程和体现。原创性作品甚至是最有创造性的作品，也包含一些他人作品首次使用的原材料。著作权法对这种情况不仅不反对，反而加以提倡，旨在促进表达的多样性。

作品创作的上述特点表明，任何作品既是作者个人的精神和物质财富，也是社会财富的一部分。具体而言，作者的创作活动具有以下两个特点：一是它是人类大脑通过思维进行的知识变换过程，依靠前人积累的知识、经验和劳动资料，以抽象的知识产品为劳动对象。二是它又继承前人知识，是对人类认识的深化过程。因此，作者个人拥有知识量的大小与对前人知识吸收程度相关，作者新知识的形成是在前人知识基础上对知识本身的改造。这使创作活动具有连续性和继承性的特点。在从著作权限制方面认识作者的创作活动时，特别要注意到创造新的作品、增加原创性表达，典型地涉及借用或构建在以前作品基础之上。衡量作

---

[①] 吉宇宽：《图书馆享有著作权豁免法理基础探析》，《情报资料工作》2007年第3期。

品中借用先前作品的分量与著作权保护水准存在密切的联系。一般地说，著作权保护程度越低，作者从前人作品中所借用的成分就越多，这不会侵犯著作权人的权利，只是会降低创作新作品的成本。相反，在著作权保护水准较高时，作品的自由复制受到较严格的控制，创作新作品的成本也会提高，从而可能减少新作品的创作数量。

一般来说，作者不可避免地要重新使用先前的受著作权保护作品的一些因素。从任何作者对先前作品材料的利用情况看，每一原创性的作品中应包括以下成分：①作者有意识地从先前作品复制；②作者无意识地从先前作品复制；③作者独创的，在以前的作品中也出现的因素；④作者独创的，在以前作品中没有出现的因素。从上面提到的独创性方面来看，只有第四项才是真正意义上的"独创"部分，这部分当然是作品中最富有创造性的部分。从总体上来看，作品的独创性越高，这部分在上述几部分中占的比例也越高。当然，也不能因为这部分的比例小，而否认对这类作品的著作权保护，因为对现有资料的组合和重构，也具有独创性。"组合"本身是一种创新。即使在自然科学领域，也存在类似的情况，其中最典型的是组合发明。在与著作权限制联系起来时，可以看到由于作品独创性的相对性和对前人作品、资料利用的不可避免性，对作品的著作权加以限制也就顺理成章。

图书馆是传承文明的重要阵地。从古代的藏书楼到今天的数字图书馆，它都一直致力于收集前人的作品和各类资料，汇集人类文明，保存人类创造的精神财富，形成一座座知识的宝库。在人类历史的各个阶段，图书馆都为人们利用前人作品、资料提供可能性。图书馆又是传播文明的机构，它汇集文献的根本目的不是为了"藏"而是为了"用"——传播知识、信息。通过图书馆收藏文献，人们克服了时间和空间上的障碍，交流和传递人类已有的知识和经验，促进知识的增长和思想的融合，使新作品不断涌现。从某种意义上讲，图书馆收集文献的完备程度，是衡量一个国家、一个民族文明程度高低的标志。说到底，建设完备的馆藏，加强文献信息的传播，还是要求著作权法给予图书馆"适当"的豁免权，才能最大限度地发挥其传承文明的功能。

可见，著作权制度和公共图书馆制度都是在资产阶级启蒙思想的影响下，在资产阶级推行"民主政治"过程中的制度选择，产生的社会环境基本相同，两种制度似一对孪生兄弟。图书馆制度传承社会文明，为人类进行文学、艺术和科学作品的创作提供有力的支持；著作权制度在保护作者权益的同时，又通过著作权限制制度，保障社会公众和以图书馆为代表的公益机构对作品的正常接近，同样为繁荣人类文学、艺术和科学文化事业作出贡献。从两种制度的形成过程中，分析出二者的密切关系；从二者的密切关系中，又能寻觅到图书馆享有著作权豁免权的浓厚的历史背景。

# 第二章

# 图书馆享有著作权豁免的法理支撑

## 第一节 图书馆具有公共利益的目标

### 一 图书馆的公共利益目标

图书馆是国家设置的公益性文化事业，是收藏并保存作品、传播知识、提供信息服务的重要机构，具有教育、情报、研究、文化、娱乐等职能。我国《图书馆服务宣言》宣称，图书馆是通向知识之门，它通过系统收集、保存与组织文献信息，实现传播知识、传承文明的社会功能。现代图书馆秉承对全社会开放的理念，承担起实现和保障公民基本阅读权利、缩小社会信息鸿沟的神圣使命。中国图书馆人经过不懈的追求与努力，逐步确立了对社会普遍开放、平等服务、以人为本的基本原则。并郑重承诺："图书馆开展文献信息资源共建与共享，各地区、各类型图书馆之间要加强协调与协作，促进全社会文献信息资源的有效利用。"现代图书馆就是以完善其社会功能、实现其社会价值，保障公众基本文化权益、满足公众基本文化需求来构建自己的文化服务体系的。[①]

"十五"计划以来，我国把加强全国文化信息资源共享工程建设扎实推进，促进哲学社会科学和新闻出版、广播影视、文学艺术进一步繁荣，作为政府重要工作任务来抓。全国文化信息资源共享工程也于2002年4月正式启动，该工程以图书馆为依托，由国家财政部拨款，文化部组织并实施。旨在利用先进科技手段传播、建设先进文化的大型公益性的文

---

① 陈传夫：《转型时期图书馆知识产权观管理战略需求、目标与路径》，《中国图书馆学报》2010年第2期。

化网络工程；整合全国文化信息资源，通过互联网、卫星宽带传输和光盘将数字化文化信息资源传输到群众身边，实现优秀文化信息资源在全国范围内的共建共享，满足广大人民群众日益增长的文化需求，整体提高文化资源的利用率。共享工程开辟了一个不受地域、时空限制的崭新的文化传播渠道，对迅速扭转我国广大中西部地区，特别是贫困地区的信息匮乏和经济、文化落后的状况将起到极大的作用，对继承和发扬中华民族优秀文化，实施"科教兴国"、"以德治国"的战略将产生深远的影响。图书馆作为共享工程的根本性机构发挥着巨大作用。著作权作品是全世界信息资源的重要组成部分，是人类共同的文化遗产，而保存文化遗产，为文化、科学、教育服务，促进信息资源的高效利用，是全世界图书馆共同的使命，如我国国家图书馆以"传承文明，服务社会"为己任，而美国国会图书馆也将"使国会和美国人民能够获取并且利用馆藏资源，为子孙后代维护与保存一个世界知识与创造力的馆藏资源"确定为自己的使命。[①] 从世界范围来说，作为文化事业的重要组成部分的图书馆是公共利益代表机构，其倡导与实施信息资源共享是迅速提高社会对信息资源的获知能力和利用率的最佳途径，是为了让社会通过对资源的有效利用创造出更多的知识和财富，从而获得更大的公共利益。

## 二 图书馆的目标与著作权法终极目标一致

作为知识产权法重要组成部分的著作法是以保护著作权人的利益作为直接目标，还有保障作品的传播和利用、保障知识和信息的扩散，从而促进经济发展和科学文化繁荣的社会公共利益目标。一方面，著作权法需要有合理、适当的激励机制和权利保障机制，充分保护著作权人的合法权益，从而达到激励知识和技术创新、促进知识产品创造和传播的目的；另一方面，著作权法还担负着实现在一般的社会公众利益基础之上更广泛的社会公共利益的重任，具有重要的公共利益价值目标。美国1988年实施《伯尔尼公约》报告中宣称："著作权的根本目的不在于奖励作者，而在于保障公众从作者的创作中受益。"我国著作权法的宗旨

---

[①] *Library of Congress: Strategic Plan: Fiscal Years 2004 - 2008*, Washington, DC: Library of ongress, 2003, pp. 1 - 20.

为："保护作者的合法权益,鼓励作品的创作和传播,促进社会主义科学事业的发展和繁荣。"著名学者吴汉东也认为:"著作权与思想、信息、知识的表述和传播有着密切的关系。在保障知识创造者权益的同时,必须考虑促进知识广泛传播和推动社会文明进步的公益目标。"[1] 尽管各国著作权立法各有所侧重,但传播知识、促进文化发展的公共利益的目标上却是一致的。

图书馆是以公众利益以及进而产生的公共利益为核心,但却以维护著作权人利益为前提;而著作权制度是以作者利益为核心,但更注重维护社会公共利益。可见,图书馆以及各类图书馆联盟与著作权保护的宗旨一致。追求信息资源的绝对共享必将导致没有信息可以共享,著作权的适度保护恰恰为图书馆信息资源的共享提供了一个井然有序的市场与制度空间,使信息资源能够在最大限度与范围内实现共享,即信息获得最大的自由度。同时,著作权保护还需要通过信息资源的共享为其搜集、发布、扩散必要的信息,以完成其不断发展的使命。二者之间互相促进、相辅相成,共同促进社会的和谐发展。现代图书馆追求的文献信息资源远距离传送、馆际互借,电子资源突破图书馆馆舍进入社区,都是信息资源共享的重要途径。例如,2008年吉林省建立图书馆联盟,打破行业壁垒,在横向上,使省内11所高校图书馆、3所科研院所图书馆和20座公共图书馆结成共建单位,依托"虚拟联合目录系统",建立公共目录检索中心,实现"一站式"查询,并通过发放联盟通阅证,实现联盟成员馆通阅服务和馆际互借"一卡通";在纵向上,实行总分馆制度,实现图书馆馆舍延伸,从而获得了繁荣信息资源共享的大成果。作者调用公共利益原则为图书馆或图书馆信息资源共享提供著作权豁免的理论支撑,目的不在于去弱化著作权法保护著作权人的直接目标,刻意强化公共利益,因为忽视著作权私人利益的保护,公共利益是无法实现的,著作权私人利益和公共利益是可以形成良性循环的。[2] 笔者强调公共利益的真正目的是,当图书馆获取与利用作品、信息遇到著作权侵权时,可以为其开辟一条免责的路径。

---

[1] 吴汉东:《科技、经济、法律协调机制中的知识产权法》,《法学研究》2001年第6期。
[2] 冯晓青:《著作权法目的与利益平衡论》,《科技与法律》2004年第2期。

## 第二节　图书馆公平正义的价值存在

### 一　著作权法的公平正义原则

权利义务的配置符合公平正义的原则，才能保证著作权当事人公平、合理分享社会知识财富，也只有在公平与正义的基础上，才能使多元化的著作权利益的结构实现有序化。著作权法要在各种利益之间特别是著作权人利益和社会公众利益、公共利益之间寻求平衡，也确实需要引入公平正义的原则来确定著作权中各种利益的归属，使利益主体各得其所。著作权法为鼓励知识创新和促进知识扩散而授予著作权人的专有权是具有充分正当性的，但是这并不能说社会公众在著作权法中不存在合法的权益，使用者都能通过著作权法中的限制制度来保障享有一定的权益，如果使用者的权益得不到保障，著作权人的利益也将无法实现。从社会知识财富利用的角度来说，著作权制度的很多设计就是为了确认、保障和促进信息资源的公平分配，以实现社会分配正义。著作权制度以权利义务的形式确立作品、信息的分配模式、原则以及具体内容，其最终目的是实现社会财富的最大化，并在此基础之上增进使用者福利和促进社会进步。"著作权法对权利和义务进行的分配就是实现对信息资源以及社会利益进行权威的、公正的分配，这种分配实质所体现的就是对各个不同利益集团之间的利益进行平衡和协调。"[①] 如果著作权法通过协调信息独占和信息资源共享的冲突，实现了个人利益与公共利益的平衡或者至少使两者趋向于平衡或者使两者利益平衡状况得到改善，那么从确保公平、合理分配和分享信息资源目的的角度看，著作权法就实现了公平正义的目标。

### 二　图书馆的公平正义性

除了协议许可以外，图书馆分享著作权利益的法律依据还有合理使用、法定许可、强制许可、著作权穷竭及公共秩序保留原则等著作权限

---

[①] 冯洁涵：《全球公共健康危机、知识产权国际保护与WTO多哈宣言》，《法学评论》2003年第2期。

制制度，还可以通过使用著作权法设定公有领域的作品、信息来实现信息资源的获取与共享。公平正义构成了著作权限制制度的基础，美国学者威廉·帕里将合理使用等限制制度称为"理性的公平正义原则，该规则充满公平正义观念并具有弹性而无法定义"。日本法学者生驹正文根据日本著作权法的精神解释著作权限制制度是在"正当范围"内的使用，"符合公平的惯例"。允许图书馆及其服务的社会公众正当地合理使用作品，也就是"权利的公平使用"。各国著作权法追求平衡的精神都需借合理使用等著作权限制制度，来协调著作权人个体之间的利益对峙，以解决著作权人与社会公共利益之间的冲突，就是立法者对法律正义的追求。法律一方面为保证著作权人个人利益的实现，规定他有权许可他人使用而收取转让费用，另一方面为保证公众利益的实现，在一定的范围内，允许不经作者同意、不需支付报酬而使用著作权作品。著作权限制制度的目的在于确保公众对于社会信息的知悉权，公众自由获得信息的利益也为法律采取著作权限制制度所承认。[①] 著作权法期望通过著作权限制制度，建立起创造者、传播者与使用者之间的和谐关系。著作权法保障社会公众对作品的正常接近，提供给公众的仅仅是法定权利，或者说法律给予社会公众的只是一个机会，而真正地保障社会公众正常接近作品，很大程度上要借助图书馆这个无偿服务于社会公众的公益性机构才得以实现。图书馆在文化服务体系中，充分利用其作品储存、加工、传播的优势而成为提供社会公众文化产品与服务的重要门户，其他任何机构对社会公众的文献信息服务都无法与之比拟。图书馆以服务于社会公众为宗旨，是社会公众的著作权利益的代言人。图书馆一方面采购作品、资料、信息供读者使用，另一方面依据著作权限制制度而合理使用作品，保障社会公众对作品的正常接近，满足社会文化教育和科研事业发展的需要。图书馆是著作权制度的"均衡器"，具有调节著作权人和公众利益的中介组织的特性。著作权由著作权人专有体现了著作权法对著作权人利益的特别保护，而对著作权限制则体现了著作权法对图书馆等作品使用者给予责任的豁免权，是对图书馆等使用者利益的保障，也是将作品产生的一部分利益分配给使用者的调节机制。目的就是要实现著作权法

---

[①] 吴汉东：《合理使用制度的法律价值分析》，《法律科学》1996年第3期。

律制度的公平正义的价值。从公平角度看，"适当"的著作权限制能够保障不会因为限制而影响到著作权人的利益，而这种限制对维护社会公众利益也是必要的。在过分限制的情况下，则会因为妨碍著作权人利益的实现而窒息对作品创作和传播的激情，也会危害公众利益，这样也违反公平的原则。图书馆以各种形式积极追求信息资源共享，是努力实现信息资源分配的社会公平正义，也是努力满足社会公众的信息需求，对读者公平权利保障的重要举措。例如2003年，广东流动图书馆就开辟了一个解决我国区域经济发展不平衡、文化资源配置不合理这一普遍存在问题的新思路。流动图书馆面向农村、面向贫困地区广大群众提供文化信息服务，努力满足广大人民群众的精神文化需求，为构建合理的公共文化服务体系提供了一个新的模式。此外，深圳图书馆的"自助图书馆"模式、广州市创立的由政府主导的图书馆发展模式、东莞图书馆创立的"集群图书馆"模式、佛山市的"联合图书馆模式"，这些"岭南模式"坚持公共、公开、公益、共享、平等、自由的核心价值与服务理念，都充分保障和实现了公众的图书馆权利和阅读权利。[1] 因此，图书馆获取作品与信息、实施信息资源共享，服务于社会公众就是对公平正义的价值追求过程。从这个意义上来说，公平正义既是著作权限制制度的基础，也是图书馆享有著作权豁免的重要支撑。

## 第三节 符合"权利弱化与利益分享"理论范式

### 一 "权利弱化与利益分享"的理论

德国法学家耶林认为，"没有什么绝对财产，不存在可以不考虑公共利益的私人所有权。历史已然向所有民族教导了这一真理"。知识产权保护主义者认为能产生经济价值的作品、信息必然会创造出财产，不应该对著作权加以限制。他们相信："所有者能拥有一切，所有者的特权在共同利益和世界之上，所有特权的内容是向所有人开放的。"事实上，著作权产生之初就受到诸多限制，以使其在保障权利人利益的同时服务于公

---

[1] 程焕文：《岭南模式：崛起的广东公共图书馆事业》，《中国图书馆学报》2007年第3期。

共利益。由于作品的独创性难以界定，加之作品创作与社会的、心理的和意识形态的因素有参考或继承关系，所以著作权法通常对著作权既有保护规则，又创设有不同程度的公共规则，以防止著作权人个人权利膨胀给社会带来威胁。可见，作品、信息不可能存在不受限制的绝对权利。"权利弱化与利益分享"强调弱化著作权人过分刚性的禁止权，是 21 世纪著作权制度的范式理论，可作为图书馆分享著作权利益的重要支撑。"权利弱化与利益分享理论"主张：著作权人有权从其受法律保护的作品中取得相应的利益；任何他人未经著作权人许可，擅自使用其作品，著作权人有权请求其赔偿损失，并且依法享有请求该侵权行为人以合理的条件与其签订著作权许可使用合同；只有当该侵权行为人无正当理由拒绝以合理条件与著作权人签订著作权许可使用合同时，著作权人才有权请求其停止侵害行为；但法律另有规定的或者其他特别情形除外。① 必须强调的是，此理论描述的"请求其停止侵害行为"是营利性行为，一般来说，图书馆作品使用或实施信息资源共享等行为属于非营利性行为，更有理由合理分享著作权利益。

## 二 图书馆对"权利弱化与利益分享"理论的实践

当今世界各国兴起的科学数据与期刊的开放存取（Open Access）的信息资源共享运动，可以说是"权利弱化与利益分享"理论的产物，更是对此理论的伟大实践。科学数据与学术期刊是当今社会科学发展的基础和牵引力，是科学持续发展的关键所在。科学数据与学术期刊的共享成为全世界科学界的共识。② 20 世纪 90 年代，在美国科学界的强烈要求下，美国提出了科学数据"完全与开放"的共享国策。该国策总体思路是由联邦政府统筹规划科学数据管理，充分发挥各部门的作用，利用行政、财政、政策和法规全面推进数据共享工作。2003 年 10 月，德国马普学会召开柏林会议，通过《柏林宣言》，指出开放存取的内容不仅包括原

---

① 曹新明：《关于权利弱化与利益分享理论之研究》，2010 年 8 月 28 日，（http：//www.iprch.com/view-new.asp?）。

② 王巧玲、钟永恒、江洪：《英国科学数据共享政策法规研究》，《图书馆杂志》2009 年第 10 期。

始的科研成果，还包括原始的科学数据。欧盟把信息数据的传播与共享活动提高到一个非常重要的地位，认为信息数据的传播与共享是信息社会的基础，关系到维护公众的信息和知识的权利，并且对政府决策、民主制度和社会发展起着重要的作用。英国于2004年，由财政部、贸易工业部、教育技能部共同出版《科学与创新投资框架 2004—2014》，提出未来十年里，越来越多的英国研究基地必须有准备，并能有效地访问包括实验数据在内的各类数字化信息。[①] 现在西方发达国家除了美国、英国、德国，加拿大、芬兰、挪威、瑞典、法国、澳大利亚及发展中国家印度都相继制定开放存取政策。我国目前还处于对开放存取运动政策及模式的研究阶段，正积极制定适合我国国情的开放存取政策。

科学数据共享，并不代表数据是没有著作权保护的公有信息，相反，数据的著作权保护也是数据共享政策的重要组成部分。世界各国的数据发布、出版系统都倾向辅之许可证模式，这样可以使用户在尊重著作权人的知识产权下，合理使用公开科学数据，并在其基础上创作新作品，进而再公开发布新作品。因此，建立共享许可协议、共享认证对于科学领域，尤其是应用科学研究中的科学数据开放存取，十分必要。对于众多的科学领域的研究成果，通过创建认证、合同、技术等措施机制，来保证科学数据能合理合法地开放存取与共享。

OA期刊因其出版质量好、可以被读者自由地阅览使用、能够加速知识传播与交流，而具有强大的生命力。OA期刊依靠"创作共用协议"（Creative Commons License，简称CCL），将创作共用产生的作品归属于公有领域，从而有利于信息的再创造，促进信息的自由流动。OA期刊的文献作者都需要让渡部分权利给读者，在作者让渡权利的同时，保留对作品完成性的控制、能够被承认和合理引用的权利。OA期刊的著作权保护遵从著作权法，与著作权法保持一致，但通过著作权许可证制度的保障运行，OA期刊的"公有资源"又不同于其他"公有资源"。目前OA期刊依靠包括"创作共用协议"等一组协议来保护作者的著作权，读者可以在尊重作者知识产权的基础上，不受限制地阅读、下载、复制、链接

---

① "Research Funders Policies for the Management of Information Outputs", 2010 - 07 - 28, http://www.rin.ac.uk/policy information outputs.

OA 期刊的作品全文，这样也就扩大了作品使用范围，加强了知识在社会群体中的交流，同时也扩大了作者的个人影响，使作者在放弃物质利益的情况下，获得精神上的激励，从而成为其知识创造的重要回报。

　　开放存取的信息资源共享运动就是要打破现有的"权限加禁止权"著作权保护模式，使得著作权人与未授权使用者处于对等状态，强调弱化著作权人的禁止权，降低交易成本，促使双方合作，达到利益分享、互利双赢的效果。图书馆是开放存取共享运动的受益者，也是这一运动的大赢家。因此，图书馆实施信息资源建设与使用作品时，要对于各国科学数据和学术期刊的开放存取资助政策、管理政策、保存政策、共享利用政策有准确的了解和把握，遵守开放存取的运行机制，合法地获取公开的科学数据、期刊资源，并维护科学数据和期刊作品、信息的著作权，才能有效地服务于科研工作者（读者），促进科学技术的创新，促进社会的发展。

# 第 三 章

# 图书馆分享著作权利益的法律价值

## 第一节 平等性

首先，知识产权法中的平等，反映创作者权利的机会均等。在著作权法中，作者身份基于创作活动而产生，这种身份既是智力创作这一事实行为的结果，又是行为人取得精神产权的前提条件。作者身份是当事人在平等基础上自由劳动的结果，也是在创作机会均等的基础上自主选择的结果。① 作者或新作品作者几乎都是享受过图书馆信息服务的读者，他们的新作品养分材料绝大部分来源于图书馆提供的书刊、资料。可以说，图书馆是新作品创作的可靠阵地。图书馆依其无差别的平等服务，使社会公众有平等的机会成为新作者。其次，著作权法中的平等，是一种当事人权利义务关系的对等或平衡，是对社会精神财富的合理分享。在著作权法关系中各行为主体依法享有的权利种类、数量处于一种相对的平衡状态。② 著作权每一个权能的设立，都需要考虑当时的社会经济、文化、科技发展状况。著作权每一种类的权利都代表了在创造者的私人利益和更广泛的公共利益之间的平衡。并且，每增加一个著作权的权能，需要在这一权能层次上实现相对的权利与义务的平衡、权利所有人的专有权与社会公众的权利的平衡。

但近年来，由于网络技术的发展和广泛的利用，作品的传播、浏览、链接以及复制更加方便，致使著作权人的专有权出现难以控制的局面，

---

① 吴汉东：《合理使用制度的法律价值分析》，《法律科学》1996年第3期。
② 曹新明：《试论"均衡原理"对著作权法律制度的作用》，《著作权》1996年第2期。

于是各国纷纷修改本国著作权法，增加著作权人的权利。如：美国《千年数字版权法》和我国的《网络信息传播权保护条例》增加信息网络传播权，限制使用者浏览、链接和复制权等权利。图书馆是公众利益代表者，一直尊重著作权人原有的和新增的专有权，但针对著作权扩张也一直主张适当地对著作权增加新的限制，这样，广大读者才不至于因扩张而被剥夺对作品正常接近的权利。图书馆依靠著作权限制制度而使用著作权作品的法律诉求，实质是代表社会公众与著作权人或立法者讨价还价的博弈。这种博弈是符合著作权平衡原理的：当著作权扩张到某一领域时，相应的著作权限制也就"接踵而来"，这种著作权扩张与限制的内在联系，实质上体现了被扩张了的著作权在新层次上权利人利益与社会公众使用作品利益的新的平衡关系，是打破原来的著作权法的利益平衡机制而必然出现的。因此，图书馆分享著作权利益，向公众读者提供文献信息服务具有促进著作权人和社会公众的权利与义务处于对称的功效，并使这两个主体的权利和义务实现互动，即著作权人享有专有权，社会公众就要承担相应的责任；社会公众享有某一权利，著作权人就要付出相应的责任。这种权利和义务互动可使"著作权的扩张通过对著作权人权利的精妙限制而实现平衡"。

## 第二节　公平性

著作权法将作品划分了两个区域：著作权作品，即作品的专有领域，创作者对该类作品有独占使用与获得利益的权利。著作权作品必须满足两个条件：①思想、表现两分原理，即指著作权只保护思想的表现而不保护思想本身。[①] 例如，美国1976年著作权法第102条（b）款规定："著作权在任何情况下保护创作的原创作品都不延及任何思想、程序、过程、制度、操作方法、概念、原理或发现，不管在这样的作品中它被描述、解释、说明或具体化的形式。"②独创性，作品的独创性是指一件作品的完成是该作者自己的选择、取舍、安排、设计、综合的结果，既不

---

① W. R. Cornish, *Intellectual Property: Patent, Copyright, Trademarks and Allied Right*, Landon Sweet & Maxwell, 1981, p. 319.

是依已有的形式复制而来，也不是依既定的程式或程序推演而来。因此，无论何种作品，只要它体现了作者自己的选择与安排，该作品就具有独创性。[1] 只有作者创作行为结果符合这两个条件，作品才能受著作权法保护。作者享有著作权专有权，即由法律直接规定或国家授权，具有独占性、排他性或垄断性，著作权专为权利人所享有，非经法律特别规定或者权利人同意，任何人不得占有、使用和处分。[2] 在作品专有领域之外，则是作品的非专有领域，包括"公有领域"与"排除领域"两类。前者指已丧失保护期而进入公有领域的作品，后者指具有公务或公益性质的作品、不具备著作权保护条件的作品。著作权法将作品划分为两个区域，就充分体现了知识产权法对知识产权人与使用者的公平关照，而图书馆或图书馆实施的资源共享依据不同的规则，使用两个区域的作品则是对法律公平精神进行有效的实践。图书馆及其服务的社会公众可以自由使用非专有区域的作品，也可依据著作权限制制度合理使用专有区域的作品，以满足人类精神生产活动的需要，并对专有领域作品的著作权人利益充分尊重和维护。这既是对著作权法制设置作品两个领域的价值目标的肯定，也是对包括著作权法在内的知识产权法平衡精神的体现。

## 第三节 公益性

权衡公益与私权的关系是知识产权立法的基本考量。美国1988年实施的《伯尔尼公约》报告宣称："版权的根本目的不在奖励作者，而在于保障公众从作者的创作中受益。"我国著作权法的宗旨为："保护作者的合法权益，鼓励作品的创作和传播，促进社会主义科学事业的发展和繁荣。"这具体表现为三个方面：通过著作权保护，鼓励从事教育、科学技术、文学艺术和其他有关事业的公民创造性劳动，促进社会主义现代化建设；协调作者、传播者与社会的利益；重视作品对社会的作用或影响，以及社会对作品的需求。著名学者吴汉东也认为："著作权与思想、信息、知识的表述和传播有着密切的关系。在保障知识创造者权益的同时，

---

[1] 刘春田：《知识产权法》，北京大学出版社2003年版，第44—45页。
[2] 冯晓青：《试论知识产权的专有性》，《知识产权》2006年第5期。

必须考虑促进知识广泛传播和推动社会文明进步的公益目标。"[①] 可见，尽管各国著作权立法各有所侧重，但在传播知识，促进文化发展的公益目标上却是一致的。图书馆以及各级各类图书馆联盟实施信息资源共享，服务于社会公众是维系个人权利与社会公益和谐均衡的关系的体现，还是公益性价值的体现。

**一 保障公民文化教育权**

著作权法的目标是通过激励机制，促进创造性作品的最广泛的生产和传播，从而促进知识的学习，而不只是强调这些作品的价值，最重要的是体现了著作权法的重要的文化目的和文化政策。在促进学习的目的上，著作权法试图鼓励作品的最大限度的创作和传播。可以说促进学习是著作权法的公共利益目的。实现这一目的的基础就是保护作者权利，激发作者的创作激情，激励更多新作品的产生、传播和利用，进而促进文化的发展。在这一过程中，实现了作者作品创作投资的回收和经济的回报；促进了新作品的创造；促进了公众学习；保障了公民文化教育权。文化教育权是宪法赋予公民的基本权利，是人人享有参加社会的文化活动、享有艺术和分享科学进步及其产生的福利的权利。同时人人对自己所创作的科学、文学或艺术作品而产生的精神和物质利益，享有受保护的权利，这是文化权利密切相连的两个方面：学习的权利和创作成果的受保护，两者是完全一致的。参加文化活动、享有艺术、分享科学进步所带来的福利的权利既是开展科学研究和文化艺术创作不可缺少的先决条件，也是促进社会进步和个人发展的基本条件。对作者权利的保护是公众实现文化自由及获得科学进步利益的前提，尊重作者的权利，将保证公众获得更为重要丰富的智力成果。[②] 文化教育权两个方面的内容分别通过宪法化成为宪法中的基本权利，著作权法对之加以具体化形成制度上的法定权利及其限制性条件。我国宪法第47条规定的公民有科研自由、文艺创作自由、文化活动自由，以公民基本权利的形式来表达这一人权的基本内容。著作权法确认并保护作者对作品的专有权，同时承认

---

① 吴汉东：《科技、经济、法律协调机制中的知识产权法》，《法学研究》2001年第6期。
② 费安玲：《论著作权法的理念与数字图书馆的利益维护》，《中国版权》2006年第1期。

作者专有权的某些限制,由于图书馆具有调节著作权人和公众利益的中介组织的特性,允许公益性图书馆自由使用某些作品,在制度层面上完整体现了文化权所包括的两个方面的内容。一方面,图书馆通过采购供公众(读者)使用作品;另一方面,还依据著作权限制制度,享有著作权豁免权,从而合理使用作品。

**二 维护公共利益**

著作权法保护私权利益,给著作权人提供一定的激励,以发展社会生产力。但是私权保护若完全不考虑公共利益,则促进社会生产力发展的目的也不能达到。所以,为了避免社会损失的扩大,在私权和公共利益之间就要寻找一个平衡点,使著作权的私权的收益与社会收益平衡。因此,公共利益必须受到保护。在作品的传播和使用领域,公共利益需借助图书馆这个中介机构才能实现。从事公益事业的图书馆为发展教育事业、推广和普及科学文化知识、保存人类文化遗产以及为公众获取和接受这些科学文化知识提供了基本保证。为了满足公共利益的需要,著作权法允许图书馆在某些情况下,可以不经过著作权人同意而自由使用作品。[①] 这也体现了法律对著作权私人利益、公共利益的重要性作出估量后,为协调利益冲突,追求利益均衡的目标。各国著作权法为保护社会公共利益都作出具体的规定。如:加拿大著作权法第13条规定:"如果作为作者继承人的版权所有人拒绝再次出版有关作品,或拒绝公演该作品,政府主管部门有权从公共利益出发颁发著作或表演强制许可证。"我国著作权法第4条规定:"著作权人行使著作权,不得违反宪法和法律,不得损害社会公共利益。"国家专门选择建立图书馆这种社会公益文化事业,就是为了兴旺教育、推广知识、提高社会生产力。为了社会公共利益,图书馆没有辜负也不应该辜负国家对它的期望;为了社会公众合理的阅读需求,为了促进人类文学艺术和科学技术的发展,图书馆或者各级各类的图书馆联盟"适当"分享著作权利益,既是本身公益性价值的凸显,又是对著作权法公益性精神的弘扬。

---

① 董保华:《社会法原论》,中国政法大学出版社2001年版,第1—6页。

# 第 四 章

# 图书馆分享著作权利益的经济价值

## 第一节 著作权必须受到保护的经济依据

### 一 作品与信息具有公共产品的属性

与公共产品一样,可能在某一时空条件下为不同的主体同时使用,那些没有为公共产品消费而出资的人,被法律经济学称为"搭便车者",而"搭便车者"是破坏这类作品、信息市场运行的主要因素。[①] 由于作品、信息的生产是有代价的,而作品、信息的传递费用相对较小,对创作者来说,难以通过出售作品来收回成本。一旦作者将其作品、信息出售给某个使用者,那个使用者就会变为原作者或其他著作权人的潜在竞争对手,或是其他使用者成为该信息的"搭便车者"。这种现象在著作权领域中,即是无偿地复制他人的作品、信息的情形。

### 二 作品、信息具有非物质特性

作品、信息没有外在形体,但具有内在的使用价值和价值。非物质性是作品区别于物质产品的主要特征:它的存在不具有一定的形态,不占有一定的空间,人们对它的"占有"不是一种实在而具体的控制,而是表现为认识和利用。作品可以为若干主体同时占有,被许多人共同使用。处分作品不像处分有形财产那样需要交付实物,只要作品公布于众,第三人即可不通过处分的合法途径而取得利益。

---

① [美]罗伯特·考特、托马斯·尤伦:《法和经济学》,张军等译,上海人民出版社1994年版,第147—185页。

如何保障著作权人的利益不受侵犯？从经济学角度分析，学者波斯纳认为，"对财产权的法律保护有其创造有效使用资源的诱因的经济功能"。① 正是作者能够取得使用作品的垄断权，才有诱因激励其在文学艺术和科学作品方面投资。如果没有财产权，作品、信息不足、稀缺的现象将十分严重。这是因为，在没有法律保障的情况下，作品一旦公开，则作品、信息的创作者很难对付不付费的"揩油者"。后者对作者创造的作品享受利益但不向其支付费用，结果信息生产者不能通过市场交易得到足够的收益，以补偿他们投入的成本。因此，作品新作者就缺乏创作的动力，新的作品、信息就会日渐稀少，作品、信息资源日益不足。著作权的设定旨在减少此类问题发生，保障作品创作源头的活水汩汩流淌。对此，法律经济学家形象地说，"著作权是为了发给作者资金而对读者征的税"。

## 第二节　著作权必须受到限制的经济依据

著作权制度不能只将其支撑点架构于作品保护的静态归属之上，而要在确认作者占有与支配作品（财产）的同时，促进财产的动态利用。著作权对作者授予作品专有权，给予作者独占地位的评价，其本身并不意味着作品资源——精神财富的增值，社会精神财富的增长是以财产（作品）的高速运动和作品资源的合理使用与优化配置为条件的。将著作权法仅仅理解为一种权利法，将著作权法的功能视野局限于作者权益的保护是不够的。一方面，新作品的作者在一个不受管制的市场中回收其价值是困难的，通过给予作者以垄断权，该作者就有一种强有力的刺激去发现、创造新作品；另一方面，垄断者对作品索取高价将阻止该作品的使用，使用者可能难以支付费用去充分使用作品，从而无法实现资源配置的最优效益。简而言之，这一问题的困惑在于，"没有合法的垄断就不会有足够的作品、信息生产出来，但是有了合法的垄断又不会有太多

---

① ［美］波纳斯：《法律之经济分析》，商务印书馆1987年版，第22页。

的作品、信息被使用"。① 解决这一困境的法律途径是，在保护著作权的基础上对著作权实行必要的限制，在保证作者独占使用其作品的前提下，允许他人合理使用其著作权作品。

  从经济学角度分析，著作权限制制度是有其合理性的。科斯理论认为，在未经产权界定的情况下，交易无法进行，相关行为的效益最差。对同一作品，创作者、传播者、使用者所享有的著作权、邻接权与使用者权，往往存在权利的分配与利益的冲突。随着作品、信息资源利用方式的拓展，诸如静电复印技术的出现，音像录制设备的产生，网络技术与数字技术的发展，公益性图书馆的普及，将使侵权使用与合法使用的权利界限变得模糊起来，因此有必要从法律上对各主体的权利重新安排。权利的安排或分配应以效益最大化为依据。由于不同的权利资源配置方式会产生不同的效益，因此效益最大化应是选择某种模式的出发点，合理使用等著作权限制制度的创设，正是解决作品使用的一种有效途径。我们知道，著作权效益的实现，既不可能产生于静态归属，也不完全来自于作者自己使用。作者要取得作品生产成本的回报，取得最大限度的利润，就要凭借出版者、表演者、音像制作者和广播组织的广泛传播，就要依赖社会公众对作品的广泛使用。作品传播的范围越是广泛，使用的方式与数量越是充分，创作者的收益就越见丰硕。著作权法关于权利的一般配置方式是：创作者享有复制、公演、播放、展览、发行、摄制、演绎等独占使用作品并由此获得报酬的权利；传播者通过自愿交易与法定许可，在付酬的条件下以各种传播方式再现原创作品，并对自己的传播成果享有利益；社会公众作为消费者，可以通过各种途径，有偿或无偿地获得著作权作品，供个人学习、研究、娱乐之用，或满足文化教育、司法公务、慈善事业等公共利益的需要。著作权限制制度的效益价值在于：在著作权的作品中，划出有限的范围，供非著作权人无偿使用，虽使使用者受益，但并未损害创作者，因而，在此情形下每个成员对作品的愿望都得到最大的满足。②

---

  ① ［美］罗伯特·考特、托马斯·尤伦：《法和经济学》，张军等译，上海人民出版社 1994 年版，第 147—185 页。
  ② 吴汉东：《合理使用制度的经济分析》，《法商研究》1996 年第 2 期。

## 第三节 图书馆分享著作权利益的
## 经济价值体现

### 一 降低交易成本

设置著作权限制制度，就是本着交易成本最低化的原则，调整创作者、传播者、使用者的权利配置关系，以期实现促进文化发展和推动社会进步的最优效益。依照微观经济学的供给与需求理论，作品创作即是一种生产活动，生产的目的是为了交易，这种交易依靠市场经济中资源的有效配置，追求高效益的价值实现和价值增值的过程。交易的实质不是物品本身的交换而是权利的交换。因此界定产权的目的是为了交易，资源配置实质上是资源权利的配置。英国经济学家庇古认为，作品产权不清，市场机制便会失灵，从而造成交易过程的摩擦和障碍。因此，著作权法及其限制制度设置的目的在于准确界定创作者、传播者、使用者各自权利范围，让知识产品这一资源配置流畅、有效地进行，以寻求作者个人利益与社会整体利益协调。[①] 也只有使著作权界定合理，才能使精神产品这一资源的使用实现经济价值的最大化。著作权限制制度与著作权合同制度、侵犯著作权制度的设定，都可视为某种经济行为，这些制度又需要由社会进行监督和实施，因而要支出一定的费用，即作品交易成本。它可能是社会所实际负担的著作权立法及实施的费用，如因执法行为而使市场主体承担的著作权管理费、著作权纠纷诉讼费等，也可能是社会在著作权制度选择中所产生的社会成本差价。

图书馆的经费主要是纳税人以国家预算形式支付，图书馆收藏并保存作品、传播知识，为广大社会公众（读者）提供作品、信息服务。图书馆通过采购部门，按市场价格采购所需的书刊、光盘、磁带、影视资料、数据库等文献信息资料，供社会公众阅读使用。这种自觉的购买行为，属于图书馆对著作权所界定的"专有区域"认可，与作者达成许可协议付出的对价，必然减少社会监督、司法监督等的作品交易的外在成本。再者，根据著作权限制制度而对"自由区域"的作品合理使用，保

---

① 吴汉东：《合理使用制度的经济分析》，《法商研究》1996年第2期。

障社会公众对作品的正常接近。图书馆一直坚持服务于社会公众文化教育需要为宗旨,千方百计地使自己拥有更多的文献资源,服务更广泛的公众读者。近年来,图书馆之间尤其是数字图书馆之间加强合作,成立多种形式的图书馆联盟,就是为了达到图书馆信息资源广泛共享这个目标。如:2008年,吉林省成立的"吉林省图书馆联盟",使其公共图书馆、吉林大学等高校图书馆联合,实行资源共享,进行馆际互阅,甚至馆际互借,使图书馆的服务覆盖面积大大增加,让更多社会公众免费阅读著作权作品,分享社会精神产品。[①] 因此,图书馆让社会公众(读者)接触著作权作品的机会,相对于公众自费购买作品进行阅读的机会要多得多。既然社会公众在图书馆里就能无偿地阅读到作品,又何必因为经费不足而去侵权使用著作权作品呢?侵权纠纷大大减少,从法律经济学分析,就意味着作品交易的社会成本大大降低。可见,图书馆依据著作权限制制度而合理使用作品与其付费购买使用作品的行为一样,必然地、悄无声息地降低作品的交易成本。

### 二 保障作者作品的成本回收、经济利益的实现

图书馆与作品的创造者是互利共生关系。[②] 图书馆付费购买所需的作品资料,使著作权人的作品成本回收和利益实现成为可能。作者或出版者还通过对图书馆的作品使用情况的了解,弄清使用者的阅读兴趣、文献需求,以便调整自己的作品创作或出版方向,使自己的作品更贴近读者(消费者),以扩大作品销售量,以期实现作者的最大利益。图书馆也依据作品创作的潮流,积极引导社会公众阅读健康向上的优秀作品,从而促进人类和谐进步。图书馆维护著作权人的私权利益,也实现了著作权法维护著作权人的私权利益目标:使作品创造者得到其努力的回报,作者因为其创造性劳动受到社会的奖励。[③]

但是,仅依靠赋予作者作品垄断权,让作者只通过买卖方式与图书

---

① 《吉林省图书馆联盟》,2012年4月25日,http://www.clj.jllib.com/lmgk.html。

② 柯平:《基于群落生态原理的公共文化服务体系中的公共图书馆定位研究》,《图书馆论坛》2008年第6期。

③ 李玉香:《论知识产权的私权性和权力让渡》,http://www.studa.net/minfa/061110/11270161-2.html。

馆（作品使用者）发生关系，是否就能够保证作者利益最大化呢？答案是否定的。垄断者往往对作品索取高价，这将阻止该作品的使用。因为使用者可能难以支付高昂的费用拒绝使用作品，或者使用者直接以"搭便车"的方式，侵权使用作品，这将直接导致作者的经济利益无法实现，也无法实现作品资源配置的最优效益。作者要取得作品生产成本的回报，取得最大限度的利润，不仅要凭借出版者、表演者、音像制作者、广播组织和图书馆及社会公众以有偿使用的方式广泛传播、使用，还要求作者以权力让渡的方式，允许图书馆以及社会公众无偿地合理使用著作权作品。因为作品传播的范围越广泛，使用的方式与数量越充分，创作者的收益就越大。作为公益性组织，图书馆是社会公众的利益代言人，图书馆合理使用著作权作品的根本目的是为社会公众正常接近作品。图书馆以其资金、技术设备、优良的服务，保证广大社会公众接近作品，既促进著作权作品广泛利用，也为社会公众的学习、科学研究提供重要保障。因此，从经济意义上说，图书馆无偿地、合理使用作品，与有偿使用作品一样，都保证了著作权作品的成本回收和经济利益最大限度的实现。

因此，从图书馆使用著作权作品的法哲学价值、经济价值来分析，图书馆作品使用与知识产权尤其是著作权保护是相互协调的和谐关系，而不是根本对立的关系。

第 五 章

# 图书馆合理分享著作权利益的效益价值

"著作权与思想、信息、知识的表述和传播有着密切的关系。在保障知识创造者权益的同时，必须考虑促进知识广泛传播和推动社会文明进步的公益目标。"① 此言明确了著作权法的创建目标：直接保护著作权人利益的目的，还有保障作品的传播和利用、保障知识和信息的扩散，从而促进经济发展和科学文化繁荣的社会效益的目标。

图书馆对著作权人而言，是作品数量最大的购买者，居于作品使用者的地位。对读者（社会公众）而言，是作品的传播者。由于图书馆所处的这一特殊地位，决定了它在著作权关系中发挥的作用：一方面要保护作者的利益，以调动作者创作的积极性，为社会提供更多更好的作品；另一方面要保证读者获取和利用作品，满足人类文学、艺术和科学技术发展的需要。图书馆除常规采购作品、资料、信息供读者使用以外，还依据著作权限制制度而合理使用作品，保障社会公众对作品的正常接近。因此，图书馆担当着作品效益提高者的角色，它的存在也使著作权法制追求"作品效益最大化"、"物尽其用"的愿望得以实现。

## 第一节 著作权制度的效益机制

效益是著作权制度追求的重要价值目标，要达到有效地分配和使用社会资源，取得最佳的社会效果，需要有一个效益机制来调节。著作权

---

① 吴汉东：《科技、经济、法律协调机制中的知识产权法》，《法学研究》2001年第6期。

制度在保护著作权私权利益的同时,还规定对作者等著作权人的权利进行限制,保障公众对作品的正常接近,合理分享著作权利益,就是这种效益机制运行的体现。作品的最佳效益是著作权个人效益和社会效益两个方面都达到最大化状态。因此,为了取得最佳的作品效益,著作权私权利益和社会公众利益(公共利益)都必须得到保护。

**一 著作权私权利益的保护**

由于著作权作品具有独特的属性,使著作权人难以实现控制作品使用的个人效益。R. 考特和 T. 尤伦认为,作品与有形商品不一样,使用者对于作品的效用没有把握,因为在使用作品之前难以决定其价值。但是,只有在付费以后他们才能获得作品,而通过获得作品决定了其价值之后他们才能知道应为作品支付多少代价。这就形成了一个怪圈,供给方面也是这样,著作权人必须收费才能出售作品,如果赊销作品再去回收价值就很困难。作品的生产虽然要付出代价,但传递费用却相对较小,一些人通过"搭便车",可以很容易地获得作品,而著作权人无法对他们收费。这样一来,作者就缺少积极性,市场上提供作品的数量将会小于最优值。[①] 这就需要政府以一种法律形式来对作品市场进行干预,这种法律即是著作权法。著作权法授予作者以独占权,以鼓励对作品的有效投入和使用。

再者,从作者的地位来看,由于:①著作权的保护客体是作者智力劳动的结晶;②作者智力劳动的性质决定了著作人身权和著作财产权的产生;③在著作权权利主体中,作者是最直接、最重要的著作权主体,是原始的、完整的著作权人;④从著作权的归属来看,著作权首先属于作者;⑤从作为著作权人的作者与作为邻接权人的表演者、录音录像制作者、广播电视组织的关系看,作者也是居于主导地位的。作者在著作权法中是处于主导地位的权利主体,是作品首要的主人。因此,著作权法必须充分保护作者的合法权益。[②] 保障著作权人能够通过控制和行使自

---

[①] 李玉香:《论知识产权的私权性和权力让渡》,2012 年 8 月 28 日,http://www.studa.net/minfa/061110/11270161-2.html。

[②] 冯晓青:《著作权法目的与利益平衡论》,《科技与法律》2004 年第 2 期。

己的权利而收回知识创造的成本并获得必要的报偿,从而达到激励知识和技术创新、促进作品创造和传播的目的。由于作品的产生源泉是作者,如果不尊重作者的劳动,不给予其以必要的、充分的法律保护,作者的创造热情就会受到极大打击,从而使科学文化事业的发展成为无源之水。作品日益减少或灭失,又何谈作品的个人效益和社会效益,正所谓"皮之不存,毛将焉附"。

**二 社会效益的保障**

作品纳入著作权保护,使著作权个人的利益得以实现。然而,仅强调著作权人个人对作品的控制势必造成对作品资源的浪费,使社会公众无法使用作品,使作品达不到"物尽其用"的效果,社会效益无法实现,公共利益必然受损。

著作权作为一种财产权在法律中出现,是人类文明和社会生产力发展到一定阶段的成果,若不对其进行保护,则会阻碍生产力的发展。著作权法律制度是保障这种私人所有权,给著作权人提供一定的激励,以发展社会生产力的制度,这一点毋庸置疑。但是私权保护若完全不考虑公共利益,则促进社会生产力发展的目的也就不能达到。所以,为了避免社会损失的扩大,在私权和公共利益之间就要寻找一个平衡点,使著作权的私权的收益与社会收益平衡。因此,公共利益必须受到保护。我们知道,作品具有公共属性,其传播和使用会提高社会整体的再创造力,从而使社会得到更大的产出和公共利益。正如世界贸易组织《与贸易有关的知识产权协定》第 7 条所指出的:"知识产权保护与权利行使的目的应在于促进技术的革新、技术的转让和传播,以有利于社会经济、福利的方式去促进技术知识,生产者、使用者互利,并促进权利与义务平衡。"[1] 但是我们必须注意的是,如果忽视著作权私人利益的保护,公共利益的目标是无法实现的。事实上,著作权人追求自身利益最大化的同时,也促进了社会的进步,这一定论早在几个世纪以前已由亚当·斯密所认识。也就是说,遵从一定的规则,著作权私人利益和公共利益是可

---

[1] 《与贸易有关的知识产权协定》第 7 条,2012 年 7 月 26 日,http://www.sipo.gov.cn/sipo2008/zcfg/flfg/qt/gjty/200804/t20080403_369216.html。

以形成良性循环的。

著作权法同时承担着保护著作权人的私人利益和维护在一般的社会公众利益基础之上更广泛的公共利益的双重目标，两者并行不悖。甚至可以说，著作权保护只是著作权制度运行的中间过程，促进知识创造和知识扩散，促进技术、知识和信息的交流与利用，从而促进社会经济发展、科学和文化进步才是著作权法的终极目的。因此，从著作权法的目的来看，一方面我们必须强化著作权保护，另一方面必须重视并维系著作权人的利益与著作权法中其他利益主体利益特别是公共利益之间的平衡。著作权法的平衡理念依靠限制手段实施。因此，各国著作权法规定为了实现公共利益而对著作权进行限制的制度。如：加拿大《著作权法》第13条规定："如果作为作者继承人的版权所有人拒绝再次出版有关作品，或拒绝公演该作品，政府主管部门有权从公共利益出发颁发著作权或表演强制许可证。"我国《著作权法》借鉴他国立法规范，在第4条规定："著作权人行使著作权，不得违反宪法和法律，不得损害社会公共利益。"为了公共利益而对著作权进行限制，体现了法律对著作权私人利益、社会公共利益的重要性作出估量后，对两种利益冲突进行协调，追求利益均衡的目标。

著名学者吴汉东教授在解释著作权法的平衡精神时，认为："平衡精神所追求的，实质上是各种冲突因素处于相互协调之中的和谐状态，它包括著作权人权利义务的平衡，作者、传播者、使用者三者之间关系的平衡，公共利益与个人利益的平衡。"[①] 利益平衡在某种意义上正是为了实现"物尽其用"，实现作品的最佳效益。

## 第二节　图书馆实现作品的最佳效益

### 一　图书馆现实著作权人个人最佳效益

图书馆与作品的创造者是互利共生关系。[②] 当然，图书馆一般只与出

---

① 梅术文：《物尽其用与利益分享》，《中国发明与专利》2007年第6期。
② 柯平：《基于群落生态原理的公共文化服务体系中的公共图书馆定位研究》，《图书馆论坛》2008年第6期。

版者、杂志社、书刊发行者（他们已经买断作者的出版发行权）发生联系，这只是中间过程，并不能掩盖图书馆与作者的共生关系。图书馆的经费主要是纳税人以国家预算形式支付；图书馆收藏并保存作品、传播知识、提供信息服务，泽及广大社会公众（读者）。对著作权人一方而言，图书馆是购买作品数量最大的买家，居于作品使用者的地位。图书馆通过采购部门，按市场价格采购所需的书刊、光盘、磁带、影视资料、数据库等等文献信息资料，使著作权人的作品成本回收和利益实现。为使作品效益达到最大化，作者或出版者通过图书馆等文化服务机构对作品使用情况的了解，摸清使用者的阅读兴趣、文献需求，以便调整自己的作品创作或出版方向，使自己的作品更贴近读者，扩大作品销售量。既实现作者的最大利益，也实现作品的最佳效用。图书馆也依据作品创作的潮流，积极引导社会公众阅读健康向上的优秀作品，从而促进人类和谐进步。图书馆维护著作权人的私权利益，也实现了著作权法维护著作权人的私权利益的基本目标：第一，报偿目标，作品创造者应当得到其努力的回报；第二，奖励目标，作者因为其创造性劳动应当受到社会的奖励；第三，激励目标，保护作者的利益可以从制度上鼓励未来的创造性活动；第四，扩大公共作品目标，保护作品私有产权可以鼓励其他人的作品创作活动，在一定时期后这些作品资源根据法律就变成了人类的公共资源，这样就为增加社会的知识总存量和为以后的知识增长创造了条件；第五，避免危险目标，作品创作是有危险的，因此，创作者总是希望得到一种制度上的保证，以确立他对作品的私有产权，以便避免作品公共所有导致其成本无法收回。①

## 二 图书馆实现作品的最佳社会效益

根据群落生态优势种概念，结合文化服务体系的社会性特征，文化服务体系社会群落的优势种，可选择据种群功能强弱、地位关键与否、资金占有量，作为优势度的判断标准。以此标准，图书馆在文化服务体系中属于优势种。图书馆充分利用其作品储存、加工、传播的优势而成

---

① 李玉香：《论知识产权的私权性和权力让渡》，2012年8月28日，http://www.studa.net/minfa/061110/11270161-2.html。

为提供社会公众文化产品与服务的重要门户，其他任何机构对社会公众的文献信息服务都无法与之比拟。图书馆以服务于社会公众为宗旨，从来就没有自己的利益，是社会公众的著作权利益的代言人，这也是图书馆生存的最重要的缘由。图书馆的特殊地位决定其在著作权关系中发挥的作用：一方面要保护作者的利益，以调动作者创作的积极性，为社会提供更多更好的作品；另一方面除了要采购作品、资料、信息供读者使用以外，还依据著作权限制制度而合理使用作品，保障社会公众对作品的正常接近，满足社会文化教育和科研事业发展的需要。有人将图书馆比喻成著作权制度的"均衡器"，形象地指出了图书馆作为调节著作权人和公众利益的中介组织的特性。图书馆正是依据著作权豁免制度，在著作权效益机制中发挥作用：平衡著作权人与社会公众利益，保障作品的社会效益，实现作品总体效益最大化。

（一）促进公众正常接近作品

从社会公众的角度考虑，公众接近作品也可以理解为默示授予公众接近作品的权利，即个人有使用著作权作品信息的权利。这种使用对于促进学习是很重要的，而作者的专有权所控制的作品基于著作权法所授权的目的而使该作品能被公众所接近。著作权的扩张强化了对著作权人的保护，但也增加了公众接近作品的成本。垄断性的保护可以鼓励智力作品的创作，但却限制甚至禁止公众使用和接近他们的作品，并且也限制了新作品的创作。为保障公众接近作品的实现，对著作权给予适度的保护非常重要，因为保障公众自由地使用作品所涉及的知识和信息也非常重要。

著作权法有作者、使用者和传播者平衡器的作用，图书馆也有调节著作权人和社会公众利益的中介特性。各国著作权法为了平衡著作权人和公众利益，都赋予服务公众的代表机构图书馆合理使用、许可使用条款。如：我国《著作权法》第22条第1、2、3、6、8款，《信息网络传播权保护条例》第6条第1、2、3、5、6、7、8款和第7、8、9条；美国《著作权法》第107、108、109条；日本《著作权法》第30、31、35、36、37条都赋予图书馆及其读者作品使用和作品传播方面的合理使用权，就显示了著作权法追求著作权个人效益和社会效益均衡性的品格。赋予图书馆作品侵权豁免权，旨在保障图书馆文献、信息资源建设的完备，为社会公众（读者）学习、研究和创作提供更丰富的文献信息资源。无论图书馆采购作品、文献资料，还是合理使用作品资料，都是供社会公众（读者）使用；图书馆的技术和设施又为社会公众快捷、高效地使用作品、资料提供了有利的条件，使新作品的产出周期大大缩小，也使现实作品的使用价值大大提高、社会效益尽显。

(二) 维护作品公有领域

著作权法保护的著作权是一种专有权，在这种专有权之外的作品则处于公有领域。通常是没有纳入著作权法中的作品、保护期限已经届满的作品以及权利人放弃著作权的作品。专有权之外的处于公有领域的作品是人类共同的知识财富，也是典型的"知识共有物"。这种知识共有物是著作权法律制度运行出现的必然结果，因为著作权法律制度旨在推动人类科学、技术、文化发展和文明进步，为实现这一目的离不开对知识共有物的充分获取、传播与利用。各国著作权法都规定了著作权的保护期，使作品处于有限的保护状态。在专有领域，著作权人可以充分地行使自己的权利。公有领域则是图书馆、社会公众自由使用作品的空间。著作权法的促进学习的目的也要求留存公有领域，因为公有领域的保留是为社会公众留下接触知识和信息的必要手段。因此，著作权法不仅有服务于留存公有领域的目的，也有丰富公有领域的目标。著作权法保留公有领域的目的与促进学习的目的是一脉相承的。丰富的公有领域对于增进知识储存，促进当代人和后代人的知识储存都有贡献。

图书馆可以依法无偿地自由使用公有领域的作品。图书馆在传播知识、服务教育和科学研究的过程中，一直发挥着其维护公有领域的职能，并为实现这一目的作出不懈地努力：由于图书馆对作品利用情况拥有一定的发言权，对作品保护期限的调整有一定的影响，它从未放弃帮助立法者确立作品合理的保护期，使作品从有限专有进入公有领域，从而保障了社会公众自由使用公共作品、信息的权利。同时，面对现时著作权对公有领域的作品资源挤占的现象，图书馆也不断地呼吁政府采取措施加以保护。公有领域的信息资源是图书馆无偿使用最可靠的一部分，当这部分的作品或信息被侵占而转化为私人作品、信息时，便自然地延长了作品的保护期，不利于作品、信息的传播和利用，不利于作品、信息的价值发挥；剥夺了社会公众自由使用公有领域作品、信息的权利；对作品的再创造有阻碍作用，不利于文学艺术和科学技术的发展；不能使作品发挥到最大的社会效益。因此，图书馆促成政府或立法者加大对公有领域作品、信息资源的保护力度，一方面维护了社会公共利益；另一方面也起到平衡作者私权利益和社会公共利益之功效。

（三）保障公民文化教育权

著作权法的目标是通过激励机制，促进创造性作品的最广泛的生产和传播，从而促进知识和学习，凸显作品的价值。在增进学习的目的上，著作权法试图鼓励作品的最大限度的创作和传播。美国最高法院指出，把著作权赋予作者是一种手段，而不是手段本身。著作权法的最后的目的在于以赋予作者专有权作为激励创作的手段，促进智力作品的创作和传播。[①] 可以说，增进学习是著作权法的公共利益目的。实现这一目的的基础就是保护作者的权利，激发作者的创作激情，激励更多新作品的产生和传播利用，进而促进文化的发展。在这一过程中，既实现了作者作品创作投资的回收和经济的回报，又促进了新作品的创造，以及促进公众学习、保障公民文化教育权。

图书馆通过常规的采购实现了作者创作成本的回收和经济的回报，但是图书馆采购作品的目的主要还是供社会公众（读者）学习、科学研究（作品新创作）而使用。此时，图书馆是作品传播者的身份。无论图书馆作为使用者还是传播者，都增进了作品的创作和传播，为公众提供了可靠的学习机会，保障了公民的文化教育权。文化教育权是宪法赋予公民的基本权利，是人人享有参加社会的文化活动、享有艺术和分享科学进步及其产生的福利的权利。同时人人对自己所创作的科学、文学或艺术作品而产生的精神和物质利益，享有受保护的权利，这是文化权利密切相连的两个方面：学习的权利、创作成果的受保护，两者是完全一致的。参加文化活动、享有艺术、分享科学进步所带来的福利的权利，既是开展科学研究和文化艺术创作不可缺少的先决条件，也是促进社会进步和个人发展的基本条件。对作者权利的保护是公众实现文化自由及获得科学进步利益的前提，尊重作者的权利，将保证公众获得更为重要

---

① 冯晓青：《著作权法目的与利益平衡论》，《科技与法律》2004年第2期。

丰富的智力成果。① 文化教育权两个方面的内容分别通过宪法化成为宪法上的基本权利，以及著作权法加以具体化形成制度上的法定权利及其限制性条件。我国宪法第47条规定的公民有科研自由、文艺创作自由、文化活动自由，以公民基本权利的形式来表达这一人权的基本内容。著作权法确认并保护作者对作品的专有权，同时承认作者专有权的某些限制，由于图书馆具有调节著作权人和公众利益的中介组织的特性，允许图书馆及其所服务的社会公众（读者）自由使用某些作品，在制度层面上完整体现了文化权所包括的两个方面的内容。图书馆分享著作权利益，合理使用作品，服务于社会公众，维护了公民的文化教育权，为公众的学习、科学研究（作品创作）创造了有利条件，促进文学艺术和科学技术发展，进而推动社会政治、经济和文化事业的发展。图书馆实施这一系列行为过程，也促使作品的社会效益达到最大化。

---

① 费安玲：《论著作权法的理念与数字图书馆的利益维护》，《中国版权》2006年第1期。

# 第六章

# 图书馆的特别功能：
# 合理分享著作权利益的促进

## 第一节 图书馆是著作权与人权冲突的调节器

《与贸易有关的知识产权协议》（简称 TRIPS）明确界定了知识产权为私权的本质属性，也要求各个成员国承认并无歧视地加以保护。承认知识产权为私权，意味着知识产权与其他有形财产所有权一样都处于同样的私权地位，从而可以在理论和制度上为知识产权提供可靠的法律保障。然而，知识财产私权化的扩张可能导致知识创造者的个人利益与公民基本人权之间的冲突。

图书馆包括数字图书馆是国家设置的社会公益文化事业。对著作权人而言，图书馆是作品数量最大的购买者，居于作品使用者的地位。对社会公众读者而言，是作品的传播者。因此，图书馆处于著作权法律关系的中介地位。一方面，图书馆尊重和维护著作权人的私权利益，以激励更多智慧作品的生产；另一方面，图书馆还有依据著作权法之合理使用等限制制度，保障公众正常接近作品，维护公民的学习、言论自由、科学研究、个人隐私等基本权利，也凸显图书馆协调著作权与人权的冲突与对抗的功能价值。

**一 著作权与人权的冲突表现**

关于著作权私权与人权的冲突及协调问题，早在 1968 年，国际人权会议发表的《德黑兰宣言》，就对科学发现与技术发展可能危及个人权利和自由表示了忧虑和关注。当今，著作权私权的扩张引起著作权与人权的冲突日益严重，主要表现在以下几个方面。

（一）著作权与公民的言论自由权

言论自由（亦称表达自由）是世界各国普遍认可的宪法权利，也是公民基本的政治权利之一。美国宪法修正案有两个重要条款：一方面规定国会不得制定有关法律以剥夺人民言论、出版自由以及其他自由权利；另一方面又授权国会制定著作权法，授予作者以一定时期享有独占垄断权利。加拿大《权利法案》规定了公民享有的两项宪法性权利：一是每个人都拥有自由参加社会文化生活的权利，以享受艺术和分享科学进步的利益，即公众的"参与权"；二是每个作者都有权维护其科学、文学及艺术作品所产生的精神利益和物质利益，即作者的著作权。

言论自由权与著作权都体现了当代立宪精神。前者是一种政治权利，是宪法赋予每个公民的基本权利，它始于公民出生，是"生来权利"；后者是一种民事权利，是公民表达思想、行使言论自由等政治权利的必然产物。著作权并不为每个公民所实际享有，只有进行了创作活动并拥有作品的人才能取得著作权。所以说著作权是"后来权利"。上述两种权利有着密切的联系，但也存在一定的冲突。这是因为，作为言论自由权所涉及的信息，包括消息、知识、资料、数据、观念、意见等，在著作权法中往往表现为享有独占权利的作品。当两种权利发生冲突时，如何确定其优先保护的位阶？一般认为，言论自由在基本人权体系中占有突出重要的地位。相对于经济自由等权利，言论自由应当具有"优越地位"，即应看作是具有优先性的法律价值。言论自由优于经济自由的原则在各国宪法理论与实践中都得到承认。这即是说，著作权的独占性质不应构成思想表达和信息交流的障碍。对此，美国学者认为："著作权提供的保护可以对抗非法的竞争者，但不能阻碍公众对作品的合理使用"；"信息的公开传播非常重要，因此不能使自由之公益和民主社会屈从于传统著作权观念下的私人独占权"。在这种人权理念的指引下，各国著作权法都对作品的独占权利设定了必要限制，以保障言论自由权利的实现。[①]

公民的言论自由权主要表现为公民个人学习、科学研究、评议、出

---

① 吴汉东：《知识产权与人权：冲突、交叉与协调》，2013年1月22日，http://www.chinalawedu.com/news/16900/175/2004/7/ma4272253834177400217367-0122651.html。

版等方面。著作权法对作品使用的限制以保证言论自由实现主要反映在：保证个人学习、研究中的合理使用，为个人创作及发表思想提供必要的条件；保证评议、新闻报道中的合理使用，使社会公众通过传播渠道和媒体交流思想，获取信息和情报，以实现其知情权；保证科学研究、课堂教学、图书馆等公益性机构的活动的合理使用，这对于寻求、接受、传递信息和思想，促进社会文化和科教事业的发展也是必不可少的。然而，实践中过分保护著作权人的利益，使公民分享著作权利益受到阻碍的情况比比皆是。

（二）著作权与公民的文化教育权

公民受教育、参与文化生活的权利，是《世界人权宣言》第27条第1款规定的人权之一，是指每一个文化群体、公民都有权保留并且发展自己特有的文化。公民受教育、学习的权利是宪法赋予的基本权利，公民因而正常接近作品，也是各国著作权法为实现公民基本权利让渡的体现。然而，在现实中，公民文化教育权与著作权的实现的确存在有不和谐的音符。尤其反映在著作权法对公民的民族民间文化权利的冲击方面。文化权利赋予了公民表达和发展自己的文化特性的权利，以及自由选择、享受、提高和分享本民族传统的权利。每种文化代表一整套独特的不可替代的价值，肯定文化特性有助于各国人民的解放和发展。文化特性是一种激励性财富，它能提高人类的发展能力，推动各民族和社会公民从历史中汲取营养，接受与其固有特点相适应的外来帮助，并从而继续自身的创造过程。① 然而，著作权的私权保护忽视了公民尤其是少数民众参与文化生活权利的行使：一方面，少数民众文化，如民族民间文化得不到有效的著作权保护，权利人以外的人无须征得许可就可免费地使用其创造性成果，而此类使用行为所产生的创造性成果却成为著作权保护的对象，意味着公有作品被私权化，公有领域被私权侵占；另一方面，著作权所带来的利益使世界各国积极参与著作权国际规则的创制和实施，在发达国家的高压之下，不断地提高著作权保护标准，扩大著作权保护范围，其中就有来源于民族民间文化的智力创作成果，并随着著作权保

---

① 吴汉东：《知识产权与人权：冲突、交叉与协调》，2013年1月22日，http://www.chinalawedu.com/news/16900/175/2004/7/ma4272253834177400217367-0122651.html。

护水平的提高而受到高标准的保护,而提供了创新之源的民族却无法分享科学进步及其应用所产生的著作权利益。

(三) 著作权与公民的享受科学进步权

享受科学进步及其应用所产生的福利权利是《世界人权宣言》第27条第1款规定的另一项权利。科学进步包括自然、生物科学、社会科学和人文学上的进步。对于这些科学进步,人们可以自由寻求和接受科学所取得的进展的信息,以及由于新的科学远见而付诸应用方面的信息。而且人们还享有源自这些进步的福利的权利。[①]

然而,著作权是著作权人对作品享有的专有权利。著作权作为一种私权,除了具有时间性、地域性的特征外,还具有专有性的特征,著作权的专有性是由著作权的私权性质所决定的。具有独占性、排他性或垄断性,是指著作权专为权利人所享有,非经法律特别规定或者权利人同意,任何人不得占有、使用和处分。作品的商品属性和社会属性决定了它总是要进入市场流通的,而作品本身没有形体,占有它不是具体的控制,而是认识和利用,故而容易脱离所有人的占有而被不同的主体同时占有和利用;加之作品的传播又十分容易,作品所有人很难进行直接控制,因而不能用传统有形财产保护制度保护,而必须采取特殊的法律制度。这种特殊的法律制度表现为著作权保护制度。在这种专有性权利保护的情况下,人们如何实现其享受科学进步及其应用所产生的福利的权利呢?著作权法制度在这一问题上体现了私人财产所有权神圣不可侵犯的指导思想,往往忽视著作权人对社会应尽的义务,没有为非权利人利用作品、维护社会公共利益提供一个有效的措施,在人的基本生存权与财产权保护问题上确有冲突。

(四) 著作权与公民的隐私权

隐私权是公民对其私人生活安宁与私人信息享有的不被非法侵扰、知悉、搜集、利用和公开的一种权利。它既是民法所规定的人格权,也是国际人权法所承认的基本人权。《世界人权宣言》第12条规定:"任何人的私生活、家庭、住宅和通信不得任意干涉。"《公民权利和政治权利

---

[①] [挪] A. 艾德:《作为个人人权的文化权》,黄列译,见《经济、社会和文化的权利》,中国社会科学出版社2003年版,第334页。

国际公约》第 17 条规定："任何人的私生活、家庭、住宅或通信不得加以任意或非法干涉。"然而,自 19 世纪美国人沃伦和布兰代斯凭据私人信件法律保护提出隐私权这一概念以来,隐私权已从传统的"个人生活安宁不受干扰"的消极权利演变为现代的具有积极权利意义的"信息隐私权"、"资讯隐私权"。但与此同时,"社会不是在向着有利保护公民个人隐私的方向发展,相反,现代科技尤其是电子信息技术的发展以及大众传播媒介对市民生活深刻而广泛的影响,使得公民隐私权的保护变得更为迫切"。隐私道德基础的关键,是控制有关自己信息的权利,但是这一权利在数字技术进步的过程中正处于危险的境地。其主要原因是:在信息社会里,信息已经成为一种商品。诸如个人偏好、通信记录、疾病记录、性格倾向、信用记录、违法记录、雇佣资料等可以进行数字化处理并存储到数据库中。上述信息如不进行有效控制,个人隐私就会在信息的商品化中变得透明。[①]

信息商品化在著作权领域即是数据库问题。各种信息经采集、整理、编制而制作成数据库,目前是按著作权法的规定作为汇编作品来保护的。国际著作权界对数据库提供汇编作品持"弱保护"态度,因为任何人可以自由地使用原汇编作品的材料,用以制作与其竞争的数据库。在这种情况下,一些发达国家正努力构建数据库的特殊权利保护,也就是一种独立于著作权的专门权利制度,其目的在于保护数据库投资者的利益。在著作权界注重数据库投资者与利用者之间利益协调的同时,却忽略从人权角度衡量数据库来源者与所有者之间的权利冲突,即是隐私权与著作权的冲突。对数据库采取"强保护"又意味着公民无法正常接近信息资料,这又势必侵犯公民的文化教育权。

## 二 图书馆协调著作权与人权冲突的职能

基本权利不可分割,它整体构筑公民享有全部权利的基础与核心。从价值功能上讲,图书馆侧重于保护公民的言论、出版、科学研究的政治权和文化教育权等权利,但是,鉴于基本权利的不可分割性,图书馆

---

[①] 吴汉东:《知识产权与人权:冲突、交叉与协调》,2013 年 1 月 22 日,http://www.chinalawedu.com/news/16900/175/2004/7/ma42722538341774002l7367 - 0122651.html。

保障公民上述基本人权十分重要。有人将图书馆比喻成著作权制度的"平衡器",形象地指出了图书馆作为调节著作权人和公众(公民)利益的中介组织的特性。① 图书馆也正是用"平衡"手段来协调著作权与人权冲突的。

(一) 图书馆维护著作权人利益和公共利益平衡

著作权法作为平衡著作权人的私人利益与社会公共利益而作出的制度设计,是出于公共利益目标,出于对基本人权的尊重,在一定情况下应对著作权进行必要限制,以保证社会公众对于作品的合理利用,也是国际人权公约所要求的。本意是在激励作品创造和对作品合理需求的社会利益之间实现理想平衡,从而促进国家经济、科技和文化的发展与社会进步。利益平衡是一种价值判断,也是著作权法制价值取向的内在要求。这不仅体现在各国著作权法中,而且体现在有关国际性文件中。例如,《世界人权宣言》将保护自身创造的知识产品与分享社会文明的成果都列入基本人权。《TRIPS》第 7 条规定:"知识产权的保护与权利行使,目的在于促进技术的革新、技术的转让与技术的传播,以及以有利于社会及经济福利的方式去促进技术知识的生产者与使用者互利,并促进权利与义务的平衡。"② 这一规定体现了该协定对利益平衡目标的肯定和重视。由于《TRIPS》的规定是其成员必须履行的,该利益平衡目标也就成为各成员特别是主权国家的知识产权法律制度的基本原则和目标。结合该协定其他条款的规定可以发现,协定还规定应促进经济和社会发展的公共利益,强调知识产权人的私人利益应与公共利益平衡。由于在著作权制度中存在不同利益主体,著作权法需要在这些利益之间进行协调,特别是在著作权人利益和社会公共利益之间进行平衡与协调,来根本缓解著作权与基本人权的冲突。

虽然界定现行的著作权法专有权范围是否代表了在激励和接近之间理想的平衡是很困难的,但这并不意味着不存在这样一种平衡。图书馆作为公众利益的代言人,为公众利益,在著作权法许可范围内寻求对作品的正常接近。著作权人有追求垄断利益的特性,图书馆却有维护公共

---

① 张今:《数字环境下恢复著作权利益平衡的思路》,《科技与法律》2004 年第 4 期。
② 《与贸易有关的知识产权协定》第 7 条。

利益的特质。图书馆这种公益性确实在著作权利益平衡机制中起着作用：促使著作权人和社会公众的利益处于平衡。通过这种动态的平衡，使公民（社会公众）得以分享著作权利益，使其基本人权得以保障。

图书馆在促进著作权法寻求著作权人的利益与社会公共利益之间适当的平衡点的过程中，一直在积极地发挥作用。突出的表现是：在著作权法内国法或国际法的立法或修改时，图书馆或图书馆联盟在积极争夺"话语权"，为社会公众的著作权利益提出的合理化建议，让立法者听到图书馆界的声音，使他们不再忽视社会公众的基本权利，让公民的基本人权有制度保障。

（二）图书馆维护作品专有与公有的平衡

著作权法保护的著作权是一种专有权，在这种专有权之外的作品则处于公有领域。通常是没有纳入著作权法中的作品、保护期限已经届满的作品以及权利人放弃著作权的作品，是社会公众无偿使用的最可靠的部分。推动人类科学、技术、文化进步，离不开对知识共有物的充分获取、传播与利用，于是各国著作权法都规定了著作权的保护期，使作品处于有限的保护状态。可是，英美法系国家的著作权保护期限日益延长；近年来，在德国、法国等大陆法系国家，主张作者永久性的著作权的观点也可以见到。至于在国际上，要求扩张著作权的议案不止一次地出现于著作权国际会议上。[①] 从著作权法的利益平衡价值目标看，著作权也不能被赋予长期或永久性的保护期限。著作权期限的扩张是对作者等著作权人的著作权保护的强化，但同时也意味着对社会公众义务的加重、对社会公众自由接近知识和信息限制的强化，因为在更长的时间内公众不能自由使用著作权作品。

图书馆作为公众利益的代言人，在传播知识、服务教育和科学研究的过程中，对作品利用情况拥有一定的发言权，在作品保护期限调整的立法听证会上占据重要的地位。它的合理化建议对立法者确立作品合理的保护期有一定帮助。这样，著作权人的私人利益会得到合理保护，著作权有限专有进入公有领域也会"适当"进行，社会公众自由使用公共作品、信息的基本权利得以保障。

---

① 冯晓青：《著作权扩张及其缘由透视》，《政法论坛》2006 年第 11 期。

对民族民间文化等公有作品领域的"圈地"行为，实质上也是公有作品私有化的行为，它加大了未来新作品作者和社会公众创作新作品的成本，剥夺了社会公众自由接近和使用公有作品的权利，阻碍了人类文学艺术、科学技术的进步。作为公有领域真正的守望者，图书馆一直在呼吁政府或立法者加强对公有领域作品的保护，以保证社会公众从事智力作品创造时，对前代人和同代人思想、智力创造物的吸收、利用与借鉴。

（三）维护著作权与公民表达自由、文化教育权平衡

图书馆通过常规的采购实现了作者创作成本的回收和经济的回报，图书馆采购作品的目的是供公众读者（公民）学习、科学研究、自由表达（包括言论、出版自由）而使用。图书馆作为使用者或传播者，都增进了作品的创作和传播，为公众提供可靠的学习机会，保障了公民的文化教育权、政治权。政治权和文化教育权是宪法赋予公民的基本权利，是人人享有参加国家管理、社会的文化活动、享有艺术和分享科学进步及其产生的福利的权利。同时人人对自己所创作的科学、文学或艺术作品而产生的精神和物质利益，享有受保护的权利，这是文化权利密切相连的两个方面：学习的权利、创作成果的受保护，两者是完全一致的。参加政治文化活动、享有艺术、分享科学进所带来的福利的权利，既是开展科学研究和文化艺术创作不可缺少的先决条件，也是促进社会进步和个人发展的基本条件。对作者权利的保护是公众实现政治、文化自由及获得科学进步利益的前提，尊重作者的权利，将保证公众获得更为重要丰富的智力成果。[①] 我国宪法第 47 条规定的公民有科研自由、文艺创作自由、文化活动自由，以公民基本权利的形式来表达这一人权的基本内容。著作权法确认并保护作者对作品的专有权，同时承认作者专有权的某些限制。由于图书馆具有调节著作权人和公众利益的中介组织的特性，允许公益性图书馆和社会公众自由使用某些作品，在制度层面上完整体现了表达自由、文化权所包括的两个方面的内容。一方面，图书馆通过采购供公众使用作品；另一方面，还依据著作权限制制度，享有著作权豁免，而合理使用作品。这是对公民的表达自由等政治权和文化教

---

① 费安玲：《论著作权法的理念与数字图书馆的利益维护》，《中国版权》2006 年第 1 期。

育权的最有效保障。

（四）维护著作权与隐私权平衡

由于"数据库"是对已存在的作品或者个人信息等事实材料在选择、编排、整理、加工、汇编等的基础之上形成的新的集合物，它们达不到作品获得保护的"独创性"标准，又由于投资者的辛勤劳动，"额头出汗"原则也曾经支持数据库受保护，但慢慢地被放弃了。然而，数据库保护存在的争议一直也没有结束，1996 年，欧盟通过保护数据库的指令，根据该指令的规定，数据库还可以受到特殊权利之保护。[①] 在考查与参考国外关于数据库著作权利益保护的基础上，2001 年我国新修订的《著作权法》第 14 条规定："汇编若干作品、作品的片段或者不构成作品的数据或者其他材料，对内容的选择或者编排体现独创性的作品，为汇编作品，其著作权由汇编人享有，但行使著作权时，不得侵犯原有作品的著作权。"该条款将由著作权材料、非著作权材料或数据汇编而成的数据库纳入著作权的保护范围。因此，从近年来保护数据库的种种努力看，一个重要成果是使立法者既保障数据库所有者的利益，也保障图书馆、科学研究团体、社会公众能够公开接近科学数据库。

包括个人隐私在内的数据库纳入著作权保护范围，个人隐私得以保障；图书馆、社会公众公开接近，意味着作为使用者的公民权利受到保护，被接近个人信息的公民的隐私被侵犯。因此，要求图书馆或社会公众在使用和传播个人信息时，持一种慎重态度，这也是对"数据库"进行特别保护的印证。实践中图书馆对数据库的使用的确是尽职尽责的：既有维护"数据库"著作权的另一面，也有维护个人隐私权的一面，并且力求著作权与个人隐私的保护达到精妙的平衡。

## 第二节　图书馆是著作权法公有领域的维护者

著作权法保护的著作权专有之外的作品是处于公有领域的，通常是没有纳入著作权法中的作品、保护期限已经届满的作品以及权利人放弃

---

[①] 冯晓青：《著作权扩张及其缘由透视》，《政法论坛》2006 年第 11 期。

著作权的作品,是人类共同的知识财富,也是图书馆自由使用作品的可靠部分。然而,随着信息技术、网络传播技术的发展,以及经济全球化和一体化进程的加速,著作权法为了追赶新技术发展的步伐、提升其在经济和社会结构中的作用,便开始了扩张:强调著作权专有领域的保护、低估公有领域的价值、削弱公有领域的保护甚至挤占公有领域,从而淡化和减弱公有领域中的图书馆及公众的权利。因此,关注与捍卫著作权法中的公有领域,成为当今图书馆界紧迫而艰巨的任务。

## 一 公有领域存在对图书馆的现实意义

(一) 有利于图书馆服务新作品的创作

著作权客体就是一定的作品知识,而知识的发展规律则是从无知到有知、从少到多、由浅入深、由片面到全面的不断运动,是人类思维发展的基本过程。知识的发展表现为在实践基础上不断地由量的积累到质的飞跃的深化和扩展。因此,知识具有历史继承性。著作权作品被创造出来均是在现有知识基础上进行的,必须以现有知识为原材料,不然绝无创造的可能性。威恩蒂·戈登(Wendy J. Gordon)认为:一个强大的公有领域对于国家科学和文化的健康发展很重要,没有丰富的公有作品作保障,私权作品的产权最终会失去合理性基础。公有物之所以能够使私权作品的产权获得保持一种延续的状态,是因为在很多情况下,作品的创造不是来自于零的某种东西的创造,而是需要对已有的材料、成果进行归纳、提炼、整合、重构。这一过程既是一个创造性过程,也是一个利用公有领域"养料"的过程。[1] 杰西卡·利特曼(Jessica-Litman)指出,真正的创作行为更类似于翻译和重组。如作曲者重组其从前听到的声音;剧作家将其人物建立于从真人和其他剧作家的角色中抽出的零碎;律师将旧论点转换以使其适用于新的事实。这些都不是寄生现象而是作品创作的本质。在有力的公有领域缺乏的情况下,大多数创作将是非法的,公有领域是使创作成为可能的原材料的主要法律保障。[2] 因此,在知

---

[1] Gordon W. A Property Right in Self-Expression, "Equality and Individualism in the Natural Law of Intellectual Property Right", *Yale Law Journal*, No. 7, 1993.

[2] Litman, J., "The Public Domain", *Emory Law Journal*, No. 22, 1990.

识产权领域，拥有强大的公有领域的必要性在于：一是使新的作者增多，他们必须具有从不被私人占有的、以前的创造物中获取营养的权利。作者创作新的作品需要从过去的作品中吸收不被保护的成分。二是强劲的公有领域是确保"代际"平等的需要。从文化科学的传承性看，作为创造者的后辈需要自由地利用先辈留存下来的东西。这种利用如果不是自由的，就会严重影响文化科学的继承和发展。

图书馆作为国家文化政策机制的选择，意义在于：自由使用公有领域作品（是图书馆收藏作品的重要部分），服务于公众读者，促进人类科学技术、文学、艺术的进步，提高社会生产力。如果公有领域受到挤压，图书馆及公众获取作品的成本将日渐提高，意味着作品创作的成本也将日益提高，作者创作的激情将会减弱。导致的必然结果是，不仅专有领域的作品减少，而且公有领域作品因专有领域作品总量的减少而减损的程度将更为严重。由于作品、信息资源的稀缺，图书馆信息资源总量会随之减少，服务文学艺术和科学技术作品创造的能力也会下降，国家和民族的持续创新力将会减低，社会生产力将停滞不前。

（二）有利于图书馆维护著作权主体之间利益平衡

公有领域的存在将与专有领域的设置取得一种平衡。对著作权法设置公有领域的有力解释是，授予作者著作权而给予社会公众的对价。在市场机制有效运行的情况下，图书馆及社会公众对作品的获取是一种以付费为条件的有偿获取，出于对作品创作和传播激励作用的目的，著作权法规定作者的专有权，要求图书馆及公众获取作品需要付出必要的成本或对价，这既丰富了作品资源，也便利了图书馆及公众对作品的获取。图书馆通过常规的采购，支付对价，确实能够实现著作权法的价值目标：①报偿目标，创造者应当得到其努力的回报；②激励目标，保护作者的利益可以从制度上鼓励未来的创造性活动；③奖励目标，作者因为其创造性劳动应当受到社会的奖励；④避免危险目标，作品创作是有危险的，因此，创作者总是希望得到一种制度上的保证，以确立他对作品的私有产权，以便避免作品公共所有导致其成本无法收回；⑤扩大公共作品目标，保护作品私有产权可以鼓励其他人的作品创作活动，在一定时期后这些作品资源根据法律就变成了人类的公有资源，这样就为增加社会的知识总存量和为以后的知识增长创造了条件；⑥促进经济增长或公共利益目标，著作权保护是经济增长的工具之一，经济增长是建立有效保护著作权的总目标。[①]

但是，著作权法不能要求图书馆及公众一味地以有偿方式获取和使用作品，基于协调创作者、传播者、使用者利益平衡的需要，著作权法还设置著作权限制制度和公有领域。著作权法一方面为保证作者个人利益的实现，规定了作者有权许可他人使用而收取转让费用，另一方面为保证公众利益的实现，在公有领域范围内，允许图书馆及公众不经作者同意，不需支付报酬而自由使用作品。著作权法期望通过设置公有领域，建立起创作者、传播者与使用者之间的和谐关系。利特曼还指出，公有领域不应该被理解为不值得保护的材料的范围，它是指没有纳入著作权法中的作品、保护期限已经届满的作品以及权利人放弃著作权的作品，这些作品对于图书馆来说，是供公众（读者）学习、教育与科学研究的可靠的信息资源，是获取公共利益有力保障。可以说，图书馆作为著作权人与使用者之间的中介组织，发挥着创作者、传播者与使用者各主体之间利益的调节器的作用，之所以图书馆能够发挥平衡创作者、传播者与使用者利益的机能，也主要是依靠著作权法公有领域的存在以及著作权限制制度的设置。正如泰勒·奥乔亚（Tyler T. Ochoa）所言，人们希望通过公有领域的设置，试图帮助图书馆及公众维护公有领域中的公共利益，免受那些试图将知识公有领域转化为私人财产的人的侵害。[②] 因此说，健全的公有领域既为著作权制度提供关键支撑（因为没有公有领域，人们不可能忍受著作权，著作权制度也不可能有效运转），也为图书馆提供平衡创作者、传播者、使用者之间利益的工具。

（三）有利于图书馆维护公共利益

著作权法中存在着重要的公共利益。著作权法保护的著作权虽然是一种私权，但这种私权无论在行使还是利用方面都与公共利益之间存在十分密切的联系。之所以对著作权进行限制，就是为了确保公共利益的

---

[①] 李玉香：《论知识产权的私权性和权力让渡》，2013 年 7 月 10 日，http://www.studa.net/minfa/061110/11270161 - 2. html.

[②] Ochoa, T., "Origins and Meanings of the Public Domain", *University of Dayton Law Review*, No. 28, 2002.

地位。公共利益与公有领域又是紧密地联系在一起的，美国著作权学者迈澳勒·尼默所指出，确认著作权的基本原理典型地表达为一种交易。在这种交易中，作者创作作品的努力通过被赋予有限的垄断权而受到鼓励，而随着最终公共利益的增加被融入公有领域。著作权法律制度是保障私人所有权，给著作权人提供一定的激励，以发展社会生产力的制度，但是私权保护若完全不考虑公共利益，则促进社会生产力发展的目的也不能达到。因此，必须对著作权作品进行时间或地域限制，使之最终归于公有领域。正如亚当·斯密所说，著作权人追求自身利益最大化的同时，也促进了整个社会的进步。

在作品的传播和使用领域，公共利益需借助图书馆这个中介机构才能实现。从事公益事业的图书馆为发展教育事业、推广和普及科学文化知识、保存人类文化遗产以及为公众获取和接受这些科学文化知识提供了基本保证。为了满足公共利益的需要，著作权法也允许图书馆等公益性机构可以通过著作权限制制度或者公有领域自由使用作品。著作权法确保公共利益需要更广泛的、自由的公共接近，图书馆维护公共利益而竭力保障公众自由使用作品资料，二者目标惊人的一致，因此，维持适当的公有领域空间是必要的。对著作权进行限制是为了维护和扩张公有领域，但最终还是为了服务公共利益。[①] 各国著作权法为保护社会公共利益都做出具体的规定，如我国著作权法第4条规定："著作权人行使著作权，不得违反宪法和法律，不得损害社会公共利益。"图书馆是为了社会公共利益，由国家举办的社会公益文化事业，而公有领域的存在则有利于图书馆及公众自由接近作品，进而有利于保障图书馆更好地实现社会公共利益。

## 二 公有领域的减损

（一）技术保护措施的不当利用

在数字网络环境中，作品复制质量高、费用低并且传播速度快，每个公众都可以成为传统意义上的出版商和发行者，著作权人难以行使其

---

[①] Samuels, E., "The Public Domain in Copyright Law", *Journal of the Copyright Society of the USA*, No.5, 1993.

权利。为应对数字困境,世界知识产权组织于 1996 年通过了因特网条约,要求各缔约方赋予著作权人公众传播权,并对著作权人采取的技术措施提供适当的法律保护和有效的法律救济,从而使图书馆及公众自由获取作品的公有领域受到侵占。著作权人一般采用两种方法对公有领域进行侵占,一是将超过保护期的作品继续加以独占,纵然不承认其再享有著作权,但通过技术手段予以实际控制,也达到行使著作权之目的,妨碍了图书馆及公众自由使用。二是将从来都不受著作权保护的内容不恰当地控制。例如,有些作者或组织打着保护民族民间文化的旗号,对民族民间文化进行整理和挖掘,再编辑出版,然后以作品的原创性为借口,要求获得著作权保护。其实这是对民族民间文化等公有作品领域进行的"圈地运动",此行为实质也是对公有作品进行私有化,它加大了未来新作品作者和社会公众创作新作品的成本,剥夺了图书馆及社会公众自由接近和使用公有作品的权利。再如,有些数据库开发商以公有领域作品为材料进行数据库开发,仅因"额头出汗"就要求以著作权形式保护,制定高昂的价格出售给图书馆供读者使用,让图书馆付出不相称的代价,一方面意味着著作权利益分配有失平衡,另一方面意味着公有领域被无端侵占。对此,美国著名学者保罗·戈尔茨坦曾就此对《世界知识产权组织著作权条约》(WCT)第 11 条,以及有关实施该条的立法所存在的不公正性提出了批评:"该条将对著作权客体的解密行为规定为非法行为,但却没有将对不受著作权保护的客体的加密行为规定为非法行为,意味着对公有领域非法侵占的纵容。"[1]技术措施对公有领域的侵占,使图书馆及公众不仅不能自由使用过保护期或不受保护的作品,甚至连合理使用的机会都失去。可以说,技术措施使公众自由接近作品变得日益困难,也将降低互联网的使用价值。

(二)著作权保护期限的延长

推动人类科学、技术、文化进步,离不开对知识公有物的充分获取、传播与利用,于是各国著作权法都规定了著作权的保护期,使作品处于有限的保护状态。从世界第一部著作权法《安娜女王法》算起,各国著作权法都规定了著作权的保护期限。美国 1790 年《著作权法》将著作权

---

[1] Goldstein, P., "Copyright and its Substitutes", *Electronic Intellectual Property*, No. 6, 1999.

的保护期规定为作者有生之年及死后 14 年，还可重新延续 14 年。在 1909 年《著作权法》中，作者的著作权保护期限为作品发表之日起 28 年，另外可以延续 28 年。1976 年的《著作权法》将著作权保护期限规定为作者终身及其死后 50 年。1998 年美国国会又通过《著作权期限延伸法》，将个人著作权期限延长到作者去世后 70 年，而将公司的著作权延长为 95 年。德国 1837 年的《著作权法》规定的保护期为作者有生之年加死后 30 年，现在则扩大到作者有生之年加死后 70 年。在国际上，著作权期限延长的趋势也在不断地扩张。[①] 著作权期限的扩张是对作者等著作权人的著作权保护的强化，但同时意味着对图书馆等公益性机构和社会公众义务的加重，对图书馆及公众自由接近知识和信息限制的强化，也意味着公有领域因受到挤压而大大减损，还意味着增加使用著作权作品的成本而阻却新作品诞生，使得从这些本来可以被创作出来的作品中获得的公共利益变得不复存在。

### 三 图书馆维护公有领域的策略
（一）倡导法律对技术措施进行必要限制

针对将超过保护期的作品，著作权人通过技术手段仍然进行控制的行为，需要以法律进行规制，让原著作权人解除过了保护期作品的技术控制，使已过保护期作品回归到公有领域，以确保图书馆及公众自由利用。针对技术措施利用把公有领域作品变成私人产品的行为，法律在允许对这些公有信息加上控制接触的保护措施，但不能控制这些公有信息的使用与传播，否则技术保护措施的广泛运用，可能会在事实上产生新的信息垄断现象。[②] 对于新作者使用处于公有领域的民族民间文学艺术作品、非物质文化遗产，创作的新作品要求纳入著作权保护的现象，以及公有材料数据库的私权化现象，图书馆界在深切关注的同时，有权利也有义务建议政府或立法机构从平衡私权利益和公共利益出发，加强公权对私权的干预：在注重投资者与图书馆等使用者之间利益协调的同时，还要注重

---

[①] 冯晓青：《著作权扩张及其缘由透视》，《政法论坛》2006 年第 11 期。
[②] 袁真富：《版权保护中的技术措施对公众利益的妨碍及其对策》，《中国专利与商标》2002 年第 3 期。

对材料来源者与所有者权利冲突的协调,从而"适度"地维护公有领域。

(二) 倡导设立"适当"的作品保护期

作为提供文化服务的公共事业单位,图书馆是作品收藏的最大机构,在传播知识、服务教育和科学研究的过程中,几乎对于各类作品的利用情况都有较为清楚的了解,对于确立作品保护期限拥有一定的话语权,在著作权法律制度的立法听证会上应占据重要的地位。著作权法的调整关系到图书馆事业的健康发展,图书馆绝不能轻易放弃立法谏言的机会,而应积极参与到法律调整中来,充分表明图书馆界关于确立著作权保护期的立场:过短的保护期可能阻碍作品收回投资和获得利益,不是图书馆追求的目标;而过长的保护期是图书馆反对的;确立"适当"的、有利于保障著作权私权利益和社会公众利益平衡的保护期,是图书馆的坚决主张。作为作品主要传播机构的图书馆,依靠其掌握作品使用详情的优势,所提出的建议被立法者吸纳的成分将是很高的,而据此确立的作品保护期也将是合理、适当的。这将有利于维护著作权有限专有进入公有领域的机制正常运转,也能有效保障图书馆及社会公众自由使用公有作品的基本权利。

(三) 倡导开放存取、拓展公有领域

当今,科学数据与学术期刊的共享成为全世界科学界的共识。科学数据与学术期刊是当今社会科学发展的基础和牵引力,是科学持续发展的关键所在。20世纪90年代,在美国科学界的强烈要求下,美国提出了科学数据、学术期刊"完全与开放"的共享国策。2003年10月,德国马普学会召开柏林会议,通过《柏林宣言》,指出开放存取的内容不仅包括原始的科研成果,还包括原始的科学数据。欧盟把信息数据的传播与共享活动提高到一个非常重要的地位,认为信息数据的传播与共享是信息社会的基础,关系到维护公众的信息和知识的权利,并且对政府的决策、民主制度和社会的发展起着重要的作用。[1] 现在西方发达国家除了美国、英国、德国以外,加拿大、芬兰、挪威、瑞典、法国、澳大利亚及发展中国家印度都相继制定了开放存取政策。

---

[1] "Research Funders Policies for the Management of Information Outputs", 2013 - 07 - 28, http://www.rin.ac.uk/policy information outputs.

开放科学数据与开放期刊并不代表是没有著作权保护的公有信息，相反，科学数据与开放期刊的著作权保护也是共享政策的重要组成部分。世界各国的科学数据、开放期刊的发布与出版系统都倾向辅之许可证模式，这样可以使用户在尊重权利人的知识产权下，合理使用公开科学数据与期刊，并在其基础上创作新作品，进而再公开发布新作品，使新作品归属于公有领域，从而有利于信息的再创造，促进信息的自由流动。这是因为，著作权作品中包含思想、信息、事实等因素，但它们却具有在实际中难于控制的特点：它们是社会发展所必需的，在进入一部特定的作品后，也会通过进入他人的头脑被他人使用而不断地得到传播和扩散，而且会在一定程度上被他人新创作的作品所吸收。后续作者也会以类似的方式整合、传播、使用这些思想、信息、事实等。如果要对作品中的思想、信息和事实赋予专有权，则需要追踪这些因素的来源，而在实践中追踪这些因素的来源是非常困难的。如果将这些因素保留在公有领域则对作者无害，对后来的作者和广大公众极有益处。因而就著作权法来说，有必要将著作权作品中的思想、信息和事实抽回到公有领域。基于上述缘由以及社会公共利益的需要，要求科学数据与学术期刊作品的作者让渡著作权部分权利给读者，在作者让渡权利的同时，保留对作品完整性的控制、能够被承认和合理引用的权利。图书馆是开放存取共享运动的最大受益者，可是包括我国在内的许多国家，对于开放存取运动政策及模式的研究还处于起步阶段，因此，图书馆有责任呼吁本国政府尽早制定适合本国国情的开放存取政策，这既有利于拓展与丰富公有领域的作品资源，又有利于图书馆高效地服务新作品的创造，促进科学技术的创新，促进人类社会的发展。

## 第三节　图书馆：盲人、视障者服务与著作权保护的协调者[①]

　　盲人、视力障碍者、阅读障碍者是社会公众中的弱势群体之一，他

---

　　① 由于本书前面章节已经论述了图书馆保护著作权的具体措施，本节将主要论述图书馆从事盲人、视障者服务所需要和被赋予的法律权利。

们与其他公民一样，拥有获取知识和信息的基本权利——社会公众出于学习和研究目的而阅读和使用作品的权利（获取权）。它是各国宪法赋予公民的基本权利，虽然不为《著作权法》明确规定，但却隐含在各国的《著作权法》之中。联合国《世界人权宣言》第19条明确规定：人人有主张而不受干涉的自由、通过任何媒介和不论国界寻求、接受和传递消息和思想的自由。① 国际图联在《格拉斯哥宣言》中也宣布：不受限制地获取、传递信息是人类的基本权利，全体会员应当遵循《世界人权宣言》精神，支持、捍卫并促进获取知识自由的权利。图书馆是收藏与保存文献资料、传播知识、提供信息服务的重要机构，作为信息和文化中心，在维护公众信息权利方面有着重要的责任。② 但是，在著作权扩张的今天，作品、信息的获取权却逐步发展成为著作权人控制包括盲人与视障者在内的使用者获取作品的权利，使盲人与视障者群体作品获取的问题不但没有得到很好的解决，反而进一步加剧。因此，图书馆盲人、视障者服务中怎样消除盲人和视障者作品获取的法律障碍，分享到"适当"的著作权豁免待遇，成为图书馆界、出版界、立法机构等社会各界共同亟须解决的重要课题。

## 一 图书馆盲人、视障者服务著作权环境的新变化

按照世界卫生组织公布的数字，目前全世界有超过3.14亿盲人和视力障碍者，其中90%生活在发展中国家，他们大多没有享受过阅读服务，而仅有的享受到阅读服务的盲人和视障者大都是在图书馆内。2006年世界知识产权组织（WIPO）的一项调查发现，在著作权法中作出盲文、大字体或数字化音频版为盲人、视障者所使用的特别规定的国家不到60个。③ 例如，《印度著作权法》以前没有盲人和视障者格式转换的合理使用的例外规定，直到2012年5月，才通过《印度著作权法（1957）》修订案，允许将书籍转换成盲人和视障者可使用的格式。在其他发展中国

---

① 董云虎：《世界人权约法总览》，四川人民出版社1990年版，第960—964页。
② 范并思：《信息获取权利：政府信息公开的法理基础》，《图书情报工作》2008年第6期。
③ 林峰：《视障者无障碍阅读国际条约获得通过》，2013年9月1日，http://news.xinhuanet.com/legal/2013 - 06/29/c_ 116338277. htm。

家中，即使法律有例外规定，但在提供盲人与视障者可使用的书籍方面仍没有产生良好的效果，这是因为发展中国家开展书籍格式转换活动无论在财力还是人力方面的资源都非常有限，格式转换所需要的书籍极其缺乏。因此，发展中国家的图书馆、残疾人组织等公益性机构在满足盲人和视障者使用书籍方面，一直在努力地争取，但它们很少能够从政府获得开展此类活动的资金支持。再者，由于著作权法具有地域性的原因，导致这些著作权豁免权通常不适用于已转为无障碍格式的作品进出口。各个国家如果跨界交流特殊格式或者制作自己的资料，必须与权利人进行许可交易谈判，这对于图书馆来说，成本相当高昂，无力从事相关资料的转换，这将严重制约盲人和视障者资料的获取。

按世界盲人联盟2012年公布的数字，全世界每年出版的约100万种图书中，以盲人与视障者无障碍格式提供的不到5%。[1] 在此背景下，世界各国关于作品、信息无障碍获取的呼声越来越高，而基于对作品、信息无障碍获取运动的回应，WIPO出于满足盲人与视障者充分、平等地获取作品、信息的愿望，决定增加无障碍格式作品的数量、改善他们获取这些作品的环境。[2] 2004年，WIPO著作权及相关权常设委员会（SCCR）开始积极推动"关于盲人、视障者限制与例外"的国际立法。2009年5月制定并公布了"关于盲人、视障者限制与例外"的条约草案。该"条约草案"由巴西、厄瓜多尔和巴拉圭首次提出。在以后的几年里，WIPO组织各国外交代表团，经过多轮谈判，于2013年6月28日，在摩洛哥的马拉喀什会议上，最终通过了《关于为盲人、视力障碍者或其他印刷品阅读障碍者获得已出版作品提供便利的马拉喀什条约》（以下简称《马拉喀什条约》）。该条约的受益人为盲人、印刷品阅读障碍者或因为身体残疾而无法阅读的人士。条约要求各国在著作权法中采用特殊规定，允许制作无障碍阅读格式图书，并允许跨国界向阅读障碍者提供无障碍格式版的各类图书等，该条约需由各成员国批准并实施。依照WIPO总干事弗

---

[1] 《谈判者开始进行改进视障人士书籍获取的新条约的敲定工作》，2013年9月5日，http://www.ipr.gov.cn/guojiiprarticle/guojiipr/guobiebh/gjjgzz/201306/html。

[2] "Standing Committee on Copyright and Related Rights, Revised Working Document On An International Instrument On Limitations And Exceptions For Visually Impaired Persons/Persons With Print Disabilities, SCCR/24/9", 2013-09-08, http://www.flickr.com/photos/wipo/8202683731/.

朗西斯·高锐的说法，本次外交会议将缓解 3 亿多视障人士无法获取 90% 以上出版书籍的问题。①《马拉喀什条约》的签订，宣布盲人与视障者以及从事盲人与视障服务的图书馆等授权实体机构，在无障碍阅读格式转换与跨界获取、共享方面将获得著作权法律的支持。因此，从国际法和国内法两个层面，图书馆从事盲人、视障者服务的著作权环境开始发生新的变化。

**二　图书馆盲人、视障者服务享有的著作权豁免待遇**

（一）享有已发表作品的盲人、视障者使用格式转换的权利

通过代表（主要是发展中国家）的积极争取，《马拉喀什条约》最终赋予了图书馆等授权实体以及盲人、视障者更多的著作权豁免待遇。依照其 C 款相关规定，图书馆等授权实体可以从事将已经发表的作品转换为可供盲人、视障者使用的版式。剖析此项条款，应该涵盖以下含义。

1. 明确了权利享有者范围

由于盲人、视障者阅读版式作品正常人也可使用（掌握盲文版阅读方法的正常人同样可以阅读盲文作品，大字体版和音频版作品其他正常人使用起来也很方便），因此，限定此项权利的受益者的范围尤为必要。这也是防止权利滥用的有效方法，不然，著作权人的利益将因设置该项合理使用的特别规定而受到严重的损害。依照《马拉喀什条约》的规定，此项权利的直接受益人应当包括：第一，盲人，因意外伤害、疾病或先天等原因而完全丧失视力的人；第二，视障者，有视觉缺陷、知觉障碍或阅读障碍的人，其中，阅读障碍者是因身体伤残而不能持书或翻书、或者不能集中目光或移动目光进行正常阅读的人，② 一般把阅读障碍者归于视障者之列。依照联合国《残疾人权利公约》，盲人、视力障碍者，都属于信息无障碍获取应该保障的群体，从这个角度来看，《马拉喀什条约》关于直接受益群体的规定，是与《残疾人权利公约》的规定遥相呼应的。

---

① 《谈判者开始进行改进视障人士书籍获取的新条约的敲定工作》，2013 年 9 月 5 日。
② "Human Rights, Copyright and Visually Impaired Persons: Setting the Stage", 2013 - 09 - 05, http: //lup.lub.lu.se/luur/download? func = downloadFile.

依照《马拉喀什条约》的规定，享有盲人、视障者使用格式转换权利还包括授权实体。所谓授权实体，是指根据国内法，以非营利方式满足受益人需求的组织。是指那些向盲人、视障者提供教育指导培训、适应性阅读或信息获取有关服务的政府组织、教育或培训机构、图书馆、或其他非营利组织。具体包括残疾人联合会、盲人学校、图书馆（盲人图书馆或提供视障服务的图书馆）、盲文出版社等机构。残疾人联合会主要负责包括盲人在内的行政事务；盲人学校主要负责盲人学习与培训；图书馆主要负责盲人、视障者作品资料的阅读服务；盲文出版社负责盲文出版。虽然上述授权实体机构分工不同，但依照《马拉喀什条约》规定，在盲人、视障者使用格式转换上享有同等的权利，即都有资格从事盲人、视障者使用格式转换工作。同时，《马拉喀什条约》还规定授权实体必须具备以下几种性质：第一，向盲人、视障者提供公益性服务；第二，无障碍格式版的资料仅向受益人和其他授权实体提供；第三，在法定范围内进行无障碍版式转换。在授权实体中，图书馆是有上述性质的最为典型的代表机构，它担负的为盲人、视障者进行无障碍阅读版式转换的责任重大，尤其是提供无障碍版式作品阅读服务方面的任务最为艰巨。

2. 确立了盲人、视障者使用的版式范围

总结以往盲人、视障者常见的使用版式，主要有以下几种情形：第一种，盲文版式，即由布莱叶斯设计的，用于盲人、视障者阅读和书写的方法，此种版式的使用必须经过先期的培训与学习，盲人与视障者才能掌握这种特殊的阅读方法。它主要针对盲人设计，盲人使用此种版式投入的时间、精力、资金都比较大。第二种，大字体版，使用通常的印刷材料以大字体印刷书籍或者以其他印刷材料的形式展现作品，以方便视障者阅读，它主要针对视力障碍者而设计。第三种，有声书籍，通过制作视力正常者的书籍阅读声音的录制品，供盲人、视障者"阅读"——听，它是最方便的无障碍版式，只要盲人、视障者有听力就可使用，而不需要有先期的学习过程。随着新技术、新材料的产生，盲人、视障者阅读版式可能还会有其他的多样形式，这都将是法律能够包容的。

3. 扩张了盲人、视障者版式的适用范围

《马拉喀什条约》C款的限制与例外规定，盲人、视障者、图书馆等授权实体权享有的权利包括复制权、发行权、公开表演权、翻译权和向公众传播权等。在条约的议定过程中，因为无障碍版式转换是盲人、视障者信息获取权最为核心内容，又由于格式转换是复制的一种特殊形式，而复制成功以后必须向盲人、视障者发行，不然设置此项合理使用规定就达不到初始目标，因此，复制权、发行权无争议。在网络环境中，向公众传播权是网络发行最流行的形式，也成为向盲人、视障者提供无障碍版式作品的主流形式，因此，向公众传播权归于此项合理使用范围也没有争议。而将公开表演权和翻译权纳入此项合理使用的范围存在较大的阻碍。例如，欧盟最初就提议，将翻译权排除在条约之外，但是多数代表坚持认为，盲人、视障者学习本来就困难重重，学习其他语言文字就更加困难，为了满足盲人、视障者的特殊需要，将作品翻译成所在本国文字或本民族语言后，再转换为无障碍版式才是对于信息无障碍获取的重要保证，因此，翻译权纳入该合理使用的范围是有充分理由的。基于制作有声书籍的需要，对作品的朗诵是必不可少的，但由于各国关于朗诵的规定不尽一样，有些国家规定有朗诵权，有的国家归于表演权，有的国家将朗诵与表演合并在一起作为公开表演权，因此，有些代表当初不同意将涵盖朗诵权的公开表演权划归此项合理使用范围，但经过磋商这些代表最终达成一致意见，将表演权与朗诵权也纳入著作权例外的范畴。

（二）享有盲人、视障者使用作品的版式副本的跨境交换的权利

《马拉喀什条约》D款规定，供视盲人和视障者使用的版式副本可以进行跨境交换。此条文的产生，意味着图书馆在盲人、视障者使用作品的版式副本的跨境交换与共享方面取得了重大的突破，在跨境交换的条件、权利主体、涉的作品范围上都得到法律的明确界定。

1. 跨境交换的无条件性

当初条约草案在达成跨境交换的条件上存在严重的分歧，主要表现在商业上可获取程度的问题，它反映在条款D（无障碍版式文本的跨境交换）的第三段。在当初的文本草案中，该条款有关措辞规定：图书馆等授权实体和直接受益人需要进行格式转换的图书，只有不会在当地市场上以合理价格进行商业获取的情况下，才可以进行跨境交换与共享。欧盟等发达国家的出版商集团非常支持该条款，但是却立即引来一

些发展中国家的反对,尤其是非洲代表团,他们认为,这个条件将增加本来资源已经受限的图书馆等机构的不必要的负担,最终可能会起到违背条约初衷的反效果。① 他们还表达了对与商业化获取程度有关"合理价格"的担忧,甚至对可供盲人和视障人士使用的版式副本的跨境交换的前提条件实施的复杂性、可靠性与真实性提出了质疑。他们认为,假如发达国家 A 国的版权法规定允许其盲人协会将可供盲人和视障人士使用的版式的副本出口给某一发展中国家 B 国的盲人和视障者,但条件是要先证实此可供盲人和视障人士使用的版式的副本无法在合理的时间和以合理的价格被获取到,而上述提到的合理的价格在 B 国意味着要以当地市场可负担的价格来衡量,需要考虑盲人和视障者不同的需求和收入。这样 A 国的盲人协会开展此项活动的公平性与公正性将受到质疑,原因是开展此项活动需要先完成几个步骤,首先审查可供盲人和视障人士人使用的版式副本在 B 国是否是可获取到的;其次了解盲人和视障者的需求和收入差别;然后审查可供盲人和视障者使用的版式副本的价格以及判断价格是否合理。那么完成上述步骤极为复杂,而最终获得的信息的真实性确实令人担忧。果真附加商业可获取这个条件,发展中国家在欧盟和联合国的压力下不得不修改著作权法,把例外规定和商业途径的可获取性联系起来,这意味着给予图书馆等授权实体以及作为受益人的盲人、视障者版式副本的跨境交换的权利将成为一张空头支票。② 因此,附加可商业获取的条件,引起发展中国家的强烈反对,基于发展中国反对呼声的高涨,《马拉喀什条约》最终放弃此条件,那么图书馆等授权实体进行盲人、视障版式图书跨境交换,将没有任何条件限制。

2. 权利主体的广泛性

《马拉喀什条约》关于盲人、视障者使用作品的版式副本的跨境交换的权利,主体包括盲人、视障者以及授权实体。这样,图书馆是当然的

---

① 《WIPO 视障条约进入最后阶段》,2013 年 9 月 10 日,http://www.ipr.gov.cn/guojiiprarticle/guojiipr/guobiebh gjjgzz/201306/html。

② 《印度对 WIPO 视障人士条约谈判的看法》,2013 年 9 月 18 日,http://www.ipr.gov.cn/guojiiprarticle/guojiipr/guobiebh gjjgzz/201306/html。

权利主体之一。但是，在条约形成的过程中，此条规定有着不同的观点。第一种观点认为，条约不仅允许授权实体可从另一国家直接进口无障碍作品，还应包括盲人、视障碍者；第二种观点认为，盲人、视障者版式作品副本的跨境交换只能交给授权实体去执行；第三种观点认为，此项权利应依靠中介机构，而不是由盲人、视障者直接获取，如欧盟代表就是这个倾向。① 分析之，第二种观点存在的理由是：盲人、视障者处于弱势，个人行使作品的跨境交换确实存在客观困难，委托正常人代为行使较为繁琐，还会大大增加成本，因此，直接交由图书馆等授权实体将更快捷。第三种观点，对于"中介机构"不作限定，可能是企业组织，也可能是图书馆等授权实体，但图书馆等授权实体属于公益性事业，在执行作品跨境交换中，可能比企业组织更为可靠，因为企业组织的营利性质，可能会引起它在执行作品跨境交换中有所偏移。尽管第二种和第三种观点有可取之处，如把跨境交换交给事业单位或组织执行，提高了保障率，但是却都把作品跨境交换的直接受益人剔除权利之外，本身有违条约的初始目的，因此，这两种观点都不尽正确。尽管图书馆等授权实体将承担绝大部分跨境交换业务，但是将盲人、视障者纳入此项权利主体范围，不仅可以进一步扩大业务量，使盲人、视障者有更多的阅读作品的机会；还可阻止盲人、视障者因为直接进行跨境交换引来著作权侵权的诉讼之灾。因此，第一种观点是可取的。

3. 作品类型的全面性

《马拉喀什条约》D 款规定，可以进行跨境交换的盲人、视障者版式的作品是已发表作品。依此规定，图书馆等授权实体及直接受益人进行盲人、视障者版式作品的交换，应该包括文学、艺术和科学技术领域的作品。这一点与《伯尔尼公约》第 1 条规定的作品含义相一致，即作品包括文学艺术和科学技术领域内的一切作品。出于科学技术领域知识产权保护以及维护本国科技创新领先地位的需要，发达国家代表起初不同意将科学技术领域的作品纳入跨境交换的范围。但是，发展中国家代表认为，盲人、视障者阅读作品不仅仅只是为了欣赏或学习的需要，

---

① 《欧洲议会成员要求去除 WIPO 盲人条约中的约束条件》，2013 年 9 月 20 日，http://copyright.las.ac.cn/news/6b276d328。

还有作研究和创作需要，欣赏、学习、研究、创作一切领域作品是盲人、视障者人权自由的体现，不能把盲人、视障者学习和研究控制在文学艺术领域，学习、研究科学技术的权利则被人为剥夺。因此，非洲集团和巴基斯坦等国为代表的发展中国家强烈要求给盲人、视障者"做研究的机会"，① 让他们学习和研究涉及文学、艺术和科学技术领域。最终，发展中国家提出的把科学技术作品纳入跨境交换的建议，被《马拉喀什条约》采纳。当然，其中涉及国家安全的除外。

### 三　前景展望

《马拉喀什条约》的签订，赋予了图书馆授权实体对已发表作品有视障版式转换的权利和视障版式副本跨境交换的权利，但是依照国际惯例，这两项权利必须转化为国内法以后，才能够在某一成员国内实施。然而，世界知识产权组织186个成员中，仅有不到60个国家有关于视障版式转换例外的规定，即使有规定的也不够完整；而关于视障版式副本跨境交换的例外还没有任何国家的国内法有规定。可见，修订各个成员国的《著作权法》，以与《马拉喀什条约》接轨，是各国面临的首要任务。具体到我国《著作权法》第三次大的修订，必须做到以下几点：①明确授权实体。尽管图书馆是从事盲人、视障者服务的最核心组织，但是我国的《著作权法》并未明确规定其为盲人、视障格式版转换或跨境交换的授权实体机构，而《马拉喀什条约》这次给了明确的界定，把图书馆纳入授权实体范围并摆在突出的位置，意味着图书馆开展盲人、视障服务获得法律的支持，并且成为其义不容辞的义务。②修改《著作权法》第22条第12款。将这一款的"将已发表的作品改成盲文出版"改为"授权实体和盲人、视障者可以将已发表的作品改成盲文、大字体或声频等无障碍版式"，② 这种规则的制定，可使图书馆从事无障碍格式转换有法可依。③新增"授权实体、盲人、视障者可以进行已发表作品视障版式副本跨境交换"的例外规定，这样，图书馆从事视障版式副本跨境交

---

① 《视障者/阅读障碍者限制与例外国际文书》，2013年9月20日，http：//www.wipo.int/edocs/mdocs/copyright/zh/wipo_ revwkgdoc。

② 李钢、匡传英：《论作品无障碍版式的著作权合理使用》，《中国出版》2013年第5期。

换与共享,就不属于著作权侵权范畴。各国著作权法与国际法接轨需要较长的过程,即使法律完备,但在执行过程中,还可能受到技术保护的限制、三步检验法的阻挠,因此,图书馆从事盲人、视障者服务真正享受到这两项核心权利,还需要走很长的一段路。

# 第七章

# "三网融合"对图书馆分享著作权利益的影响

现代信息技术既扩张人们的信息功能，也为著作权法的变革提供了巨大的驱动力。著作权自始即为技术之子，20世纪以来，世界各国的著作权法均处于频繁变动之中，著作权本身甚至已成为现代传播技术的副产品。因此，理解现代著作权制度的变革，必须将其置放到现代信息技术的发展中去思考。信息技术的变革必然导致新的受保护客体的出现，并要求著作权制度予以回应；信息技术的变革还导致新的利用方式产生，也必然要求著作权制度予以规制。[①] 计算机网络、电信网络与广播电视网络"三网融合"，使一个能够支撑文字、图片、音频、视频等数字作品内容的信息传播平台诞生，引发了图书馆（尤其数字图书馆）等信息传播机构信息服务的变革，还必然引发著作权（著作权的权能可概括为复制权、传播权和演绎权三种类型）最重要的权能——传播权的整合，图书馆在即将开始的新一轮著作权能传播权的整合中，提出新的利益诉求，将有利于图书馆"适当"分享著作权利益。

## 第一节 促进图书馆新媒体服务发展与著作权权能整合

一 "三网融合"促进图书馆新媒体信息服务的发展
（一）促进图书馆新媒体信息资源体系建设
"三网融合"的环境下，图书馆的 IPTV、手机电视、手机阅读等新

---

[①] Goldstein P., *Copyright Highway*, New York: Hill And Wang Adivision of Farrar, Straus and Giroux, 1994, p. 27.

媒体信息服务将陆续开通,因此,开发适合于三网用户需求的新媒体信息资源是图书馆的首要任务。一般来说,新媒体信息资源体系将由馆藏特色数字资源与网络信息资源共同构成。作为文化信息服务的门户机构,传播馆藏文献信息是图书馆的主要职责,因此,对于图书馆尤其是数字图书馆来说,加强馆藏数据库建设尤其是特色数字资源库建设尤为重要。馆藏数据库建设主要包括书目数据库、文摘数据库数和实体数据库等方面。在实体资源库的建设方面,图书馆从事本馆特色资源开发时,应从国家整体利益出发,走联合开发的道路,使自己拥有的特色文化信息资源成为图书馆联盟的一个有机组成部分,从而避免重复建设,节约有限的资金。同时,图书馆还应重视虚拟资源建设,积极发现、挖掘、采集与整合网络媒体信息资源,把它们作为数字图书馆馆藏特色媒体信息资源的有力补充与扩展。[1] 当然,在新媒体信息资源建设的过程中,要注意著录标准的统一和规范性,以有利于资源的兼容与共享,真正能够把各种形式的媒体信息资源统一到适宜"三网融合"媒体信息服务当中来,逐渐形成开放与共享的新媒体信息资源体系。

(二)促进图书馆新媒体信息服务的发展

在融合三网的技术平台支撑下,信息用户只需要一条通信线路就可以同时享受电信、电视、互联网三重服务。而最早出现的三重服务就是IPTV,欧盟抓住时机突破,力推IPTV业务,将"三网融合"变为现实。2005—2006年,欧盟的英国、法国、德国、瑞士等国的IPTV进展较快,2008年,仅德国电信IPTV用户就超过100万户;2010年之前,欧盟12%的电视观众使用IPTV;2010年,欧盟主要成员国的"三网融合"业务的市场总额达到75亿欧元。[2] 我国在"三网融合"方面落后于欧盟,但有些城市已经在"三网融合"进程中捷足先登,成为亮点。国内IPTV用户量最大的城市上海,2009年初已经超过70万用户;杭州在2009年初IPTV用户超过30万户;广东电信早就在深圳等地开展IPTV业务的试点;广东联通也与云浮市政府、南方广播影视传媒集团、国家数字家庭

---

[1] 魏建国:《3G时代数字图书馆的发展方向及其服务模式的构建》,《图书情报工作杂志社第24次学术研讨会论文集》,2011年5月。

[2] 周光斌:《从欧盟实践看我国三网融合》,《中国电信业》2010年第3期。

应用示范产业基地联合,创建了"三网融合示范市"。中广与中国移动2010年2月合作推出手机电视业务,24个省份首批上线,网络覆盖已经超过300多个城市。①

所有这一切都为图书馆新媒体信息服务提供了良好的基础设施。作为信息传播的重要机构,图书馆紧紧抓住机遇、改变服务机制,提供IPTV信息服务、手机电视、移动数字图书馆服务等知识服务来满足三网用户的需求尤为重要。新的基于IPTV的媒体信息服务形式主要有IPTV信息咨询、IPTV流媒体服务、数字媒体图书馆定制等,随着网络信息技术的进一步发展,数字图书馆基于IPTV的媒体信息服务形式还将会不断充实与完善,也将进一步推动数字图书馆创新具有知识服务特性的深层次IPTV媒体服务。随着手机上网(WAP)的传输速度越来越快,宽带不断地增大,通信终端如手机、PDA等越来越智能化,基于手机屏幕的移动数字图书馆服务的功能也将会越来越强大。移动数字图书馆提供OPAC移动书目检索服务现已成为多数图书馆的主要服务,读者可以检索图书馆的详细目录、读者自己所借书刊情况,读者还可进行预约与续借;短消息通知服务,在移动数字图书馆服务中还将被延续使用;今后,提供在移动终端上使用的馆藏电子书刊、有声在线课程、音乐、视频资料将成为移动数字图书馆最主要的服务形式,这种形式不仅能够适应多元化的读者结构、快速的生活节奏以及变幻的生活场景,而且还能够营造一个真正的"任何时间、任何地点、任何内容"的学习氛围。②在新媒体服务过程中,图书馆可根据三网信息用户的个人要求与专业特点,为信息用户提供具有用户个人特点的个性化媒体信息服务。在无线移动网络信息环境下,数字图书馆信息人员在充分采集和分析研究信息用户个人特点和需求的基础上,根据信息用户的需求和意见反馈,不断地修正和改进数字图书馆信息服务的计划与安排,选择不同的信息资源种类,利用不同的信息服务方式和信息传输途径去主动适应信息用户的新要求。

---

① 《我国三网融合发展历程》,2011年6月10日,http://bbs.hualongxiang.com/read-htm-tid-7392990.html。

② 郭溪川:《国内外基于3G网络的移动数字图书馆实践现状和创新应用》,《图书情报工作》2011年第9期。

### (三) 图书馆坚持公益性服务

"三网融合"为图书馆（主要指数字图书馆）发展基于手机屏、电视屏、电脑屏为终端的信息服务提供了良好的技术环境。信息用户不需要掌握图书馆开展信息服务的具体操作过程，只要把自己的信息需求发送给图书馆即可获得良好的信息服务。图书馆也将更加关注对信息资源的深度挖掘与开发，重视信息资料的新颖性与准确性以及手机、电视用户信息需求的发展变化，充分利用信息发现、整合及过滤等新技术，创建面向用户、面向需求、面向变化、高效率与人性化相统一的信息服务新机制。在新媒体信息服务过程中，图书馆更多地与广播电视、电信、网络服务提供商等营利性组织合作，图书馆将会受到合作者的营利性目标的巨大吸引，其公益性服务的理念将受到严峻的考验。坚持免费服务还是实行市场化运作？图书馆将面临两种截然不同的选择。必须强调的是，作为文化信息服务机构，履行好发展公益性文化事业的责任，保障人民群众的基本需要和权益，推进文化创新，提升国家文化软实力，是图书馆的首要责任。"三网融合"是信息技术的组合与创新，拓展了图书馆信息服务内涵，为图书馆服务提供了更广阔的空间，但是，图书馆仍是保障公众文化教育权的惠民事业，是我国公共文化服务体系的重要组成部分，坚持公益性服务，仍然是图书馆在"三网融合"环境下，创新其服务模式的必要前提。这就要求国家给予图书馆文化政策支持，多拨付一些资金用以补贴图书馆的公益性服务；图书馆界也要恪守发展新媒体信息服务实行免费的宗旨，否则，图书馆与网络信息服务商一样去开展经营性活动，国家将失去政策选择的意义。

## 二 "三网融合"促进传播权权能的整合

"三网融合"推动网络传播的发展，还必然引发著作权最重要的权能——传播权的整合。我国现行的著作权法中，不存在统一的传播权，而是由一系列权利的"权利群"形式表现出来。我国《著作权法》第10条所列举的著作财产权中，包含表演权、放映权、展览权、广播权和信息网络传播权。借鉴国外经验，我国可以按照下述路径对传播权进行整合，即重新界定广播权，使之能够包含"异地同时"的有线或者无线传播方式；调整表演权的内涵，使之能够控制所有类型作品的"同时同地"

进行的"公开表演行为";取消放映权和展览权的规定;坚持信息网络传播权与表演权、广播权平行设置,并且由信息网络传播权控制"异地异时"的交互式传播行为。

(一)重新界定广播权

依据《伯尔尼公约》规定,广播行为是指以任何其他无线传送符号、声音或图像的方法向公众传播;而《罗马公约》中的广播则是指通过无线电波传播供公众接收的声音或图像。它们所指的广播权针对的都是无线广播,而对无线广播的转播则称为转播权。例如,如果卫星直接将信号传送给公众接受,这一行为受广播权控制,如果出现中转接收站的转播,是否广播行为则存在争议。对此,有学者提出使用"转播权"用来控制转播行为。1985年3月在巴黎举行的联合国教科文组织和世界知识产权组织关于卫星直播的著作权问题专家组会议上,以"鲍格胥理论"的形式确认即便是需要经过接收站转播的固定通信卫星传播所涉及的行为,也属于广播权控制。因此,广播包括无线传播或以转播的方式向公众传播已经广播的作品。但是,随着科学技术的发展,直接的有线传播行为开始增多,引发了要不要建构有线广播权的争议。有线传送是指通过某种传导设备,在一定的距离内传送载有节目的电子信号,供公众接收。[①] 有线传播也是公开传播作品的行为,但不同于广播权中的无线传播。关于是单独设立一项新的权能或者是将有线广播整合进广播权的控制行为的问题,两种观点斗争激烈,最终"将有线广播整合于广播权的控制论"占据上风。理由是:由于通过有线方式公开广播作品的行为与通过无线信号公开广播作品的行为,除了在受众人数上有所差别之外,在将作品向公众传播方面并没有本质差别,因此,这种有线传播行为应该受到广播权的控制。[②] 这一论调得到了很多国家的认可。例如:《匈牙利著作权法》第26条规定,通过电缆或其他类似方式(有线)向公众传播节目适用(无线)广播的规定。《韩国著作权法》第2条规定,广播是为使一般公众同步接收,通过有线或无线通信方式发送声音或图像的行

---

① [西]利普希克:《著作权与邻接权》,联合国教科文组织译,中国对外翻译出版公司2000年版,第138页。

② 王迁:《著作权法》,北京大学出版社2007年版,第125页。

为。《德国著作权法》中的播放权包括广播电视播放权、卫星广播电视播放权、有线广播电视播放权和转播权。经过整合，广播权的内涵和外延均得到全面拓展，它不仅可以涵盖真正意义上的无线广播行为，而且还可用来控制直接的有线广播和通过有线、中转站对广播节目的转播。因此，只要是"异地同时"获取作品的无形再现方式，均可由广播权进行调整。

（二）调整表演权的内涵

如何区分放映权与表演权的问题，一直困扰着立法者和理论研究者。一种观点认为，通过放映机放映电影并非再现电影作品的表演，而是直接再现作品，因此放映电影作品不属于机械表演权，应属于放映权。[1] 另一种观点认为，放映权是属于机械表演权，即通过放映机、幻灯片等设备来表演美术、摄影和电影作品。两种观点在立法上都有反映，即有的国家将放映权和表演权作为不同权利进行区分，而有的国家则将放映权整合到表演权中。我国采取的立法态度与日本、德国、英国等国一样，分别规定放映权和表演权两种权利独立的模式。如，我国现行的《著作权法》第9条第9款规定，表演权是公开表演作品，以及用各种手段公开播送作品的表演的权利；第10款规定，放映权是指通过放映机、幻灯片等设备来表演美术、摄影和电影作品和以类似摄制电影的方法创作的作品等权利。《日本著作权法》规定，上映是指将著作物放映在银幕上或其他媒介物上，并同时包括使录制在电影著作物中的声音同时再生的行为。以美国、意大利等国为代表的国家认为，电影作品同文字作品、音乐作品、戏剧作品一样，皆可作为被表演的对象。[2] 美、意等国坚持将放映权纳入表演权范畴，有其判定的理由：如果将表演权控制的行为理解为"同时同地"再现作品的行为，那么放映行为当然属于机械表演的一种，因此，放映权自然地包含于表演权。尽管我国现行著作权法采取放映权和表演权分立的模式，但是面对即将开始的我国著作权法的修改，以表演权涵盖放映权、取消展览权整合模式，值

---

[1] 吴汉东：《知识产权法》，北京大学出版社2007年版，第68页。

[2] 全国人大常委会法制工作委员会：《中华人民共和国著作权法修改立法资料选》，法律出版社2002年版，第360—365页。

得我国借鉴。

(三) 增设信息网络传播权

关于信息网络传播行为如何控制的问题，主要存在两种意见。一种意见是，信息网络传播行为属于广播权控制。理由是，网络传播是广播的一种，只不过它不是普通的电信传播而已。从定义上看，广播的本质是以能传送符号、声音、图像的工具向公众传播作品。按照这一解释，网络传播应当包括在广播范围，因为网络传播也是能够传送符号、声音、图像的工具，它与传统广播形式的区别仅在于：广播一般有严格的时间安排，一旦错过节目播放时间，公众可能就无法再接收到该时间段的作品，而网络传播能使公众在选定的时间和选定的地点获得作品，造成这种差异的关键主要是技术因素。基于这样的认识，比利时等国的著作权法即以广播权涵摄互联网上的交互式传播。另一种意见是，在不改变现有传播权结构的前提下，为权利人增设一种新的信息网络传播权，以控制网络传播行为。理由是，由于出现了新的交互式网络传播方式，传统的权利又不能有效涵盖，所以有必要设置一种新的权能，用以控制这种"异地异时"无形再现作品的行为；再者，在数字传播中出现了一些新的利益相关者，产生了新的利益平衡需求，有必要新增权能，以设定必要的限制，重建网络空间的利益均衡。[①] 因此，我国与英国、德国等国家一样都新增设立了控制"异地异时"的网络传播权。例如，2001 年 10 月修订的我国《著作权法》第 9 条第 12 款首次设置信息网络传播权，即以有线和无线方式向公众提供作品，使公众可以在其个人选定的时间和地点获得作品的权利。2005 年，我国又制定了《信息网络传播权保护条例》。因此，我国信息网络传播权与表演权、广播权并列构成传播权的子权利。

## 第二节　图书馆功能扩张与著作权诉求转移

电信网、广播电视网、互联网"三网融合"建设，为图书馆（主要

---

[①] 梅术文：《我国著作权法上的传播权整合》，《法学》2010 年第 9 期。

是数字图书馆）的信息传播提供了更为方便的平台，图书馆通过一条通信线路就可以传送多样性的作品与信息，用户只需要一条通信线路就可以同时享受电信、电视、互联网三重服务，这也扩张了图书馆的信息功能：数字电视服务、移动数字图书馆服务、在线学习服务等新媒体服务将成为图书馆服务的重要形式。图书馆作品使用行为，也由阅览与复制延伸到作品的表演、放映、广播、展览、信息网络传播等方面。随之，图书馆著作权诉求也将发生新的转移：由模拟时期的复制权，扩张到数字时代的表演权、放映权、广播权、展览权、信息网络传播权等领域。因此，"三网融合"背景下，赋予图书馆何种法律地位，让图书馆享有何种著作权待遇，成为各国急需解决的另一个新课题。

## 一 "三网融合"背景下的图书馆新功能

2010 年 12 月，国家图书馆馆长周和平、文化部副部长杨志今在"国家数字图书馆推广工程"启动仪式上强调，图书馆要借助电信网、广播电视网、互联网"三网融合"的网络通道，以及 VPN 等现代网络技术，建设海量分布式、多样化的公共文化资源库群；并积极搭建以国家数字图书馆为中心，以省、市、县级数字图书馆为节点的数字图书馆虚拟网；再提供统一检索平台和统一服务平台，与各地的数字图书馆系统互联互通，从而实现国家数字图书馆和各地数字图书馆的成果在全国范围内的集成共享。[①] 因此，融合三网的网络平台、丰富多样的新媒体资源，为各级各类图书馆的信息服务新业态打造了良好的基础。

（一）数字电视图书馆服务

"三网融合"概念在我国已提出多年，从国家"十五"规划、"十一五"规划、2008 年国务院 1 号文件到 2009 年政府工作报告，均就推进"三网融合"做出过明确规划。2010 年 1 月 13 日，国务院常务会议决定加快推进电信网、广播电视网、互联网"三网融合"，并于 21 日下发推进"三网融合"的总体方案，标志着"三网融合"开始进入实质性推进阶段。现在我国的广播电视运营商的 NGB 和电信运营商的光

---

[①] 张庶卓：《国家数字图书馆推广工程启动》，2011 年 8 月 20 日，http://www.chinanews.com/cul/2010/12－15/2724741.shtml。

网城市,两条线路都已经相继启动,并力求以互联网为中心,在全国范围内建立完整的承载网,能高效承载高清晰度电视、数字音频节目、新型互动、高速数据接入和话音等"三网融合"业务,并同时具有可靠的服务保障和可管可控的网络运行属性。NGB 目标是通过网络改造和新网路建设,实现全国数字电视网络的互联和双向互动,让现有视频资源产生更多附加值。光网城市则是在已经比较完备的电信网络上,实施宽带提速和工业化与信息化融合,实现多种宽带接入和无缝融合。[①] 因此,融合电信、广播电视、互联网的网络实施,为图书馆新媒体服务提供了机遇。依靠新网路,或者对现有的有线电视网络进行技术改造,使其具备双向传输功能,既可以接入计算机,又可以接入电视机,使有线电视具备交互式功能,为图书馆的数字信息服务提供了优越的传输环境。图书馆通过数字电视平台,就可以开展专业频道播出、视频点播、远程教育、数字参考咨询新媒体服务。因此,对电视屏提供业务内容,已不再是广播电视机构一家独享,图书馆也将成为这个俱乐部的新成员。例如,现在国家图书馆就已经开通了电视频道,向全球读者提供无须注册的免费在线阅览服务,郑重宣示数字电视图书馆已走进了公众生活。

(二) 移动数字图书馆服务

随着手机上网(WAP)的传输速度越来越快,宽带不断地增大,通讯终端如手机、PDA 等越来越智能化,基于手机屏幕的移动数字图书馆服务的功能也将会越来越强大。移动数字图书馆提供 OPAC 移动书目检索服务成为多数图书馆的首要服务,读者可以检索图书馆的详细目录;还可以查询到自己所借书刊的情况;还能进行电话或者短消息预约与续借。今后,提供在移动终端上使用的馆藏电子书刊、有声在线课程、音乐、视频资料将成为移动数字图书馆最主要的服务形式。移动数字图书馆不仅具有阅读便捷的特点,还具有不受时空限制的优势,成为人们最方便快捷的电子阅读终端。这种形式不仅能够适应多元化的读者结构、快速的生活节奏以及变幻的生活场景,而且还能够营造一个真正的"任何时

---

[①] 《光网城市:IPTV 和智慧城市共进》,2011 年 9 月 15 日,http://www.enfodesk.com/SMinisite/index/articledetail-type_ id-2-info_ id-235290. html。

间、任何地点、任何内容"的学习氛围。① 作为服务于公众文化、信息的门户机构,图书馆应主动抓住机遇,以新媒体网络作为传播平台,以手机、PDA 等为终端来延伸自己的服务,扩大图书馆的服务面积,突破服务时间限制,使图书馆真正成为惠及全民的公共文化服务机构。例如,国家图书馆于 2009 年开始与中国移动手机阅读进行合作,将国家图书馆的公共领域图书资源、自有版权资源上传至中国移动手机阅读平台,供广大读者浏览、阅读,希望利用手机阅读平台推送国家图书馆优秀文化资源,使读者更为便捷地获取图书馆服务。2010 年 5 月,国家图书馆又与中国移动公司签署战略合作框架协议,将在手机阅读扩大到 G3 阅读器、移动互联网及终端等领域,推动国家图书馆移动服务迈向新台阶。

(三) 在线学习服务

当今,社会公众对按需学习提供内容的呼声越来越高,而具备交互功能的图书馆数字电视与移动数字图书馆服务将会彻底打破原本单一且僵化的学习方式,使学习变得更为有弹性、多样性和针对性,契合了公众按需在线学习的新需求。正如英国大学联合信息系统委员会主任马尔科姆·瑞德所言:网络环境尤其"三网融合"环境中,社会公众以及在校学生将变得更为开放、互动与共享,他们遇到问题时最可能的做法就是与互联网上的伙伴讨论,或者提出问题,寻求帮助,然后相互分享各自的发现。公众学习方式的变化,已经开始对教育、研究、图书馆等服务机构的角色产生影响;社会公众要求教育机构开放教学资源的呼声也变得更为响亮。② 现在英美等国已经开始尝试免费开放教育资源,这也为图书馆服务公众学习提供了契机:一方面,图书馆可无偿获取开放的教育资源作为其资源的有力补充;另一方面,图书馆还可以利用"三网融合"下的手机、电视、电脑互动功能,为公众提供互动式在线学习服务。这样,社会公众就可以选择在美国哈佛大学上网注册,浏览来自英国牛津大学的在线演讲,参加印度孟买大学的在线讨论,进行其他国家大学

---

① 郭溪川:《国内外基于 3G 网络的移动数字图书馆实践现状和创新应用》,《图书情报工作》2011 年第 9 期。

② 《英国大学开放学习实施项目成效明显》,2011 年 9 月 20 日, http://www.open.ac.uk/。

的在线测试。因此，图书馆的数字电视、移动数字图书馆等新媒体服务，为公众按需在线学习提供了更丰富的技术手段或方法，也为建立学习型社会提供了重要的支撑。

（四）流媒体服务

随着"三网融合"的推进、3G 的运营与发展、网络带宽的增加，网络终端不断创新，网络内容将日益丰富，流媒体服务与 IPTV、手机、电视等业务一样，也获得很大的发展空间。一般来说，"三网融合"业务的内容将由内容提供者、内容集成者、信息服务提供者、网络运营商、终端制造商和用户组成。内容提供者对信息内容的编辑、制作、生产以后，通过市场渠道将生产的信息服务产品销售给内容集成者；内容集成者则根据市场需要，将信息内容重新进行组合，并对重新组合的内容进行简单的外部包装和叠加；内容集成者的集成产品再由信息服务提供者进行业务集成，将多家内容集成者的产品以及相关的通信业务进行集成，然后再通过网络运营商最终传送给用户。[①]
随着多媒体信息在图书馆信息资源中所占比例越来越大，流媒体服务也成为图书馆拓展信息服务的新选择。流媒体又叫流式媒体，流式传输方式是将整个 A/V 及 3D 等多媒体文件经过特殊的压缩方式分成一个个压缩包，由视频服务器向用户计算机连续、实时传送。在采用流式传输方式的系统中，用户不必像采用下载方式那样等到整个文件全部下载完毕，而是只需经过几秒或几十秒的启动延时即可在用户的计算机上利用解压设备，对压缩的 A/V、3D 等多媒体文件解压后，使其从远方源源不断地传输而来，这一股流来的数据一到达本地就能呈现在用户面前，从而实现媒体浏览的实时性。流媒体技术的应用为图书馆新媒体资源的建设与服务提供了强有力的技术支持，也使图书馆成为"三网融合"业务中的网络内容提供与网络内容集成有力的竞争者。原因在于网络内容提供和内容集成方面，电信运营商不掌握节目源，主要依靠广播电视机构、互联网和图书馆等机构来提供内容，而广播电视机构与互联网提供内容重在事实、新闻、视频等方面，图书馆提供内容重在馆藏特色资源方面；加之"三网融合"为推广高品质

---

① 《三网融合的创新模式》，2011 年 9 月 20 日，http://www.sarft.net/a/31694.aspx。

的流媒体业务提供了网络基础,越来越多的用户对流媒体服务有强烈的需求。因此,抓住机遇,注重特色,形成优势,为用户提供流媒体服务,是"三网融合"环境中图书馆义不容辞的选择。

**二 "三网融合"下的图书馆著作权豁免诉求转移**

"三网融合"背景下,图书馆的数字电视图书馆、移动数字图书馆、交互式在线学习服务等新媒体服务职能的个性因素特性以及社会价值,为图书馆著作权诉求的伸张提供有力的支撑。而伸张表演权、放映权、广播权、展览权、信息网络传播权等著作权豁免,也是图书馆拓展新职能的法律保障。

(一)赋予图书馆表演豁免权

表演权是指著作权人依法享有的对其作品公开表演的权利,我国《著作权法》将表演权定义为:公开表演作品,以及用各种手段公开播送作品的表演的权利。与《伯尔尼公约》一致,把"公开表演作品"的现场表演和"用各种手段公开播送作品的表演"的机械表演,都整合进表演权。[①] 大多数国家的法律规定对未发表作品的作者享有许可或者禁止他人表演的权利;对于已经发表的作品,作者的表演权主要表现为使用费请求权,一般无权禁止他人表演。对于经营场所通过播放设备播放有关作品,可以不经过作品许可,但应当向其支付报酬。例如,我国《著作权法》第 42 条规定,广播电台、电视台播放他人未发表的作品,应当取得著作权人许可,并支付报酬;播放他人已发表的作品,可以不经著作权人许可,但应当支付报酬。第 37 条第 3 款规定表演者有许可他人从现场直播和公开传送其现场表演,并获得报酬;第 6 款规定表演者有权许可他人通过信息网络向公众传播表演,并获得报酬。模拟时期,图书馆的服务一般不会涉及表演权问题,我国著作权法也没有关于公益性图书馆等机构表演权的限制性规定。"三网融合"的发展,图书馆的新媒体信息服务会不可避免地涉及传播作品表演的视频方面。依照我国《信息网络传播保护条例》第

---

① Sam Ricketson, Jane C. Ginsburg, *International Copyright and Neighboring Rights: The Berne Convention and Beyond*, Oxford University Press, 2006, pp. 302 – 304.

11条，通过信息网络提供他人表演、录音录像制品的，应当遵守本条例第6—10条的规定。其中第7条规定："图书馆、档案馆、纪念馆、博物馆、美术馆等可以不经著作权人许可，通过信息网络向本馆馆舍内服务对象提供本馆收藏的合法出版的数字作品和依法为陈列或者保存版本的需要以数字化形式复制的作品，不向其支付报酬，但不得直接或者间接获得经济利益。当事人另有约定的除外。"据此，图书馆可以不经著作权人、表演者许可，通过信息网络向本馆馆舍内服务对象提供作品的表演，且不支付报酬。但是，随着表演和传播作品的表演越来越成为图书馆的重要服务形式，仅限于馆舍内向服务对象提供表演或者在图书馆局域网内向读者提供作品的表演，这与国家推进"三网融合"降低重复浪费、促进信息资源广泛共享的宗旨相违背，也使图书馆拓展公共文化服务职能的信心受损。作为知识产权大国，美国的《著作权法》对公益性图书馆、教育等机构赋予表演权的条件较为宽松，其《著作权法》第110条第1项规定：非营利性文化、教育机构在教室或类似场所（如：图书馆等）面对面进行的表演或展示受著作权保护的作品，不构成侵权。同时，第2款规定以下情形，传播受著作权保护作品的表演或展示免责：①表演或展示是非营利性文化、教学活动的正常内容；②表演或展示与所传输的教学内容直接相关并对其有直接帮助；③传输的目的是在教室或类似的地方进行接受。它并没有规定传输作品的表演仅限于馆舍和教室，也没有规定仅限于在局域网络内进行传输；仅规定限于教育目的或图书馆等机构辅助教育之目的；规定接受表演地为教室或图书馆等辅助教学的地方。这无疑为我们提供了一个较好的立法例。作为发展中国家，也应该建立与本国的发展阶段和发展水平相适应的知识产权法律制度。[①]因此，笔者认为，只要坚持公益性服务，坚持非公众传播，图书馆就可以为教学的目的进行著作权作品的现场表演，也可以通过图书馆局域网或者其他网络向在本馆注册的读者传播作品的表演。

---

① UK Intellectual Property Committee, "The combination of Intellectual Propertyand Development Policy", 2011 - 11 - 20, http：//www.iprcommission.org/papers/word/Multi.

### （二）赋予图书馆放映豁免权

放映权，是将作者享有的通过放映机、幻灯机等技术设备公开再现美术、摄影、电影和类似摄制电影的方法创作的作品等的权利。我国《著作权法》第10条第10款也是这样规定的。这一权项之所以限定特定的客体：美术、摄影、电影和类似摄制电影的方法创作的作品，主要是因为这些作品只有通过放映才能实现著作权人的经济利益。而其他类型的作品从技术效果上不适宜放映，或者通过放映从经济上没有太大价值。赋予图书馆放映豁免权在世界上并没有现成的立法例。我国关于合理使用的规定，列举出的12种合理使用的情况中，难以寻求到图书馆享有放映权豁免的文字。《伯尔尼公约》对合理使用作出限定：仅适用于作品的复制、翻译和广播三种方式。因此，依靠《伯尔尼公约》也难以找到图书馆分享放映权的依据。[①] 但是，依据美国《著作权法》对合理使用确立的四项标准，可以为图书馆获取表演豁免权开辟新的路径：图书馆只要恪守公益性目的、不大量放映或放映作品精华部分、不对作品的市场和存在价值产生影响，就可以以合理使用著作权作品为抗辩理由，享有一定的放映豁免权。因为我国著作权法合理使用制度就是参照美国版权法来制定的，并采取原则性与列举式相结合方法，来防止合理使用存在的漏洞，所以图书馆依四要素来伸张放映豁免权，也可以作为我国著作权法弥补12种合理使用情况遗漏的例证。

### （三）赋予图书馆广播豁免权

广播权是指作者享有以无线方式公开广播或者传播作品，以有线传播或者转播的方式向公众传播广播的作品，以及通过扩音器或其他传送符号、声音、图像的工具向公众传播广播的作品的权利。早期广播以无线为主，随着"三网融合"技术的发展，广播权的内涵和外延均得到全面拓展，它不仅可以涵盖真正意义上的无线广播行为，而且还可用来控制直接的有线广播和通过有线、中转站对广播节目的转播。只要是"异地同时"获取作品的无形再现方式，均可由广播权进行调整。[②] 关于已发表的著作权作品的播放权，许多国家的著作权法以及《伯尔尼公约》都

---

[①] 吴汉东：《知识产权法》，北京大学出版社2007年版，第67—68页。

[②] 王迁：《著作权法》，北京大学出版社2007年版，第124—125页。

把作者的播放权"法定许可"给播放者：播放者依据法律明文规定，可以不经著作权人许可而播放作品，但应当支付使用费。我国1991年版的《著作权法》对于播放已经出版的录音制品的行为，规定营利性组织需要获得许可，并支付报酬；非营利性机构为合理使用，既无须获得许可，也不必支付报酬。当时这一规定主要是针对广播电视组织的。由于广播电视组织在网络环境中和市场经济体制下，性质逐步发生变化，立法者认为已经不存在非营利性的播放行为。因此，2001年我国《著作权法》就取消了该合理使用的规定。[①] "三网融合"的技术平台的应用，使图书馆将业务范围扩展到广播领域，意味着非营利性广播行为又重新回归。因此，"非营利性"、"公益性"能否成为图书馆享有广播权豁免的核心因素，是立法者必须慎重考量的。面对现已启动的著作权法第三次大的修改，图书馆界对赋予广播豁免权也非常期待。诚能如此，可彰显我国著作权法对图书馆等公益性事业的关注，这也与党和政府的坚持公益性文化事业的改革、建设惠及全民的公共文化服务体系、保障人民基本文化权益的政策相吻合。

### （四）赋予图书馆展览豁免权

展览权是指作者享有的对其作品进行展览的专有权，具体指公开陈列美术、摄影作品的原件或者复制件的权利。理论上讲，各类作品的作者都享有展览权，但是，具体到各国的著作权法对于哪些作品赋予展览权存在较大的差异。如德国《著作权法》规定，展览权是指将未发表的造型艺术作品和摄影作品的原件或复制件公开展示的权利。美国《著作权法》规定，享有著作权的文字、音乐、戏剧、舞蹈、哑剧、绘画、雕刻、电影或者音像作品中的个别图像，都可以成为展览权的对象。我国《著作权法》对美术、摄影作品给予了较高水平的保护：展览权的客体既可以是原件，也可以是复制件；既可以是已经发表的作品，也可以是尚未发表的作品。展览权所涉及的展览方式有三种：一是作品在各种公开的展览、陈列场馆内的展出；二是作品在公共场所的放置或者陈列；三是作品在影视节目中展示，通过影视节目展示必须是以该作品为直接目的。一般来说，图书馆对于美术和摄影作品的复制件与原件的收藏量较

---

① 李永明：《知识产权法》，浙江大学出版社2004年版，第107—109页。

大，收藏的目的就向读者提供作品的阅览与展示。对于图书馆向读者提供阅览，或者在图书馆内或者在特定场所进行非营利性展览，都属于以传统方法向特定群体展览，不存在著作权侵权的风险。在网络技术特别是"三网融合"技术的支持下，图书馆将对于馆藏美术与摄影作品进行扫描与加工，制作该作品短片，通过图书馆局域网、联盟网向注册读者展示，或以馆际互借形式传递给其他图书馆，都属于以新方法对作品进行的展览。依据美国《著作权法》合理使用四标准或者《伯尔尼公约》三步检验法，图书馆坚持非营利、在一定范围之内、面对特定群体进行展览，享有一定的豁免权，不应存在争议。

（五）赋予图书馆信息网络传播豁免权

"三网融合"的技术条件下，图书馆将馆藏作品数字化以及对馆藏数字作品进行一定范围的网络传播，是对作品进行新型展示和保存所需要的。图书馆通过本馆的局域网或者联盟网向本馆注册读者提供本馆收藏的合法出版的数字作品，或者是为了馆际互借传递作品，或者为陈列或保存版本的需要以数字化形式复制的作品，一般都能够满足以下条件：①主体要件，即坚持公益性性质。网络环境下，图书馆依然是通过政府的财政支持，公益性色彩不仅没有褪色，反而越来越浓厚。例如，2011年1月27日，文化部和财政部要求2011年年底之前公共图书馆、文化馆实现无障碍、零门槛进入，公共空间设施场地全部免费开放，所提供的基本服务项目全部免费。并且不以获取经济利益为目的，为公众提供免费服务也是图书馆存在的价值所在。②技术要求，现代的图书馆为维护著作权利益采取技术措施（如权限设置、加密和数字签名技术、数字水印技术、认证技术），不仅使读者不能随意复制作品，还可以有效防止读者通过信息网络进一步传播该作品；图书馆还能够针对著作权作品的不同形式开展区分服务，可以有效地维护著作权人和读者双方的利益。③作品要件，即本馆收藏的合法出版的数字作品，目的是为陈列或者保存版本的需要，以数字化形式复制或传播本馆收藏的作品。④数量限制，作品复制与传播控制在一定份数内，才能够获得法律的包容。例如，美国1995年发布的《知识产权和国家信息基础设施白皮书》允许图书馆对作品制作3份数字化形式的复制品，该建议也得到了1998年美国《数字千年版权法案》的认可，数字复制与传播一般控制在3份以内也被图书馆界广泛接受。① ⑤利益分享限度，图书馆进行信息网络传播，不得实质性地损害著作权人权益，还必须是出于公共文化事业目的，图书馆服务过程中一般都能够遵守这项基本的要求。基于上述条件，图书馆可以不经权利人同意，也无须支付报酬，进行作品的有限度的网络传播。

科学技术不断地扩张图书馆的信息功能，新媒体信息服务日益成为图书馆的主要服务形式，而赋予图书馆"适当的"表演权、放映权、广播权、展览权、信息网络传播权，将有效保证图书馆享有的著作权待遇与图书馆的功能相匹配，也将有利发挥图书馆在国家文化服务体系中的重要作用：维护公众利益及公共利益，促进文学艺术和科学技术繁荣，促进人类社会的可持续发展。

## 第三节 图书馆信息网络传播权的困境与诉求

信息网络传播权问题一直是困扰图书馆尤其是数字图书馆发展与服务的重要因素，也一直是图书馆界关注的焦点。从现有的国内外的著作权法、相关法以及司法实践的发展趋势来看，信息网络传播合理使用的规制令数字图书馆担忧——数字图书馆分享信息网络传播权与其公益性传播机构的特殊身份仍不匹配。因此，有必要对数字图书馆享有信息网络传播合理使用的有代表性的法律规制进行梳理，找出遏制数字图书馆信息网络传播的因素，剖析数字图书馆信息网络传播合理使用面临的困境，提出合理的、易于被立法机构采纳的立法诉求，才能为数字图书馆争得"适当"的信息网络传播权，为其服务赢得良好的发展空间。

### 一 图书馆信息网络传播合理使用的规制

（一）国外有代表性的法律规制

1996 年 12 月，世界知识产权组织的日内瓦会议通过了《世界知识产权组织版权条约》（WCT）和《世界知识产权组织表演和录音制品条约》

---

① "Information Infrastructure Task Force, The Report of the Working Group on Intellectual Property and the National Information Infrastructure, 1995", 2011 - 11 - 25, http://www.lectlaw.com/files/inp12.htm.

(WPPT)两项条约。规定作者的传播权为作者专有,并向网络延伸。WCT在第8条规定:作者对其作品享有专有权,以授权方式将其作品以有线或无线的方式向公众传播,包括将其作品向公众提供,使公众的成员在其个人选定的地点和时间可以获得这些作品。为了协调各成员国之间立法上的冲突和差异,WCT出台"伞形解决方案",不要求各成员国设立专门的信息网络传播权,而是赋予各成员国以既有的法律体系和自行选择法律模式来保护这项权利,条件是须能够将第8条的内容涵盖。① 为响应WCT第8条的号召,各国或地区根据自己的法律传统和国情选择了不同的保护方式。但是任何一项新的著作权的权能诞生,对于它的限制也就接踵而来,合理使用就是最基础的限制制度。对于数字图书馆来说,合理使用制度是其获取信息网络传播权不可或缺的途径。

在美国,虽然没有专门设置的信息网络传播权,但是通过对著作权权能的重新解释与整合,扩大了传统的发行权、表演权、展览权等权利的内涵,从而实现了网络环境下作者信息网络传播权的保护。同时,美国《著作权法》第107条又通过设立合理使用的因素原则,来保证数字图书馆等使用者分享信息网络传播权,即数字图书馆合理使用信息网络传播权必须满足"作品是受著作权保护的、非营利性使用目的、使用作品仅是非精华部分、使用对原作品市场销售与存在价值没有影响"这四个要素。② 不仅如此,美国法在权利设置上也有合理使用的成分。例如,美国《著作权法》第110条第1项对公益性数字图书馆、教育等机构赋予表演权:"非营利性文化教育机构在教室或图书馆等类似的场所面对面进行的表演或展示受著作权保护的作品,不构成侵权。"同时第2项规定:"传播是为了在教室或图书馆等类似的地方进行接受,不以营利为目的,仅用于辅助教育,侵权免责。"它没有规定传播作品的表演仅限于馆舍和教室或者局域网络内,只规定传播目的和接受对象,这为数字图书馆信息网络传播突破馆舍打开了缺口。③ 此外,美国《著作权法》第512

---

① Ficsor, M., *The Law of Copyright and the Internet: the 1996 WIPO Treaties – Their Interpretation and Implementation*, New York: Oxford University Press, 2002, pp. 15 – 78.
② Gideon, P., Kevin, G., "Fair Use Harbors", *Virginia Law Review*, No. 6, 2007.
③ 吉宇宽:《基于"三网"融合的图书馆著作权利益新诉求》,《图书馆理论与实践》2012年第1期。

条规定了几种对网络服务提供者（ISP）网上著作权侵权责任的限制，也间接地为数字图书馆网络信息传播提供了合理使用的法律保障。①临时数字网络传播的免责。规定数字图书馆接受读者指示、由自动技术程序所执行、自动应答读者问题、作品临时性存储在程序中并且未改变传播作品内容的条件下，在点对点之间信息传播管道内向读者传播作品享有侵权豁免。②面向读者储存在系统或网络上的作品侵权免责。读者使用数字图书馆网络系统时，可能将侵权信息置于系统或网络上，读者不能免除直接侵权责任，但是数字图书馆在不知或不了解该项资料或使用该资料的活动是侵权的、在了解该事实后立即采取行动删除或阻止访问这些作品、未直接获有经济利益、接到侵权通知后删除或阻止访问这些被声称是侵权作品的情况下，享有豁免权。③提供作品搜寻工具的免责。数字图书馆通过目录、索引、参考书目、指示器或超文本链接指引或连接读者至含有侵权资料的地址，数字图书馆在不知或不了解该项材料是侵权的、并未自该侵权行为直接获有经济利益、接到指控侵权通知后删除或阻止访问这些被声称是侵权的作品的情况下，享有豁免权。为应对数字传播的挑战，美国于1998年制定了专门的《数字千年版权法》（英文缩写DMCA），并在第103条明确规定禁止破坏著作权之保护体系及保护著作权权利管理信息的完整性，违反者将被追究刑、民事责任，但非营利性的图书馆、档案馆或者教育机构除外。DMCA还对ISP著作权侵权责任进行限制，也使作为ISP的数字图书馆有了良好的发展环境。

  欧盟各国为了响应《世界知识产权组织版权条约》（WCT）第8条的号召，在《信息社会著作权及相关权指令》中增设了"向公众传播权"，达到保护作者信息网络传播权的目的。同时，德国等欧盟国家的《著作权法》则又通过专门设置公共借阅权，来保证数字图书馆等公益性机构依靠网络向公众读者传播作品资源。法律规定无须著作权人许可，只要数字图书馆向著作权人支付一定费用，来补偿著作权人就可从事作品的网络传播。由于数字图书馆属于公共福利范畴，经费由国家支出，只需把国家拨付经费的一部分扣除，用以补贴著作权人即可。因此，学界认为"公共借阅权"属于准合理使用范畴。由于欧盟等国的《著作权法》大多已设置著作权补偿金制度，构成了与公共借阅权相配套的法律制度，致使公共借阅权实施成本较低，可行性较强，从根本上解决了数字图书馆信息网络传播权的问题，也充分展示了立法者与图书馆人共同的智慧。

(二) 国内的法律规定

因为我国现行的《著作权法》是模拟时期的产物，仍然是以作者的复制权为核心构建的法权体系，以传播权为核心的法权体系没有建立，所以第 22 条列举了关于言论自由与表达性自由、促进知识进步、促进创作、保障弱势群体、维护公共利益的合理使用的 12 种情形，基本上不涉及信息网络传播权，把信息网络传播权保护交由国务院另行规定。2006 年，我国以《著作权法》为上位法，制订了《信息网络传播保护条例》（以下简称《条例》），在《条例》第 6 条规定了介绍、评论作品、报道时事新闻、教学或者科学研究、执行公务、汉语作品翻译成的少数民族语言文字作品、向盲人提供已经发表的文字作品、提供时事性文章、提供在公众集会上的讲话等八种合理使用的情形。这八种情形的规定既是对权利人信息网络传播权的一种限制，也是对数字图书馆（ISP 身份）等使用者提供一定的信息网络传播的豁免权。《条例》第 7 条又专门设置了图书馆特别条款："数字图书馆等可以不经著作权人许可，通过信息网络向本馆馆舍内服务对象，提供本馆收藏的合法出版的数字作品和依法为陈列或者保存版本的需要以数字化形式复制作品，不向其支付报酬，但不得直接或者间接获得经济利益。当事人另有约定的除外。"将数字图书馆信息网络传播限制在馆舍内，遏制了图书馆服务向馆外延伸。第 12 条规定学校课堂教学或者科学研究、向盲人提供、执行公务、安全性能测试可以规避技术措施。由于规定的受众面积小并且较为笼统，数字图书馆依据这些规定往往得不到信息网络传播权，因此，技术规避例外的规定对数字图书馆来说可用性并不强。第 14 条规定：权利人认为 ISP 侵犯自己的权利管理电子信息的，可以向该 ISP 提交书面通知，要求 ISP 删除该作品、表演、录音录像制品，或者断开与该作品、表演、录音录像制品的链接。第 15 条规定：ISP 接到权利人的通知书后应当立即删除或断开涉嫌侵权的作品，并同时将通知书转送服务对象。第 16 条规定：服务对象接到通知后，认为作品未侵犯他人权利的，可以要求 ISP 恢复被删除作品或断开的链接。第 17 条规定：ISP 接到服务对象说明后，应当立即恢复被删除的作品或被断开的链接，同时将服务对象的书面说明转送权利人，权利人不得再通知 ISP 删除或者断开链接。第 20 条规定：ISP 根据服务对象的指令提供网络自动接入服务，或者向服务对象提供的作品、表演、录音录像制品提供自动传输服务，如果未选择并且未改变所传输的作品、向指定的服务对象提供该作品、防止指定的服务对象以外的其他人获得，就不承担赔偿责任。第 21 条规定：ISP 为提高网络传输效率，自动存储从其他 ISP 获得的作品，根据技术安排自动向服务对象提供，未改变自动存储的作品、不影响提供作品原 ISP 掌握服务对象获取该作品、遵从原 ISP 修改、删除或者屏蔽该作品的，不承担赔偿责任。第 22 条规定：ISP 为服务对象提供信息存储空间，供服务对象通过信息网络向公众提供作品，如果明确标示该信息存储空间是为服务对象所提供、公开 ISP 的名称和联系地址、未改变服务对象所提供的作品、不知道也没有合理的理由应当知道服务对象提供的作品侵权、未从服务对象提供作品中直接获得经济利益、在接到权利人的通知书后删除权利人认为侵权的作品，不承担赔偿责任。第 23 条规定：ISP 为服务对象提供搜索或者链接服务，在接到权利人的通知书后断开与侵权的作品链接的，不承担赔偿责任。上述第 14—17 条的"通知"、"移除"、"反通知"、"恢复"规则以及第 20—23 条的"免责条款"都借鉴了美国法的规定，间接地为数字图书馆信息网络传播提供了法律的"避风港"。① 但是，由于技术保护措施的利用，加之权利人对于权利的滥用，导致我国司法实践较为严格。因此，我国数字图书馆信息网络传播合理使用的情况，依然严峻。

## 二 数字图书馆信息网络传播合理使用的困境

（一）数字图书馆规避技术措施的研究受阻

尽管 DMCA 在第 1201 条明文规定了非营利性数字图书馆、教育等机构、反向工程、加密研究、执法、情报和其他政府活动、关于未成年人、个人鉴别信息的保护、安全测试的七项例外，减弱了技术措施对数字图书馆信息网络传播产生的妨碍。德国 2003 年 9 月的《著作权法》修正案也增加了技术保护措施的例外与限制，我国的《信息网络传播权保护条例》第 12 条也规定了四项规避技术措施的例外，都在一定程度上缓解了

---

① Guo - Xin Li, "Library Information Network Services and the Information Network Transmission Right Protection Ordinance", *Journal of Library and Information Science*, No. 1, 2007.

技术措施与数字图书馆合理使用之间的矛盾。但是,实践中权利人对于技术权利的滥用对数字图书馆合理使用产生了不利后果。例如,普林斯顿的爱德华教授和他的科研小组接受某数字音乐安全公司的招标,研究破坏保护数字音乐的某项水印技术,以证明这种保护措施的有效性的课题,之后,研究小组成功地解除这种水印保护措施。然而就在该研究小组准备发表其研究成果时,数字音乐安全公司的代表却威胁这些研究人员说他们这么做将会因违反 DMCA 而承担责任,导致研究人员撤回了他们的论文。研究人员将此事起诉至联邦法院,数字音乐安全公司撤销了其威胁,从而使一部分研究成果最终发表。数字图书馆研究解除技术保护措施,一方面是为了保证合理使用的需要,另一方面是为了更好地维护作者信息网络传播权的需要,然而,现实中规避或破解技术措施的研究却往往受到权利人的威胁与阻碍,导致数字图书馆的许多技术人员不敢轻易去做此项研究,甚至连研究方面的言论自由都受到限制。例如,AVSforum.com 是数码录像机机主们聚会的一个网站,他们经常在该网站上讨论 TIVO 的特点,但 TIVO 网站负责人却审查了所有与一个软件程序有关的讨论,以随时起诉他们著作权侵权。[①] 说明著作权人对信息网络传播权条款的使用,也已经开始威胁到数字图书馆等研究者对数字化技术的研究和自由讨论。另外,信息网络传播的法条成了权利人技术垄断的工具。例如,DMCA 关于禁止对数字化作品的科技保护措施破解的规定,使数字化作品在未征得著作权人的同意下,数字图书馆不得进行研究和改进,即使发现该作品有明显的缺陷也不得公布其缺陷,否则,数字图书馆等使用者可能遭到法律的处罚。因此,著作权人通过这些规定,可以轻而易举地实现技术的垄断,进而实现信息网络传播权的垄断,从而使数字图书馆信息网络传播合理使用化为泡影。

(二) 新的网络交易模式对数字图书馆合理使用产生冲击

网络环境中,权利人为了保护其作品的网络传播权,在作品上设置技术保护措施来防止潜在的数字图书馆接触作品,然后通过授权使用合同,来要求数字图书馆支付费用并按照合同规定的方式获取或传播作品。由于数字技术对作品、信息传播成本极低,学者们形象地将这种网络中

---

[①] 《美国数字千年版权法》,2013 年 5 月 20 日,http://www.techcn.com.cn/index.php?

的作品交易模式称为微量许可,① 意思是作品可以在极低的交易成本下进行量化付费使用。现在依靠拆封合同、点击合同、浏览合同等进行授权就是典型的微量许可模式,它使大量的作品实现了网络销售。此模式下,数字图书馆必须通过遵守合同条款、支付费用,才能实现作品使用权的获取。微量许可模式中的授权使用合同属于格式合同,合同条款由权利人事先拟定,数字图书馆无法通过协商来确定合同条款内容,只能被动接受。模拟时期,数字图书馆对载体的使用、收益与处分即可实现对作品的利用;但数字时代,著作权人不再基于复制件获取收益,而是通过作品的传播,依据流量向数字图书馆收取费用,甚至分享广告收益的方式获得回报。从作品交易的各个环节来考察,微量许可都是在极低的交易成本下运作,使权利人与数字图书馆之间的交易达到志愿进行的状态。因此,微量许可交易模式迎合了权利人的需求,获得了正当性,从而导致"市场失灵"的可能性在缩小甚至消失,传统的合理使用制度就失去了基础。因此,微量许可与技术保护措施的组合应用,一方面使许多过了保护期的作品仍受技术措施的控制,数字图书馆不能无偿获取与传播,导致合理使用空间受到挤压;另一方面使数字图书馆只能付费不能免费获取、传播作品,甚至连接触作品的机会都丧失,著作权法赋予数字图书馆合理使用权尤其是信息网络传播权,就变成立法者开给数字图书馆的一张张空头支票。

### 三 数字图书馆信息网络传播豁免诉求

从表面上看来,技术保护措施在阻挡数字图书馆信息网络传播的合理使用,实质不然,技术措施只是法律实施的辅助工具,只有法律趋于良性,技术措施才能向数字图书馆让路。因此,面对我国《著作权法》的修订,必须有合理的立法诉求。

(一) 数字图书馆信息网络传播权专门条款修改诉求

1. 突破馆舍限制的诉求表达

从我国《信息网络传播保护条例》规制和《著作权法》修改的趋向

---

① Randal C Picker, "From Edison to the Broadcast Flag: Mechanisms of Consent and Refusal and the Propertization of Copyright", *The University of Chicago Law Review*, No. 1, 2003.

来看，外界尤其是法学界受到商业性数据公司以"数字图书馆"自居的干扰，对公益性数字图书馆网络信服务的现状和发展趋势缺乏足够的认识，把公益性数字图书馆与营利性数据公司一样来对待，认为只有通过商业途径才能提供网络信息服务，从而放弃了许多公益性网络传播可以适用的权利限制条款，没有把数字图书馆本来可以合理使用的情况考虑进来；而现有的适用于数字图书馆的合理使用规定还存在较大的问题，这都可能制约数字图书馆等公益文化事业的发展。[①] 例如，没有规定公益性数字图书馆通过本馆的网络阅览系统供馆舍以外注册读者浏览本馆收藏的数字作品的合理使用。其实关于这一点，2005年国家版权局《信息网络传播权保护条例》草案就有规定："除著作权人事先声明不许使用的以外，公益性数字图书馆可以向读者提供网络阅览已经合法出版3年以上的书刊，但数字图书馆阅览系统不能提供复制功能，同时数字图书馆的阅览系统还要准确记录作品的阅览次数，并且能够有效防止提供网络阅览的作品通过信息网络进一步传播。"虽然由于著作权人和出版业界的反对此项条文最终没有确定下来，但是对于数字图书馆向馆外读者提供作品的制度设计值得肯定。[②] 美国的DMCA第1203TS和1204条规定："数字图书馆在符合公益性、处于非故意的、也没有理由认为自己的行为构成违法的条件下，可以就其信息网络传播侵权的行为免责。"此规定有助于数字图书馆利用网络空间为读者提供信息服务，也可减少数字图书馆信息网络传播侵权的风险，可以作为我国《著作权法》第三次修改的借鉴。在网络日益发达的今天，依靠网络传播作品而生存的数字图书馆，关于信息网络传播突破馆舍的愿望越来越强烈；建立起与我国国情相符合的著作权法律制度，也成为社会各界普遍的愿望。因此，建议在我国《著作权法》修订时，可以修改数字图书馆信息网络传播合理使用专门条款：数字图书馆网络阅览系统供本馆注册的读者浏览本馆收藏的合法出版的数字作品，以及为陈列或者保存版本的需要以数字化形式复制作品，可以不经权利人同意，也无须支付报酬。但是必须满足该图书馆不以直

---

[①] 肖燕：《追寻著作权保护与权利限制的平衡》，《中国图书馆学报》2013年5月20日，http://www.cnki.net/kcms/detail/11.2746.G2.20110718.1329.001.html。

[②] 梅术文：《信息网络传播权合理使用的立法完善》，《法学》2008年第6期。

接获取经济利益为目的、不得提供复制功能、有效防止该作品通过信息网络进一步传播、不得实质性地损害著作权人权益、人数和网络空间被控制在一定范围的条件。

2. 突破馆舍限制现实基础

数字图书馆必须采取措施来控制作品、信息逃逸信息传播管道，不损害权利人的利益，为其信息网络传播突破馆舍的限制提供保障。现在，图书馆充分发挥智慧，采取以下主要措施：①数字图书馆与著作权人订立作品传播许可协议。数字时代，复制与传播交织在一起，传播权已经上升为权利人的核心权利，因此，现在数字图书馆在采购电子资源时，不仅与著作权人订立复制许可协议，还都广泛订立了作品的传播许可协议，并约定传播范围，为数字图书馆信息网络传播创造基础。②建立各级各类的数字图书馆联盟。当前我国各类数字图书馆联盟都采取以办卡的形式向本馆注册的读者提供服务，并在提供作品、信息时，依靠技术控制措施对其他读者实行"屏蔽"。[①] 因此，数字图书馆在联盟内提供信息服务，没有突破向不特定公众传播的界限，也没有使作品、信息脱离联盟系统，所以不会侵犯权利人的传播权。③数字图书馆利用信箱来传播作品或信息。例如，"读秀"数据库开发商在与权利人达成许可的情况下，开发出依靠信箱向异地数字图书馆请求文献的功能，从而避免著作权人利益受损，因此，"读秀"数据库现已成为各个数字图书馆欢迎的产品。④数字图书馆使用IP通，向本馆注册的读者提供远程信息服务。IP通利用虚拟专用网络（VPN），依靠隧道技术、加解密技术、密钥管理技术和使用者与设备身份认证技术，使利用架构在公用网络平台上的逻辑网络的资源不会外逸。⑤合同约束。有部分数字图书馆提供信息服务前，向读者提供简单的格式合同，以不能复制和再次传播为义务来约束读者，如若违背将追究其责任。⑥数字图书馆与读者之间签订著作权声明。当今有很多数字图书馆在向以研究、学习和阅读为目的的读者提供信息服务时，都要求读者签署著作权声明：仅将数字图书馆提供的作品或作品的片段用于非商业目的的研究、学习和阅读，并且不向他人传播作品的复制件。随着技术的发展，数字图书馆控制作品传播（突破馆舍范围）

---

[①] 刘耀：《网络传播技术控制的直接控制模式研究》，《情报科学》2009年第9期。

侵权的措施还在不断发展，这些努力已经获得社会各界的认可，或将构成数字图书馆信息网络传播突破馆舍的立法基础。

(二) 数字图书馆间接适用条款修改的诉求

1. 修改"个人使用"条款的诉求

我国现行的《著作权法》第22条第1款规定的个人使用为："为个人学习、研究或者欣赏，使用他人已经发表的作品"；《修改草案》第二稿将其修改为："为个人学习、研究，复制他人已经发表的文字作品的片段"。数字图书馆可以间接适用此条款获取信息网络传播，但是，此项规定还需进一步调整。现在各国著作权法基本上都把个人使用的目的限制在"学习"和"研究"的范围，去除"欣赏"这一目的。因为欣赏作品与作品的再创造关联度不够，况且数字技术广泛运用，使个人使用作品非常便利，以个人欣赏的目的来合理使用作品，将会严重损害著作权人的经济利益；而出于学习和研究的目的合理使用，就比较符合著作权法保护和鼓励创新、促进优秀作品传播的立法宗旨，还可达到维护个人利益和公共利益的二元价值目标。虽然从数字图书馆实现其娱乐功能价值来说，其合理使用作品受到压制，但是，从权利人与使用者利益平衡的角度来考虑，去除欣赏而保留学习与研究目的的合理使用，数字图书馆是可以接受的。但是，笔者以为：第一，使用的方式不应仅限于"复制"。网络技术、数字技术普遍利用，传播权上升为核心权利，出于保护著作权人的利益需要，仅规定复制作为个人使用的唯一方式，却把传播这一网络中最重要的使用方式剔除在数字图书馆的合理使用之外，就有违"当新的著作权权能诞生，著作权限制也就接踵而至"这一著作权限制原则，这不仅没有达到著作权法与技术发展的契合，反而使立法与技术发展相去更远。它将直接影响数字图书馆对作品网络传播的合理使用，也妨碍作品自身的传播和社会公众的创新。从国外的立法来看，如法国法第41条、俄罗斯法第18条，都没有将个人使用方式限于"复制"这一项的规定。第二，不应把个人使用作品的范围仅限定在文字作品。著作权法保护的是文字、音乐、图像、软件等多种作品，并且一视同仁，体现出法律的公平性，但仅把个人合理使用作品限定在文字作品上，却让人百思不得其解。从此法条判断，只有文字作品的作者有权利让渡之心，可以把专有权以合理使用的形式让渡给其他使用者，以求利益分享、利益平衡，而其他类型作品的作者却无权利让渡之意，它们的著作权只能为个人垄断，是不能被其他人分享的？这对他们作品的价值实现真正有利？答案显然是否定的。因此，把不能个人合理使用作品的范围限定在文字作品，可以"适当"扩大。第三，个人合理使用不应限于作品的片段。作品的片段是整部作品的有机组成部分，整部作品的著作权自然延及作品的片段，因此，著作权人之外的任何人都负有未经同意不得使用作品的法定义务，但是为了平衡著作权人与数字图书馆等使用者之间的利益，各国著作权法都通过设置合理使用制度，来保障数字图书馆等公益性机构分享著作权利益。由于技术的发展，权利人对于作品的复制与传播难以控制，于是使用技术保护措施，阻止读者对作品的整部传播与下载，只允许传播和下载作品的片段。但是，现在读者可以通过技术手段来整合传播过来的作品片段，从而实现浏览整部作品。从这一点来说，只允许个人合理使用作品的片段的规定已没有任何意义。只要是数字图书馆不以营利为目的，不对作品进一步传播，不对作品潜在市场产生影响，就可以直接传播、下载整部作品，供读者阅览。鉴于上述缘由，笔者建议将个人合理使用条款修改为："为个人学习、研究目的，使用他人已发表的作品。"这样的规定包容性要强一些，内涵也要丰富一些，可以为数字图书馆信息网络传播提供一定的法律保障，也有利于数字图书馆更好地服务社会公众、维护公共利益。

2. 修改"学校课堂教学和科学研究"条款的诉求

我国《著作权法》第22条第6款和《修改草案》第二稿第42条第6款规定："为学校课堂教学或者科学研究，可以翻译或者少量复制已经发表的作品，供教学或者科研人员使用，但不得出版发行。"这一规定把使用方式仅限于"翻译"与"复制"两种，显然不能满足教学与研究的需要。因为学校设置的专业、教学方式、科学研究内容与方式各不相同，需要使用作品的方式也应该是多种多样的，不能只限于翻译和复制这两种方式。美国《著作权法》没有限定以教育为目的的合理使用方式，如第107条规定了教学活动中的复制使用，第110条规定了演出、表演或传播作品的表演使用；欧盟的《信息社会著作权及相关权指令》规定该种合理使用的方式比较广泛，主要包括复制权、向公众传播权和向公众提供等权利；法国《著作权法》在第47条规定了为教育目的"播放"，在

第 52 条规定了学校举办活动中的"表演",在第 53 条规定了教学活动中的"复制";英国的《著作权法》规定的以教育为目的的合理使用情形也丰富多样。对于学术研究合理使用的控制,不能只体现于控制其使用方式上,可以对学术研究使用课以义务:须为本人或相关科研人员自己使用,须为内部使用,不得将其公开出版发行;不得影响作品的正常利用,也不得无故损害著作权人的合法权益。① 我国作为发展中国家,在教育与科学不发达的情况下,此项规定不利于我国的教育与科学研究事业的进步与发展。数字图书馆是服务于教学与科研的门户机构,如果把信息网络传播排除在合理使用之外,数字图书馆将丧失网络作品提供的权利,服务效率将大打折扣,更谈不上优质信息服务,更严重地说,数字图书馆对于课堂教学与科学研究将失去存在的价值。因此,笔者赞成,将此项规定修改为:"为学校课堂教学或科学研究使用他人已经发表的作品,但不得损害著作权人的经济利益。"

---

① 黄玉烨:《著作权合理使用具体情形立法完善之探讨》,《法商研究》2012 年第 4 期。

# 第 八 章

# 关于图书馆获取著作权
# 授权模式的研究

## 第一节 设立图书馆法定许可专门条款的探讨

在现行著作权法律制度的规制下,解决图书馆文献信息服务中的作品的获取与使用问题,是最低成本的问题解决方案,曾引起国内外诸多专家、学者的探索与研究,本书作者也试图在"三网融合"的背景下,为图书馆主要是数字图书馆设计一套法定许可的方案,供立法者参考。

**一 对图书馆现行的作品使用许可模式的梳理与分析**

(一)与著作权人签订许可合同

这是著作权保护中最基本的自愿许可方式。自愿许可是按照对作品使用范围和使用方式,由著作权人与图书馆自愿达成协议的方式。图书馆还要保证在作品使用中保护权利人的利益不受侵犯。依照我国《著作权法》第 24 条的规定,除非著作权法规定的可以不经许可,使用他人作品应当同著作权人订立许可使用合同,许可使用合同包括下列主要内容:①许可使用的权利种类;②许可使用的权利是专有使用权或者非专有使用权;③许可使用的地域范围、期间;④付酬标准和办法;⑤违约责任;⑥双方认为需要约定的其他内容。但是,图书馆自行与著作权人签约的方式,比较烦琐,使图书馆信息资源建设与服务的成本大大增加。目前,只有营利性超星数字图书馆等少数图书馆与每一位作者签约授权,取得图书、论文的数字版权。同时,对未经过授权但已经收入数据库的,则通过版权申明的形式来避免侵权,其版权声明:"不希望您的作品以数字图书馆的方式为读者使用，请速通知我们，我们将在24小时内从各大图书馆撤除您的作品，同时根据此前的作品使用情况向您合理付酬。也欢迎读者提供著作者线索。"①

（二）由出版商代理授权

将出版商作为著作权授权的代理机构，作者将数字作品的使用授权交由出版商代为管理，各图书馆找出版商洽谈授权事宜，这是比较好的解决"大量权利许可"的方式之一。我国也有类似的实践，如方正出版社提供资料，一般付费标准是按照作品定价的8%—15%或者按照作品市场收益的50%来计算。目前出版商出版作品时要求获得电子版权但不支付电子版权相应的费用；再者，出版商在与作者签订出版协议时，存在作品的出版和发表与否的要挟的情势。因此，许多作者不愿一揽子授权给出版商。

（三）通过著作权集体管理组织获得授权

著作权集体管理组织是非营利性机构，是目前法律架构下解决大量权利许可的比较可行的办法，也是国际通行的做法。但目前我国集体管理制度还很不完善，只有音乐著作权协会基本能够应对相关的授权问题。②而在文字作品方面，目前的中国文字作品著作权协会的运作并不成熟。文著协的主要业务范围是：以法定集体管理制和会员制（不具有强制性）形式，接受境内外著作权人的委托，管理其著作权及相关权利；对著作权人的作品和版权权利进行登记和管理；向作品使用者发放著作权使用许可证并收取作品使用报酬；向著作权人分配作品使用报酬。③协会并不管理著作权人的所有版权，而仅仅保护国家法律法规和规章规定由著作权集体管理机构管理和著作权人个人难以行使的权利。目前我国作者的法律意识淡薄，很多并不愿意将作品授权版权集体管理组织管理。因此，通过著作权集体管理组织获得版权授权来降低数字图书馆建设成本，还有很长的路要走。另外，现在国外已有较多的专业的著作权代理

---

① 《超星数字图书馆著作权付费办法》，2012年5月8日，http://www.ssreader.com/dong-tai/shengming.html#2。

② 《中国音乐著作权协会服务》，2010年12月10日，http://www.mcsc.com.cn/comein.do?method=comeinfo。

③ 《中国文字著作权协会服务》，2012年5月10日，http://www.prccopyright.org.cn/。

公司出现，它与著作权集体管理机构并没有太大的区别，只是规模较集体管理机构小，不属于国家管制。专业的著作权代理公司代理数字作品的著作权授权的情况，在我国出现很少。即便有专业代理公司，也只能解决少数作品的授权问题，多数作者对其信任的程度短时间不会太高，很多作品不会到专业的版权代理公司签约。

（四）技术平台服务商代收代授模式

对于收费的问题可以采取这种方式，是比较好的解决办法。如：基于 DOI 技术的数字权力管理系统（DRMS）流程如下：①著作权人将其数字资源编制一个含有作者或出版者身份的 DOI 信息；②作者或出版者将其 DOI 信息向著作权管理机构登记、注册，管理机构对这些信息进行存储、管理；③由管理机构、作者或出版者将 DOI 信息通过互联网或局域网向使用者发布；④使用者在网上搜寻所需信息，查到所需信息后，向著作权管理机构申请许可；⑤经管理机构审查、许可，使用者获得信息资源许可证，获取信息资源但不能共享。① 归纳分析，数字权利管理系统收费和著作权作品的使用必须基于权利人的授权，并且仅适用于网络环境中的数字作品，对于纸质作品的授权和收费问题，技术平台无能为力，况且此模式也绕不开著作权集体管理机构或者出版商。

（五）依靠著作权补偿金制度解决授权问题

补偿金制度是首先由德国针对日益普遍且无法控制的家庭、私人复制影响作者利益情形，而对《著作权法》进行修改，规定对复制设备及媒介的制造商收税来补偿著作权人利益的制度。② 补偿金制度的运行模式为，由复制设备或存储介质的制造商及销售商通过一定的途径向著作权人支付作品使用费，以弥补著作权人因使用者复制行为遭受的经济损失。这一制度主要涉及权利人、义务人和著作权集体管理组织三个方面。著作权权利人包括作品创作者、表演者、录音作品制作者；义务人是指计算机等硬件复制设备、载体的制造商和销售商，或者采购软件或者硬件使用者（因为这些软硬件已附加上补偿税了）；著作权集体管理组织是指

---

① 姚长青等：《基于 DOI 技术的数字化信息知识产权保护研究》，《数字图书馆论坛》2007 年第 10 期。

② 张今：《数字环境下私人复制的限制与反限制》，《法商研究》2005 年第 6 期。

收取和分配著作权补偿金的组织。因为权利人获得合理补偿的权利不可能由权利人个别地去实施,而是由一个机构集中、统一地收取后再进行分配,这个机构就是著作权集体管理组织。从权利管理的角度看,集体管理(并且是强制管理)是补偿金制度不可缺少的配套措施。原本赋予作者的某项专有权,又不得不通过集体管理的方式来行使,即补偿金的收取、分发依托于集体管理机构。由于集体管理组织无须得到作者授权便依法执行着收取报酬和向作者分配报酬的任务,图书馆等各界希望引进补偿金制度作为解决著作权人利益受损的机制。但是,此种制度仍然绕不开集体管理组织,并且要求集体管理组织具有强制性,从一定程度上讲,这给著作权授权增加了烦琐的环节,提高了授权成本。再者,从目前我国著作权行政能力、相关行业的管理水平以及社会公众对著作权制度的认知程度来看,贸然实行著作权补偿金制度尚不够成熟,但是,此制度可以确定为一个发展的方向。

**二 关于赋予图书馆建设法定许可的立法建议**

分析上述各种授权模式,著作权集体管理是解决图书馆著作权授权的最为核心的制度,可以起到连接作者与使用者的桥梁作用。如果作者与集体组织的授权环节顺畅,那么图书馆通过著作权集体管理组织获得著作权授权,将会是成本最低的方式。可是,目前我国著作权集体管理机构尚不健全,还不能成为有效解决著作权授权的根本途径。因此,我们要继续完善集体管理机构,当然这需要一个很长的过程,我们不能坐着等。所以,我们可以从著作权限制的角度做一些努力,为图书馆开辟一条临时有效的授权途径,而赋予图书馆信息资源建设与服务法定许可成为可行的尝试。

(一)赋予图书馆著作权法定许可的建议

目前,我国的国家数字图书馆、中国高等教育文献保障体系(CALIS)、大学数字图书馆国际合作计划(CADAL)、国家数字图书馆推广工程等都是我国建设的比较成功的公益性数字图书馆或图书馆联盟。如:CADAL将纸质特色资源数字化,旨在构建面对社会公众免费开放的全球最大的公益性数字图书馆,以保障全球文化多样化和中华民族的文化安全。然而,包括CADAL在内的数字图书馆都拿不出一个好的知识产权解决方案。它们中有的直接将作品数字化后放入网上图书馆，只是在其著作权声明中要求对收录作品有异议的作者自己主动与数字图书馆联系；有的是与每一个作者单独签约的一对一著作权授权方式；有的是在利用图书中包含著作权声明，自愿向公众发出要约，要约中规定公众如何使用本作品。类似方法还很多，但使用效果都不理想。确切地说，大多是被动地解决著作权纠纷不得已而为之的策略，并不能从根本上解决数字图书馆著作权授权问题，并时时受到外界的非议与指责，致使图书馆的形象受损。经过近年来的实践，深感著作权问题只有通过法律、法规给予明确规定，才能根本性地保障公益性数字图书馆健康发展。我国现行《著作权法》对若干媒体已做出了法定许可的规定，如第32条第2款规定的报刊转载法定许可，即作品刊登后，除著作权人声明不得转载、摘编的外，其他报刊可以转载或者作为文摘、资料刊登，但应当按照规定向著作权人支付报酬；第42条第2款规定的广播电台的法定许可，即广播电台、电视台播放他人已发表的作品，可以不经著作权人许可，但应当支付报酬；第43条第1款规定的播放录音制品的法定许可，即广播电台、电视台播放已经出版的录音制品，可以不经著作权人许可，但应当支付报酬。参照上述有关条款的规定，建议我国《著作权法》作出适当的修订，增加给予图书馆也享有类似权利的条款，即"建设公益性图书馆或图书馆信息资源共享工程使用著作权作品，可以不经著作权人许可，但应当支付报酬。如果收到著作权人对其作品通过图书馆上网使用的异议，则应立即停止该作品网上的传播"。[1]

(二) 图书馆信息资源建设与服务的著作权法定许可的必要性

1. 可以有效地解决图书馆尤其是数字图书馆建设的授权问题

图书馆资源建设的核心是汇编各类型数字资源，它将涉及数以百万计的著作权人。例如：中国数字图书馆工程要使用1000万册图书，假设一位作者撰写10册图书，就涉及100万名作者。如果要逐一获取这些作者的授权，其庞大的工作量对于图书馆这样一个以公益性为宗旨的公益机构来讲操作起来确实不易。即便通过著作权集体管理机构获得许可，

---

[1] 张平：《数字环境下版权授权方式研究》，2012年5月15日，http://law.law-star.com/txtcac/lwk/032/lwk032s191.txt.html。

其获得许可量与图书馆需求量也相差甚远，无法根本性地解决著作权许可问题。更何况我国著作权集体管理组织还不成熟，因此这种方法也不是一种现实可行的方法。而如果图书馆资源建设仅仅选用没有著作权的作品，那将根本无法实现建设图书馆的根本目的。因此，要解决图书馆海量信息所涉及的著作权问题，赋予图书馆相关的著作权法定许可是一条根本性的解决途径。

2. 可以提高图书馆信息资源建设的效益

发展各类文化事业始终要把社会效益放在首位，这是党的十六大就已经提出的要求。公益性图书馆、数字图书馆以及各类图书馆信息资源共享工程都是我国文化事业的重要组成部分，因此在其建设和发展过程中，要牢牢把握这一前提。图书馆不以营利为目的，图书馆建设数字图书馆或信息资源库时，把各级政府拨付的资金都用于公众服务之上，其建设成果是面对公众开放，而非为少数人享用。法定许可适用于公益性图书馆建设的范围内，可以保证图书馆信息资源建设快速、高效、低成本地获得著作权授权，保证图书馆的正常建设与运行，还可以保证著作权人的利益，更可以保证各级政府拨付图书馆或图书馆信息资源共享工程建设的资金的有效使用。

3. 可以有效传播中华民族先进文化

网络技术的迅猛发展，占领网络信息阵地、强化宣传中华文化成为我国数字图书馆建设的根本目标和主要任务。然而我国目前的著作权行政管理、集体管理现状尚不能担负并有效地解决浩如烟海的著作权许可问题，以致授权问题成为图书馆发展的桎梏。如果坐等集体管理机构发展成熟，我们可能失去宣传中华优秀文化的主阵地，让其他国家在这方面抢得先机，将有损我国软实力的提升。

（三）图书馆信息资源建设著作权法定许可的可行性

1. 符合著作权法的公共利益目的

著作权的保护客体知识产品具有公共商品和私人商品的双重属性，它们不仅关系到著作权人的个人利益，也关系到社会公共利益。相比之下，调整有形财产保护的物权保护制度，其承担的社会功能比作品对公共利益的影响要小。因此，著作权保障著作权人权利的同时，也需要兼顾公共利益。著作权法需要确保公共利益，这在长期的著作权立法和司法实践中已经被不断地得到确认。在这个意义上，可将著作权法看成一个积极的法律和社会政策。如美国《宪法》的著作权条款很清楚地确认了著作权法的基本公共利益。1948 年美国最高法院就坚持，著作权法"对著作权人的报偿是作第二位考虑的"。而在更早的 1909 年关于美国著作权法的国会委员会报告中则指出："国会根据宪法的条款制定著作权法，不是基于作者在他的作品中存在的自然权利，而是基于要服务于公共福利……手段是保障作者对其作品以有限的保护期的专有权。"[①] 我国《著作权法》第 4 条规定："著作权人行使著作权，不得违反宪法和法律，不得损害公共利益。"

近年来，一些涉及著作权的国际公约也明确地对著作权法中的公共利益问题做了规定。例如，尽管 TRIPS 协议非常重视包括著作权在内的知识产权的私权属性，该协议亦同时规定了确保公共利益的重要性："承认保护知识产权的诸国内制度中被强调的保护公众利益的目的，包括发展的目的与技术目的"；"知识产权的保护与权利行使，目的应在于促进技术的革新、技术的转让和技术的传播，以有利于社会经济福利的方式促进技术知识的生产者与使用者互利，并促进权利与义务的平衡"。[②] 在该协议的第 8 条中则规定成员可以采取必要的措施保护公共利益，体现了 TRIPS 协议重视公共利益保护的重要性：著作权法不能专注于对作者的保护，而应顾及广大使用者的利益。[③] 1996 年，WIPO 关于著作权的会议的一个重要成果是，确认了维护作者的权利和"更大的公共利益"，特别是反映在《伯尔尼公约》中对作者权利保护与教育、研究和对信息接近的目标之间的平衡方面。著作权法的主要目的是为了公共福利而促进智力作品的创作和传播。在上述意义上，不是把著作权看成政府与著作权人之间谈判的结果，而是把著作权看成政府与公众之间的谈判结果。

图书馆是对广大社会公众（读者）提供作品信息的公益性机构，是与知识产权制度、文化制度、经济制度等共同服务于国家总政策的制度

---

① 冯晓青：《论著作权法与公共利益》，《法学论坛》2004 年第 3 期。

② "TRIPS Agreement Preamble and Article 7"，2012 - 05 - 12，http：//www. translators. com. cn/Blog/netming/27800/2009/12/04/1559. html.

③ L. Ray Patterson, Stanley W. Lindberg, *The Nature of Copyright*: *A Law of Users' Right*, the University of Georgia Press, 1991, p. 15.

选择。图书馆维护社会公众的权益，主要通过发挥其公益性职能体现出来。图书馆作为社会的文献情报中心，是人们有效获取知识文化的有机组成部分。它以开展读者教育、提高读者素质，传播文化、启迪大众智慧，开发信息资源、传递科学技术为己任，来服务于教学、科学研究。[①]可以说，现在的图书馆已经成为人们社会生活中不可缺少的重要文化设施，成为服务于社会公众文化的公益性门户机构。鉴于图书馆是公益性代表机构、公共利益的维护者，赋予公益性图书馆信息资源建设法定许可是符合著作权法公共利益目标的。

2. 法定许可立法上具有可操作性

法定许可的范围由法律加以规定，通过立法，给予网络传播者更大范围的法定许可，使其不必经过大量的授权，便可使用著作权作品，这是国内公益性图书馆建设数字图书馆时所希望的。由于我国现有的著作权管理能力不够高，我国著作权法确实有比较广泛的法定许可的历史根源，现有的著作权法已经有了五种情况的法定许可的先例，再增加一种针对公益性图书馆建设的法定许可也是符合这个历史渊源的。但是，现有的法定许可都附有例外的条款，即：有著作权人声明的除外。这实际上不是完全意义上的法定许可，有学者称为"准法定许可"。考虑到国外立法中，法定许可的适用无须经过著作权人的同意，不论是否有事先声明都可以直接采用。如果我们希望进一步扩大法定许可制约数字著作权的功能，也可以考虑在将来的立法中去掉"除著作权人声明不得……的外"这一前提条件。否则作者会在其作品中负载声明，导致该法定许可规定落空。

有人对赋予图书馆信息资源建设法定许可表示担忧，认为我国已参加的《伯尔尼公约》，承认国民待遇的原则，意味着我国著作权法的所有规定，同样适用于外国作品和外国人，将会导致重大的国际争端。这个担忧的确值得我们思量，对此我们需要在立法上进行区别待遇，只能是应对本国公益性图书馆的需要设定法定许可。否则，法定许可的存在可使营利性数字公司不经过著作权人同意而仅支付报酬便从事相关的传播业务，既不利于保护著作权人利益，也有损公共利益；或者国外数字公

---

① 余彩霞：《GATS 与我国图书馆的公益性服务》，《图书馆理论与实践》2003 年第 6 期。

司依据法定许可直接进入我国市场，减低进入中国信息传播市场的成本，会削弱我国企业的竞争优势。因此，做出这种保留性的规定，可以有效地防止此类情况的发生。

法定许可确实是一个值得谨慎考虑的事情，在我国著作权集体管理组织未成熟时期，从维护公共利益出发，从维护民族利益出发，设定法定许可，来解决图书馆或图书馆信息资源共享工程建设的著作权授权问题，的确是一条理想途径。因此，图书馆界必须对此有明确的要求，相互协调，形成统一的声音，去影响立法者，争取立法上的突破将会有很大的可能。

## 第二节　图书馆直接适用法定许可的机遇与困境

"三网融合"的技术发展，使图书馆尤其是数字图书馆获得了机遇，著作权法关于媒体机构的法定许可条款可直接适用于数字图书馆，因此，法定许可也成为数字图书馆获取授权的快捷途径之一。但是，由于法定许可条款在运行的过程中存在自身难以克服的弊端：可能造成作品价值无法实现和作品供求脱节的危险，导致现有国内外的著作权法关于法定许可规制呈现出萎缩的趋势，使数字图书馆又陷入新的困境。因此，探索修正法定许可弊端的恰当方案，保障数字图书馆适用法定许可低成本快速获取授权，具有重要的现实意义。

### 一　国内外图书馆适用法定许可获取授权的基本情况

（一）国际上图书馆适用法定许可的情况

著作权法设立法定许可制度的宗旨在于，让媒介机构及公众可以不经著作权人许可，只需付费即可使用著作权作品。《保护文学和艺术作品伯尔尼公约》第11条第2款中规定，作者对其创作的作品享有著作权，作者权利的行使由各成员国国内法规定，作者的合理报偿权各成员国可以设定法定许可来救济。《与贸易有关的知识产权协定》（TRIPS协议）第14条规定了表演者、录音制品制作者和广播组织的权利，并规定成员国可以在《保护表演者、音像制品制作者和广播组织的罗马公约》允许的范围内，规定条件、限制、例外及保留。而依照《罗马公约》第12条规定：如果某种为商业目的所发行的录音制品，或者是此类唱片的复制品被直接用于向任何公众传播或广播，使用者则应当支付一笔相对合理的报酬给表演者或录音制作者。《世界知识产权组织版权条约》（WCT）第10条则规定，缔约国在某些不与作品的正常使用相违背的，也不无理地损害作者利益的特殊情况下，可在国内法中依照本条约对授予作者的权利，以法定许可的形式进行限制。这些国际条约为各国法定许可条款的制定提供了基本框架。同时，按照条约规定，法定许可可以"适当"延伸到数字环境中，这为数字图书馆（以 ISP 身份）等使用者快速获取作品使用的授权提供了可能。

现行的美国《著作权法》规定了有线转播、对录音作品和制品进行某些形式的公开演播和转播、对超级台和联网台的转播（以私人家庭为受众对象）、对某些录音制品进行临时复制、在原市场范围内的卫星转播等五种法定许可，从这五种法定许可规定来看，美国法没有直接适用于数字图书馆的规定，但是有关网络服务提供者（ISP）的规定都可以间接适用于数字图书馆。① 美国法通过法定许可的设置，弱化作者的专有权利，从而避免把经济实力不强的数字图书馆排斥在使用许可之外，体现了重视公共利益的价值取向，有利于社会文化的发展和传媒市场竞争秩序的维护。尤其值得借鉴的是，美国《著作权法》关于 ISP 获取作品使用权进行付费所采取的原则较为科学。其主要原则包括：①当事人的协议优先；②已经确定的版税和实施条款根据公平原则和情势变更原则，可以适时调整；③仲裁决定依据市场原则作出，最大可能地体现买卖双方自愿协商所能达成的价格；④当事人间的关系不能影响公众合理获得信息服务的权利。此外，美国《著作权法》还确立裁决程序，裁决程序除确定版税以外，还确定许可费用和条款均必先经过自愿协商程序，协商不成的，由版权局仲裁。依照美国《著作权法》第8章的规定，国会图书馆馆长依法组成仲裁庭来对不能自愿达成协议的部分进行裁决。该裁决需要国会图书馆馆长的批准才能执行。国会图书馆馆长也有权否决

---

① 陶鑫良：《网上作品传播的"法定许可"适用探讨》，《知识产权》2008年第4期。

仲裁的结果,作出自己的决定。① 依据这种费率原则来确定数字图书馆等ISP的作品使用费,具有较大的合理性,使作者更愿意与数字图书馆达成交易,从而保障了数字图书馆能够与广播电台、电视台等传播者在同一市场有序竞争。

德国《著作权法》规定了三种法定许可的适用情形:①为宗教、培训和教学目的而将已出版的短篇或单篇的音乐作品、语言作品、艺术作品等编入集体作品中,进行的复制、传播可适用法定许可;②复制或公开传播单篇广播评论和报纸文章等,其内容应为日常的政治、经济或宗教问题,未注明不许转载的可以适用法定许可;③作者有向录音、录像设备的制造商或进口商等提供复制机会者,提出合理的报酬权,此项权利可通过收费机构行使。应对数字技术的挑战,德国等欧盟国家的《著作权法》设置公共借阅权,来保证数字图书馆等公益性机构依靠网络向公众读者传播作品资源。法律规定无须著作权人许可,只要数字图书馆向著作权人支付一定费用来补偿著作权人,就可从事作品的网络传播。由于数字图书馆属于公共福利范畴,经费由国家支出,只需把国家拨付经费的一部分扣除,用以补贴著作权人即可。

日本在现行的《著作权法》中规定了六种法定许可情形,即教学用图书使用作品、扩大复制教学图书、学校教育节目广播、考题复制的法定许可以及个人数字录音录像补偿金制度、电影作品免费出租补偿金制度。日本六种法定许可条款,因倾向图书馆等公益性机构,解决了图书馆作品利用快速授权问题,而受到广泛赞誉。

(二) 我国图书馆可适用法定许可的情况

在我国,随着"三网融合"的技术发展,图书馆相继开通了数字电视图书馆、移动数字图书馆,甚至酝酿成立手机电视台,扩张其信息服务的功能,重塑自己在信息服务中的核心地位,② 这也致使数字图书馆的功能性业务逐步与广播电视、电信机构的业务融合。在此背景下,数字图书馆迎来了快速获取授权的机遇,即著作权法的关于媒介机构的法定

---

① 李永明、曹兴龙:《中美著作权法定许可制度比较研究》,《浙江大学学报》2005年第4期。

② 张晓林:《颠覆数字图书馆的大趋势》,《中国图书馆学报》2011年第9期。

许可条款可以直接适用于数字图书馆。具体体现以下几个方面：①网络环境中，新的媒介机构不断产生，关于转载或摘编主体的界限日渐模糊，数字图书馆已经具备了媒介功能，可以与报刊媒体一样，凭借其使用作品的目的，依据我国现行《著作权法》（2010年版）第33条规定的规定，可以获取转载或摘编作品的使用权，但要支付使用费；②当数字图书馆使用他人已经合法录制为录音制品的音乐作品制作录音制品，依据我国《著作权法》第40条的规定，可以不经著作权人许可，但应当按照规定支付报酬，但著作权人声明不许使用的则不得使用；③当数字图书馆播放他人已发表的作品，依据我国《著作权法》第43条的规定，不经著作权人许可，但应当支付报酬；④当数字图书馆播放已经出版的录音制品，可依据我国《著作权法》第44条的规定，不经著作权人许可，但应当支付报酬；⑤当数字图书馆以ISP身份，通过信息网络实施九年制义务教育或者国家教育规划时，可依据我国《信息网络传播权保护条例》第8条规定，可不经著作权人许可，但应当向著作权人支付报酬，同时规定，只能向注册的学生提供（我国《著作权法》第23条也为数字图书馆编制9年制义务教育和国家规划教科书提供法律保障依据）；⑥当数字图书馆为扶助贫困，通过信息网络向农村地区的公众免费提供中国公民、法人或者其他组织已经发表的种植养殖、防病治病、防灾减灾等与扶助贫困有关的作品和适应基本文化需求的作品时，可依据我国《信息网络传播权保护条例》第9条规定，不经著作权人许可，但是要在提供前公告拟提供的作品、作者和需要支付报酬的标准，自公告之日起30日内，著作权人不同意提供的，不得提供其作品，自公告之日起满30日，著作权人没有异议的，方可以提供其作品，数字图书馆提供著作权人的作品后，著作权人不同意提供的，数字图书馆应当立即删除著作权人的作品。

不难看出，法定许可适用的突出价值表现就是许可权的转移，即符合法定条件的数字图书馆及公众都可以绕过与权利人的协商环节，在法定范围内直接使用作品；法定许可适用的另一重要价值表现是定价权的转移，即对著作权作品利用的价格改由法律设定，而不是基于著作权市场的供求关系，由作者与使用者协商，即数字图书馆及公众使用作品支付费用不需要与著作权人协商，依据法律规定的官方定价即可。

## 二 图书馆适用法定许可的困境

尽管依据著作权法的法定许可条款，图书馆尤其是数字图书馆的确可以快捷地获取作品的使用权，但是法定许可在运行过程中还存在自身难以克服的弊端，致使数字图书馆陷入新的困境。

### （一）有阻碍作品创造的可能

法定许可依据法定的定价机制，取消权利人一方对交易对象的交易价格决定权，为数字图书馆著作权交易提供了便利，但是，数字图书馆依据法定许可条款进行著作权交易，却带来了因为法定限价，可能阻碍作品价值实现的后果。一般来说，在协议许可的授权模式下，数字图书馆必须按照平等协商的价格来支付使用费，这样程序繁杂、成本较高，并且协商的价格具有一次性，不能重复使用，下一次协议许可中关于作品使用的价格需重新协商；而法定许可要求官方来确定交易的价格，这使交易各方必须将涉及定价的所有信息公开，以官方根据不同的作品、不同的利用方式来确定作品使用的价格，而且交易价格可重复使用，因而交易双方之间的交易成本将会大大降低。[①] 但是，这种法定交易条件对作品进行价格限制，有可能阻碍作品价值的实现。根本原因在于：数字环境中，知识产品具有非竞争性与非排他性，这就决定了数字图书馆等使用者的不确定性，无论对于著作权人还是官方来说，难以确定潜在使用者的数量，更无法确定数字图书馆等使用者的准确信息，因此也就无法根据供求关系来确定交易价格。当法定许可存在时，就更加剧了著作权人对作品享有的权利不具有排他性或减弱排他性，数字图书馆等使用者可以不经许可而使用作品，那么就意味着潜在侵权人的数量将会急剧增加，[②] 著作权人的经济利益的实现可能达不到预期的目标，即作者创作作品的价值无法真正实现，那么，作者自身的研究水平和对社会的奉献价值也无法准确地体现，这就可能会泯灭作者再创作的激情，阻碍人类

---

[①] Ian Ayres, Eric Talley, "Solomonic Bargaining: Dividing a Legal Entitlement to Facilitate Coasean Rade", *The Yale Law Journal*, No. 5, 1995.

[②] Merges, Robert P., "Contracting into Liability Rules: Intellectual Property Rights and CollectiveRights Organizations", *California Law Review*, No. 5, 1996.

文学艺术和科学技术作品的再创造。因此，数字图书馆原本想依靠法定许可条款快捷地获取作品使用授权，以有利于作品的再创作，促进人类文化艺术和科学技术的发展，却因法定许可的最高限价，造成数字图书馆信息服务中，可获取的作品面临减少的趋势，这是立法者没有预料到的，也是数字图书馆不愿接受的后果。

（二）有造成供求关系脱节的危险

著作权的私权属性决定了著作权人追求利益最大化。在协议许可模式下，著作权人依据数字图书馆的需求，来开发不同作品，再以不同的价格向数字图书馆销售，以实现其著作权利益最大化。但是，由于法定许可对作品实施最高限价，著作权人可能失去创作的动力，往往造成作品在价格控制之下的短缺，最终可能导致作品供应与需求的脱节。一般地说，数字图书馆依据法定许可进行著作权交易（支付使用费是此交易的主要标志）可能出现以下几种情况：当交易预期高于法定价格时，数字图书馆愿意与著作权人达成交易，但是数字图书馆可能获得额外收益，著作权人收益将缩减；当交易预期低于法定价格时，数字图书馆因作品价格高涨而无法完成著作权交易，可能失去了获取作品的机会，不利于作品的传播，也不利于作品价值的实现；当交易的预期与法定价格相吻合时，数字图书馆与著作权人之间最愿意达成交易，供求关系大致平衡，各方的著作权利益也大致平衡，这也是最为理想的状态。然而，现实中这种理想的状态较少出现，究其原因，主要是法定许可的最高限价缺乏竞争性和灵活性，致使权利人创作动力锐减，人为地造成供求脱节。

正是由于法定许可的价格机制存在不合理的因素，带来阻碍作品再创造、造成供求关系脱节的危险，导致各国著作权法设置法定许可条款呈现出缩小的趋势。数字图书馆原本想依靠扩大法定许可条款，或者设置专门的数字图书馆法定许可条款，来解决作品使用的授权问题的希望落空。由此看来，数字图书馆依据法定许可产生的弊端，还必须回到市场机制下来进行修正，这样才能保证数字图书馆依据法定许可获取授权这一路径的可靠性。

### 三 图书馆适用法定许可获取作品使用授权的出路

**(一) 以集体管理组织市场定价机制替代法定价格机制**

法定许可的合理性在于降低交易成本、提高整个社会的福利，但法定许可只有保持排他性，采取垄断的方法才可能产生更大的收益；而著作权集体管理组织设置的合理性就在于，当权利的个别利用已无法有效地实现时，通过将权利集中管理的方式来促进权利的利用。在集体管理模式下，著作权人得以借助集体的力量来实现自己的权利；图书馆等使用者则降低了的搜寻成本，从而有效促进了作品的利用与广泛传播。必须说明的是，集体管理组织在解决权利主体分散问题的同时，并未动摇著作权的排他性。也正因为如此，集体管理组织就能够发挥著作权排他性所独有的优势，通过建构权利人之间的合作机制来形成一种稳定的许可关系，以此降低传统协议许可模式下的著作权交易成本。著作权集体管理组织最核心的功能是，基于著作权人的授权，代替权利人对著作权交易作出决策。从表面上看来，著作权集体管理组织与法定许可的定价机制基本相似——都是能反复适用作品的交易价格，但两者在本质上却是大相径庭：在集体管理组织的定价机制中，对价格拥有决定权的是加入集体管理组织的著作权人，而不是官方的法定价格。集体管理组织可视为著作权人以细化分工和降低交易成本为目的构建的合作机制它保持了在定价与许可方式上的灵活性，使权利人能及时根据市场的变化对交易条件作出回应和调整，[1] 这就为数字图书馆和著作权人交易双方都提供了一个稳定的预期，降低了潜在的侵权人在交易中侵害他人财产权的可能性，一旦交易的收益越具有可预测性和可保障性，权利人就越被激励着去授权集体管理组织代为授权，从而为数字图书馆与权利人进行著作权交易提供作品资源的保障。因此，只有著作权集体管理组织体系完善和运作成熟时，才能够逐步缩小法定许可的范围，甚至取代法定许可。例如，国家版权局2012年7月6日对外公布了《中华人民共和国著作权法》修改草案第二稿，将现行《著作权法》法定许可，由四种情形限缩

---

[1] Smith, Henry E., "Institutions and Indirectness in Intellectual Property", University of Pennsylvania Law Review, No. 6, 2009.

为教材法定许可和报刊转载法定许可两种情形,就是基于我国著作权集体管理组织体系业已形成的考量。① 这也说明,我国以著作权集体管理组织协商定价机制来修正法定许可官方法定价格机制的缺陷,已经具备了一定的基础条件,但还需要进一步地完善。

(二) 以集体管理组织价格协商原则来保证定价的公平性

在现行法律不够完善的情况下,我国可以以著作权集体管理组织(参考国外采取的原则) 协商定价的机制,来对法定许可的官方定价机制进行修正,以保证定价的公平性。在集体管理组织的管理下,著作权人与数字图书馆之间的自由协商,形成在一定范围内可重复使用的费率,当数字图书馆依据法定许可条款获取作品使用权时,就可以借用此种价格标准来支付费用。由于集体管理组织是由著作权人自发形成,其基本的决策方式是权利人之间的协商,这意味着集体管理组织的定价机制,是建立在权利人与数字图书馆广泛协商和适时调整的基础之上,不会像法定许可的价格制定那样因立法程序的烦琐而无法得到及时调整,也不会形成长时期内具有强制性的最高限价,所以,比起法定许可制度的官方定价机制,集体管理组织无疑在这方面更加符合市场供求规律。② 这种以协商原则确定价格来交易权利人的著作权,可能与数字图书馆的交易预期更为贴近。这样,数字图书馆获取作品使用授权,不会出现因最高限价而造成供求关系脱节。也正因为集体管理组织的协商定价机制具有较大的优越性,实践中集体管理组织就一直在努力地修正法定许可的定价缺陷。例如,我国关于使用音乐作品制作录像制品的法定许可付酬标准,就是依据我国音乐著作权协会制定的《使用音乐作品制作录像制品的许可付酬标准规定》,从而避免了官方定价的缺陷,使其更具合理性和科学性。

信息技术驱动数字图书馆功能的变革,早先数字图书馆与法定许可条款不够紧密的关系,因为数字图书馆功能的变革而变得日益密切,法定许可条款可以成为保障数字图书馆以较低交易成本、快速获取作品使

---

① 《国家版权局公布中华人民共和国著作权法修改草案第二稿》,2013 年 5 月 28 日, http://www.ncac.gov.cn/cms/html/309/3502/201207/759779.html。

② 熊琦:《著作权法法定许可的正当性解构与制度替代》,《知识产权》2011 年第 6 期。

用授权的模式之一。面对法定许可运行过程中的缺陷，以集体管理组织的市场机制来进行修正，保证数字图书馆适用法定许可获取授权这条路径的可靠性与可行性，使数字图书馆与著作权人的著作权交易更为快捷、公正、合理、顺畅。

## 第三节　著作权代理公司解决我国图书馆著作权许可问题

### 一　著作权代理公司解决我国图书馆著作权许可的可行性

准确地说，著作权代理公司与著作权集体管理组织并没有太大的区别。著作权代理公司与著作权人签订委托代理协议，支付给著作权人一定的著作权转让费，取得部分著作权，以自己的名义来行使所管理的权利。它是著作权集体管理组织扩张的结果，是规模较小的、不属于国家管制的集体管理组织，是市场经济的产物，也是著作权交易的内在需求。国外最早的版权代理公司成立于1875年（在英国），至今已有近150年的历史，现在国外著作权代理公司已经有很多、并且运行成熟；我国依靠著作权代理公司代理作品的著作权授权的情况，在20世纪90年代也已经出现，如中国版权代理总公司、北京版权代理有限责任公司、上海市版权代理公司等。版权代理公司有利于保护著作权人的利益，为作品传播者提供使用作品的授权渠道，有利于文学、艺术和科学作品的广泛传播，使广大公众及时分享最新的智力成果，为广大的著作权人、作品传播者和社会公众搭建了联系的桥梁。[①] 尽管著作权代理公司在我国是新生事物，但已经显示出强大的生命力，具有良好的发展前景。

（一）发展著作权代理公司是市场的选择

著作权是产权的一种，只有进入市场进行交易，才能够发挥其对经济发展的促进作用。任何交易都有成本，著作权交易也不例外。著作权作为一种无形财产权，基于客体非物质特性，如果没有特定的权利实现形式，它的交易成本将会比有形财产更高。这给主要用来达到降低交易成本功效的著作权代理公司的产生提供了可能性。确切地说，著作权代

---

[①] 刘玲香：《英美国家的版权代理人》，《出版参考》2002年第22期。

理公司就是为著作权交易提供一个市场，著作权人将作品交由著作权代理公司，也就是著作权代理公司收集著作权供给信息的过程。著作权代理公司的工作免去了著作权使用人和著作权人单独联系的麻烦，既增加了著作权供应的信息量，又便捷了交易，节省了交易成本。著作权代理公司与著作权集体管理组织的一样，都是基于降低交易成本需要的市场选择，也都是基于著作权人的授权行使著作权或者与著作权有关的权利。严格地说，作为一种中介组织，著作权集体管理组织应该与著作权代理公司一样都为著作权交易提供市场，因此只有将著作权集体管理组织作出准确的定位，才能够更好发挥服务于著作权交易的功能。可是现实情况却不尽如此，目前主要工业化国家，大多数集体管理组织都是以"私主体"的形式出现，是著作权供求信息的中介，具有独立的主体地位，注重中介交易；而在我国却是以"公主体"出现，是行政管理单位的一部分，只是相关行政命令的执行主体，不具有独立的市场主体地位，强调的是干预交易。而实践证明发达国家的著作权集体管理组织比发展中国家和社会主义国家运做得更好。著作权代理公司的性质就是私主体，其功能是落脚于媒介交易而不是干预交易，避免了诸如著作权集体管理组织定位于行政管理机构，而不利于作品授权的局面。[①] 因此，发展著作权代理公司就成为现实的市场选择，它有利于我国著作权集体管理事业的发展，也为我国数字图书馆如何获取大量著作权授权提供了新的思路。

（二）发展著作权代理公司是图书馆资源建设的需要

分析现有国内外流行的著作权许可模式，如果使用图书馆逐一与著作权人签约的方式，比较烦琐，且图书馆、数字图书馆或图书馆信息资源共享工程建设需要数字化、传播作品的数量十分庞大，使图书馆建设的成本大大增加；[②] 将出版商作为著作权授权的代理机构，图书馆找出版商洽谈授权事宜，也是一种较好的解决作品授权办法，可是此种模式并未获得广泛认可，目前在我国基本不流行，许多作者也不愿一揽子授权给出版商；依靠数字权利管理系统技术平台收费和获取著作权作品的使

---

[①] 卢海君：《论市场导向的著作权集体管理》，《电子知识产权》2007年第3期。

[②] 《超星数字图书馆著作权付费办法》，2012年5月8日，http://www.ssreader.com/dongtai/shengming.html#2。

用，仅适用于网络环境中的数字作品，对于纸质作品的授权收费问题，技术平台无能为力，况且此模式也绕不开著作权集体管理机构或者出版商；① 引进补偿金制度作为解决图书馆获取著作权的授权机制，仍然绕不开集体管理组织，并且要求集体管理组织具有强制性，从一定程度上讲，给著作权授权增加了烦琐的环节，提高了授权成本。② 依靠著作权集体管理组织获得授权，是目前法律架构下图书馆解决大量权利许可比较可行的办法，也是国际通行的做法，但目前我国集体管理制度还很不完善，只有音乐著作权协会基本能够应对相关的授权问题，③ 中国文字作品著作权协会、音像作品著作权协会、影视作品著作权协会等并不管理著作权人的所有版权，而仅仅保护国家法律法规和规章规定由著作权集体管理组织管理和著作权人个人难以行使的权利。④ 再者，我国作者的知识产权意识淡薄，很多并不愿意将作品授权版权集体管理。因此，通过著作权集体管理组织获得版权授权，来降低图书馆资源建设成本，还有很长的路要走。基于上述著作权许可模式对图书馆的困扰，发展著作权代理公司，来服务于我国图书馆或图书馆信息资源共享工程的著作权授权成为现实的需要。

## 二　著作权代理公司著作权授权模式的运行

### （一）著作权代理公司的设立

依照我国著作权集体管理条例第 7 条规定，著作权集体管理组织的设立人限制为依法享有著作权或者与著作权有关的权利的中国公民、法人或者其他组织。此条件过于苛刻，甚至不可逾越。然而，著作权代理公司是媒介著作权交易的市场经济主体，设立人可以根据自身发展需要选择主体的性质，只要能够促进著作权交易的进行，任何人不仅著作权人或者与著作权有关的人都可以到当地工商局注册成立公司，然后到版

---

① 姚长青等：《基于 DOI 技术的数字化信息知识产权保护研究》，《数字图书馆论坛》2007 年第 10 期。
② 张今：《数字环境下私人复制的限制与反限制》，《法商研究》2005 年第 6 期。
③ 《中国音乐著作权协会服务》，2010 年 12 月 10 日，http：//www.mcsc.com.cn/comein.do?method=comeinfo。
④ 《中国文字著作权协会服务》，2012 年 5 月 10 日，http：//www.prccopyright.org.cn/。

权注册中心登记即可。著作权代理公司通过与作者签订著作权委托代理协议,取得了各类作品的复制权、发行权等一系列著作权,业务范围涉及与著作权有关的交易、保护、诉讼等,从而避免了我国规定的著作权集体管理组织的业务范围不交叉、重合带来的弊端:著作权集体管理组织的业务范围不存在交叉、重合,必然造成相关作品领域集体管理的垄断局面的发生,垄断的形成也必然会使市场经济存在前提之一的自由竞争丧失殆尽。而设立多个著作权代理公司就可方便著作权使用人获得著作权许可,因为在同类作品领域设立多个著作权代理公司,由于它们之间存在竞争关系,必然竞相将自己管理的著作权向使用人推销,会主动联系作品使用人,反而更有利于著作权使用人对著作权的利用。再者,为了抢占消费者,市场上可资利用的作品会被更多、更好和更快捷地挖掘出来,从而繁荣著作权交易市场,著作权市场的繁荣也必然会进一步促进著作权的产生和利用。

(二) 图书馆学会设立著作权代理公司的构想

一方面既然任何人(包括自然人和法人)都可以到工商局注册成立公司,再到版权注册中心登记即可成立著作权代理公司,与著作权人签订委托协议,自主从事著作权交易,那么图书馆界也可以尝试成立著作权代理公司,专门负责许可图书馆著作权作品数字化与传播问题。笔者建议由中国图书馆学会牵头组织申请设立著作权代理公司,专门面向整个图书馆界,来实施著作权授权工作。图书馆学会可以选取或引进既掌握知识产权法律知识又掌握图书馆知识,还熟知著作权交易知识的专门人才,来负责公司的业务,同时还可以把从事数字图书馆或者信息资源共享工程的图书馆人才吸引到公司中来。图书馆学会可以协调各个成员图书馆,把图书馆或者图书馆信息资源共项工程建设中获得大量作品的同时获取的大量作者信息,汇总报送到著作权代理公司,公司再主动与作者沟通,获取作者的信任、取得作者的授权,这样就可以为图书馆著作权集体授权打下坚实的基础。从另一方面来说,图书馆资源建设与运行过程中,也必须对著作权人的作品进行管理和保护,如果不是通过著作权集体管理组织而是一对一获得授权,著作权人的利益将无法得到保障;如果专门再设立一个集体管理组织来对图书馆进行作品管理,势必又造成重复建设,浪费人力、财力和物力,使著作权作品的管理成本升高,也意味着著作权人利益的减少,这与实行著作权集体管理意在降低管理成本、实现作者利益最大化的宗旨相违背。而通过著作权代理公司自行对授予图书馆的著作权作品进行管理就方便多了。因为图书馆学会设立的著作权代理公司是图书馆界自己的公司,与图书馆是服务与合作的关系,所以它们之间相互信任的程度很高,著作权代理公司就可以通过在图书馆的服务器中设置著作权管理系统当用户调取著作权作品时,权利管理自动识别系统就可以进行监控,对著作权作品的使用情况进行精确计算,有利于作者获得准确的经济补偿,并且省却了逐一签订协议或由集体管理组织中间管理费用,使作者可以获得更丰厚的利益。

(三) 图书馆学会的著作权代理公司运行设计

1. 著作权代理公司分设不同作品管理部门

图书馆信息资源建设涉及文字、音乐、影视等不同类型的作品,特别是在提倡图书馆资源共享的今天,我国正着手打造全国数字图书馆资源共享工程,实行全国范围内图书馆信息资源集成共享。[①] 图书馆资源共享工程涉及图书馆、博物馆、新闻出版、广播影视多个行业,是一个立足于大文化范围的跨部门、跨行业的国家信息资源建设的基础工程,其实质就是把中国五千年的灿烂文化用现代信息技术表现出来,使之成为现代知识的中心,从而以信息形态进入知识创新和经济建设的循环,在知识创新循环中产生巨大的社会和经济效益。因此,图书馆信息资源共享工程不可能由哪一家图书馆单独完成,必须走联合的路,实现资源的共享,所有拥有文化信息资源的单位都应该是图书馆信息资源共享工程的一个有机组成部分。从整个工程使用的作品来看,必然包括文学艺术和科学技术的文字、音乐、影视等不同类型的作品。由于整个工程统一规划,分散建设,而且突出各种资源库在统一标准下的专有特色,而且不同类型作品的属性不同,授权和管理机制也不尽相同,因此,图书馆学会的著作权代理公司可以有针对性地分设管理文字、音像、音乐、摄影等著作权管理部门,分门别类地管理这些作品的授权以及使用工作,效果可能会更好。每个部门专门负责联系各类作品的著作权人,将其作

---

① 周伟:《实现自己的数图——国家数字图书馆推广工程启动》,2013年2月12日,http://www.cnstock.com/index/gdbb/201012/1048474.htm。

品授权代理公司行使著作权或与著作权有关的权利，避免著作权人将部分精力花费在作品的传播、打击盗版、诉讼纠纷等复杂的社会关系问题上，也避免影响其新的作品创作，还可以避免著作权人难以找到授权渠道，而使用者没有合理和畅通的方式使用其作品，影响作品的传播。有了著作权代理公司作媒介，可以真正地抵制使用者使用作品付费的淡薄意识，维持著作权人与使用者利益均衡，使权利人与使用者合作共赢。①

2. 图书馆获得作品授权时应享有优惠待遇

现阶段我国图书馆包括数字图书馆主要有公益性、营利性、公益性兼有市场化运作三种性质的图书馆。不同性质的图书馆的法律地位并不相同，而图书馆的著作权问题又是与其法律地位紧密联系的，图书馆在著作权法中的地位决定了著作权制度在调整与其相关的权利主体利益关系时所采用的方式和原则。早在2004年，中办、国办联合印发《关于加强信息资源开发利用工作的若干意见》就提出：要支持和鼓励信息资源的公益性开发利用，引导和鼓励企业、公众和其他组织开发信息资源，开展公益性信息服务；加大向农村、欠发达地区和社会困难群体提供公益性信息服务的力度。鼓励文化、出版、广播影视等行业发展数字化产品，提供网络化服务。从推进信息资源开发利用角度来说，国家是鼓励数字图书馆这样的事物发展的，而且政府还为其创造条件。数字图书馆坚持公益性服务的原则，在资源建设中理应享受著作权豁免或者优惠的待遇。也许有人会质问，图书馆学会设置著作权代理公司，为图书馆提供优惠待遇，是否适当？笔者认为：公益性图书馆在作品复制、传播方面享有著作权豁免或优惠待遇，是法律制度赋予的权利，并非图书馆私自获取的；图书馆学会注册著作权代理公司，在运作上与其他公司没有区别，只是专门负责图书馆著作权管理工作而已，对图书馆不会有任何的偏袒。因此，图书馆界坚持作品复制与传播享有豁免或优惠观点，有其合法的依据，大可不必因为外界的质疑而轻易放弃。

3. 延伸图书馆学会的著作权代理公司职能

图书馆作品使用数量巨大，涵盖学科范围广，并不是图书馆所需的

---

① Ben Depooter, Francesco Parisi, "Fair Use and Copyright Protection: A Price Theory Explanation", *International Review of Law and Economics*, No. 4, 2002.

每部作品的作者都把他的著作权或相关的权利都委托给图书馆学会的著作权代理公司，这样有可能导致图书馆获取不到这部分作品的授权，影响图书馆或者图书馆信息资源共享工程的建设。如何解决此类问题？笔者认为我国可以考虑"适当"使用延伸集体管理授权制度。集体管理授权延伸制度是北欧国家采取的一项著作权集体管理制度，指如果一些著作权人未加入集体管理组织，但集体管理组织也可以代管其权利，并将收取的作品使用费参照会员的待遇分配给著作权人。[①] 采取这一制度的好处在于，可以使未加入著作权集体管理组织的著作权人的利益也受到保障，急需使用未加入管理组织的著作权人作品的使用者也顺利获得授权，两全其美。图书馆学会的著作权代理公司可以引入延伸集体管理授权制度（需要立法者支持），对于未授权代理公司的著作权人的权利比照会员的标准进行管理，将有利于我国图书馆及时获取著作权作品的使用权。

中国著作权代理业是新兴产业，也是朝阳产业，政府应该是著作权代理公司的最大推动者。著作权代理业是以法律为基础的行业，没有法律根本无法保证其顺利进行，因此建立健全法律体系势在必行。另外，著作权贸易也需要理顺和完善，如著作权登记、纳税流程、作品使用费的支付等问题都需要有一套制度化、规范化和效率化的工作流程，它需要政府和从业人员共同努力，才能够得到有效的解决。[②] 我们坚信，随着著作权代理公司的发展和不断完善，会积累丰富的作品授权和管理经验，图书馆学会尝试设立著作权代理公司，以这种特有的方式出色地管理著作权人的著作权和相关权利，会快速、高效地授予图书馆、数字图书馆或图书馆信息资源共享工程的著作权作品的使用权，这将有利于优秀中华文化的传播，有利于公共利益维护，也有利于社会知识共享与知识创新，更能体现图书馆信息资源共享与知识产权保护和谐统一的关系。

---

① 马继超：《我国实行延伸著作权集体管理制度的必要性和紧迫性》，2013 年 2 月 12 日，http://www.cavca.org/news_show.php?un=xhxw&id=543&tn=AC。

② 香江波：《中西方"版代"的差距在哪里?》，《出版参考》2006 年第 14 期。

## 第四节 以著作权补偿金制度解决
## 图书馆的著作权授权问题

### 一 对著作权补偿金制度的认知

（一）著作权补偿金制度的沿革

德国是第一个建立著作权补偿金制度的国家。1965年以前的德国著作权法对私人复制没有限制性规定，因为在当时的技术条件下私人复制只是少数现象，复制品的质量也达不到原件水平，因此复制不会给著作权人造成严重损害。20世纪60年代以后，上述情况开始发生变化，技术的发展消除了私人复制的障碍，特别是录音机和磁带的出现，人们可以用廉价的方式复制音乐作品，这种磁带与原版磁带的质量相差无几。此时，立法者陷入困境：如果禁止私人通过磁带录音复制唱片，可能影响到公民的基本权利；继续尊重私人复制的合法性，著作权人的利益则受到损失。通过调查研究和权衡利弊，立法者拟定一个大的原则：一方面继续承认"不受技术限制发展的私人复制权"；另一方面，对著作权人的损失进行补偿。于是，德国对《著作权法》作了修订：对复录设备及媒介的制造商收税，然后由著作权集体管理组织来补偿著作权人利益。[1] 这样，也就形成了著作权补偿金制度。著作权补偿金制度是作为实现作者经济利益和保障作品最终使用利益的一种折中解决办法而出现的，它既满足了消费者及社会公众获得更多著作权作品的要求，又维护了著作权人对其著作权作品所应当享有的经济利益，同时还体现了法律对私人复制权和生活空间的尊重，以及适应新技术发展适时维护著作权的灵活性。它是模拟技术后期著作权法回应技术挑战的一项重大改革。

从权利性质看，著作权补偿金制度将著作权人的复制权转化成报酬请求权。著作权人所享有的复制权属于支配权，权利内容为许可或者禁止他人以复制方式使用作品，与权利相对应的义务为不得复制。由于处于私人使用领域的复制专有权难以实际行使，法律转而采取给予权利人

---

[1] 张今：《数字环境下私人复制的限制与反限制》，《法商研究》2005年第6期。

合理报酬的措施，通过著作权集体管理组织收取使用费再分配给著作权人，从而保障著作权人经济利益的实现。此模式下，一旦作品发表，作者的某项专有权便消失，所拥有的只是获得经济补偿的权利。支配权变成了请求权，权利人不再有禁止或者许可他人复制的权利，他人亦不负有不得复制的义务，只要付费便可合法使用。这种权利因而也称为私人复制报酬权。20世纪90年代后期，网络技术、数字技术的大发展给著作权带来的挑战是具有颠覆性的，引起了各国的注意并要求各国成功地加以解决。[①] 于是，欧盟、南美、澳大利亚等国纷纷采取著作权补偿金制度，来解决数字化作品带来的侵权问题并取得巨大成功。

（二）著作权补偿金制度的理论支撑

数字技术促进了作品的创作与传播，但是数字技术的广泛应用使著作权保护的难度加大，著作权人的利益易受侵犯，[②] 如果采取强保护原则就会造成对公益性图书馆及社会公众合理使用权的剥夺，从而导致人们的非议和责难。因此，现实使现有的理论明显感到力不从心，这种窘境为新理论的诞生提供了适宜的环境。"权利弱化和利益分享理论"则能够在某种程度上解决目前困境。"权利弱化与利益分享理论"的基本含义是：除法律另有规定外，著作权人有权从其受法律保护的作品中取得相应的利益；任何他人未经著作权人许可，擅自以营利目的使用其作品、对作品市场造成威胁，著作权人有权请求其赔偿损失，并且依法享有请求该侵权行为人以合理的条件与其签订著作权许可使用合同；只有当该侵权行为人无正当理由拒绝以合理条件与著作权人签订著作权许可使用合同时，著作权人才有权请求其停止侵害行为，但法律另有规定的或者其他特别情形除外。[③]

包括图书馆在内的作品使用者能与著作权人之间通过谈判进行自愿的合作，则为最佳选择。但是，数字技术的应用，使图书馆及读者（公

---

① Daniel J. Gervais, "The Internationalization of Intellectual Property: New Challenges from the VeryOld and the VeryNew", *Fordham Intellectual Property, Media & Enter—tainment Law Journal*, No. 1, 2002.

② Peter Drahos, *A Philosophy of Intellectual Property*, Dart‐mouth Publishing, 1996, p. 122.

③ 曹新明：《关于权利弱化与利益分享理论之研究》，2012‐09‐26，http//www.iprch.com/view‐new.asp？

众)的作品使用方式特别是复制方式发生了重大的变化。图书馆进行数据库建设,即对纸质作品进行扫描、数字化处理,再进行汇编,使作品有形载体实现无形化,使作品的复制与传播更加方便、快捷,从而降低了著作权侵害的自然障碍,使著作权侵权问题更加突出了。一般来说,图书馆数据库建设包括实体资源建设和虚拟资源建设两大部分。实体资源建设主要涉及作品数字化。作品分为专有领域作品和共有领域作品,而对两个领域作品进行数字化,将带来不同的侵权结果。公有领域作品是公众无偿、自由获取信息的重要区域。因此,图书馆为了数据库建设的需要,可以对共有领域作品进行无偿数字化,不存在侵权风险。对处于保护期限内的作品进行数字化侵权的认定以及如何解决的问题,相对复杂。由于数字图书馆的建设具有社会公益目的、教育科研目的、满足读者个人消费目的,如果少量数字化作品,则属合理复制。对此,我国《著作权法》第22条规定:为了公益的、教育科研、个人学习和欣赏目的而复制他人已经发表的作品是合理使用。但是,数字图书馆建设是大量数字化作品,必然对作品的潜在市场或价值产生影响,必然构成对著作权人侵权。如果图书馆与每位作者逐一谈判、签订作品使用协议,单独核算使用费用,这样数据库建设的工作量会大大增大,数据库开发的成本也会大大提高。这将对国家拨付给图书馆的有限资金(由纳税人提供)造成巨大的浪费。

图书馆数据库虚拟资源部分一般通过建立网络导航来实现,即以网页存档方式提供接入、存储、传输或链接等中介服务。图书馆在网页存档的第一阶段,对他人作品全文下载复制,是临时复制的过程。在传输引发的复制中,作品并未复制在磁盘上,而在随机存储器暂存,甚至作品只是在电子系统的正常使用过程中产生的附带的或瞬间的复制件,这就是"临时复制"。澳大利亚《版权修正案(数字备忘录)》规定:临时复制是制作或接收某一信息技术过程的一部分。在信息内容本身不侵犯著作权的前提下,它就不侵犯著作权。[1] 图书馆在网页存档的第二阶段,是把临时复制全文资料传送给不特定的网络使用者,则会出现传输一部

---

[1] "Copyright amendment (Digital Agenda) Act 2000", 2012-06-25, http://www.Decs.act.gov.au/policies/pdf/copyright-amendment.pdf.

完整的作品或者传输同一部作品件数超标的可能。[①] 图书馆传播作品不符合"有限的提供"条件，也就脱离了合理使用的轨道，有著作权侵权的危险。由于图书馆对传输的作品或信息的内容不知情，对传输行为不能直接进行控制，致使图书馆对著作权人付费困难。另外，图书馆数据库建设在数字化他人作品时，有时意识到其利用的作品具有公共物品属性，存在着搭便车的心理，不愿意去与对方谈判，也不愿意支付较高的代价。况且著作权人一旦在其作品上拥有了著作权，同时也就享有了权限和禁止权，在最大化利益的驱动下，并有禁止权作为支持，著作权人也不愿降低交易成本而与图书馆合作。基于这些原因，著作权人与图书馆之间很难通过单独的自愿合作来增进效率。而现有的"权限加禁止权"著作权保护模式，使著作权人与未授权图书馆也处于不对等状态，其选择权在著作权人，图书馆只能被动地应付。"权利弱化和利益分享理论"强调弱化著作权人的禁止权，要求著作权人降低交易成本，从而能够促使双方合作（通过著作权集体管理组织强制实施），达到利益分享、互利双赢的效果。[②] 著作权补偿金制度是应对新技术挑战的产物，而"权利弱化和利益分享理论"则是在新技术环境下诞生的新范式理论。"权利弱化和利益分享理论"为补偿金制度提供理论支撑，而补偿金制度则又是"权利弱化和利益分享理论"现实检验的成果。从欧美、澳大利亚等国的施行效果来看，著作权补偿金制度确实可作为数字图书馆建设著作权纠纷解决的可行性方案。

## 二 补偿金制度解决图书馆著作权问题的运作

（一）著作权补偿金制度运作模式

补偿金制度的运行模式为：由复制设备或存储介质的制造商及销售

---

[①] 国外立法条文，关于临时复制作品进行传播超标的规定不尽相同，美国《数字千年著作权法》第404条规定：图书馆可临时制作3份复制品，并可不受件数限制在馆内传播，但不能向馆外公众传播；我国台湾地区著作权法第92条第2款规定：复制传输5件以上同一作品即认为是著作权侵权行为。我国《著作权法》不认可"暂时或临时复制"的概念，第10条第1款第5项规定：复制权，即以印刷、复印、拓印、录音、录像、翻录、翻拍等方式将作品制作一份或多份的权利。所以，图书馆作为网络服务提供者在"传输管道"的服务行为模式下（馆内传播），不承担与复制权有关的侵权责任。

[②] 曹新明：《关于权利弱化与利益分享理论之研究》，2012-09-26，http://www.iprch.com/view-new.asp？

商通过一定的途径向著作权人支付作品使用费,以弥补著作权人因使用者复制行为遭受的经济损失。这一制度主要涉及权利人、义务人和著作权集体管理组织三个方面。著作权权利人包括作品创作者、表演者、录音制品制作者、影制片人;义务人指计算机等硬件复制设备、载体的制造商和销售商,或者采购软件或者硬件使用者(因为这些软硬件已附加上补偿税了);著作权集体管理组织是指收取和分配著作权补偿金的组织。因为权利人获得合理补偿的权利不可能由权利人个别地去实施,而是由一个机构集中、统一地收取后再进行分配,这个机构一般叫著作权集体管理组织。从权利管理的角度看,集体管理是补偿金制度不可缺少的配套措施。原本赋予作者的某项专有权,又不得不通过集体管理的方式来行使,即补偿金的收取、分发依托于集体管理机构。由于集体管理组织无须得到作者授权便依法执行着收取报酬和向作者分配报酬的任务,使图书馆等各界都希望引进补偿金制度作为解决著作权人利益受损的机制。

(二)补偿金制度解决我国图书馆著作权授权问题

已经使用著作权补偿金制度的国家,如在美国,作品使用费自动加在那些可能用于侵权人的软件服务或者硬件的售价里,采用一揽子强制许可的方式,交纳一定费用即获得授权许可。[①] 这样,作品使用者就获得了极大的方便。我国现在未实行补偿金制度,但是我国现在已经建立了音乐、图书等著作权集体管理组织,为我们按照补偿金制度模式解决侵权纠纷提供了坚实的基础。

数字图书馆建设已成为现代图书馆文献资源建设的重中之重。目前,国家数字图书馆、中国高等教育文献保障体系(CALIS)、大学数字图书馆国际合作计划(CADAL)等都是我国建设的比较成功的公益性数字图书馆。如:CADAL将纸质特色资源数字化,旨在构建面对社会公众免费开放的全球最大的公益性数字图书馆,以保障全球文化多样化和中华民族的文化安全。然而,包括CADAL在内的数字图书馆都拿不出一个好的知识产权解决方案。他们有的采取成立知识产权小组与作者、出版者签订著作权许可协议获得授权;有的(国家数字图书馆)采取公告的方式,

---

① 张今:《数字环境下私人复制的限制与反限制》,《法商研究》2005年第6期。

让作者发现侵权后再与图书馆达成作品使用协议。类似方法很多，但使用效果都不理想。确切地说，大多是被动地解决著作权纠纷不得已而为之的策略，并不能从根本上解决问题，并时时受到外界的非议与指责，致使图书馆的形象受损。在此情形下，著作权补偿金制度引起了我国法学界、图书馆界的关注。张今教授发表《数字环境下私人复制的限制与反限制》一文，极力推荐我国应用补偿金模式，解决著作权人利益受损问题。张平教授发表《数字环境下版权授权方式研究》，介绍补偿金制度实行的客观条件。图书馆学者秦珂发表《版权补偿金制度和数字图书馆版权问题》，为数字图书馆建设版权补偿金制度作设计。我国学术界至今共发表 90 多篇论文，研究、介绍和推荐著作权补偿金制度。由于目前我国未实行补偿金制度，图书馆也不可能通过纳税的方式来补偿著作权人利益。但是图书馆可以直接向著作权集体管理组织先期交纳使用费，或者著作权集体管理组织直接向从事数据库建设的图书馆征收作品使用费，管理组织再按照图书馆提供的数字化作品的清单，确立具体的征收费用，再返还给著作权人作为利益的补偿。由于目前我国的著作权集体管理组织实行自愿管理、会员制管理，缺乏强制管理的效力，可能达不到解决纠纷的理想效果。对此法学界、出版界及图书馆界也都有赋予著作权集体管理组织强制权力的诉求，这样图书馆才有作品使用付费的有效保障，著作权纠纷就会大大减少。集体管理组织的专业化管理、规模化运作也会大大降低实施作品使用协议的成本。

  再者，补偿金制度的实施旨在对著作权人因私人复制受到的损失进行经济补偿，因而著作权人获得的补偿应当建立在对其作品复制或数字化的基础上，补偿金数额与数字化行为、作品被数字化的种类和数量相联系。但是，现有的补偿金制度是根据复制、数字化设备的流通情况而向复制或数字化设备制造商及销售商征收费用，制造商及销售商又把这些费用附加在被销售的复制设备和媒介上。这样对使用者来说，利用这种设备进行复制或数字化的人要付费，没有复制的人也要付费；大量复制与偶然少量复制所支付的补偿金一样，致使使用者的私人复制权被剥夺了。对著作权人来说，补偿金的分配与其所受到的损失无关，因而也容易造成分配的不公。而图书馆进行数据库建设时，委托著作权集体管理组织向著作权人付费，就可以避免分配不公现象的发生：从事数字图书馆建设就必须付费，付费的多少由著作权集体管理组织按受损的多少而定。偶尔的私人复制或数字化行为就不必付费，这样私人复制权在数字环境下仍然得到保证。因此，补偿金制度模式称得上是一套可行的著作权侵权纠纷的解决机制。

（三）补偿金制度对图书馆变通实施的探讨

由于图书馆是对广大社会公众（读者）提供作品信息的公益性机构，是与知识产权制度、文化制度、经济制度等共同服务于国家总政策的制度选择。图书馆维护社会公众的权益，主要通过发挥其公益性职能体现出来。"图书馆作为人们寻求知识的重要渠道，为了人和社会群体进行终身教育、自主决策和文化发展提供了基本条件。图书馆是地区的信息中心，是传播教育、文化和信息的一支有生力量，是促使人们寻找和平精神幸福的基本资源。"[①] 图书馆从事的公益性服务是无偿的、免费的，追求的是社会效益。公益性图书馆作为社会的文献情报中心，是人们有效获取知识文化的有机组成部分。它以开展读者教育、提高读者素质，传播文化、启迪大众智慧，开发信息资源、传递科学技术为己任，来服务于教学、科学研究。[②] 可以说，现在的图书馆已经成为人们社会生活中不可缺少的重要文化设施，成为服务于社会公众文化的公益性门户机构。鉴于图书馆是公益性代表机构、公共利益的维护者，著作权集体管理组织就不能因为图书馆数字化作品量大或者传输侵权行为，与营利性数字图书馆收费等同对待。[③] 对营利性数字图书馆足额收费不存在争议，而对公益性数字图书馆的收费问题社会各界观点不一。一种观点（以出版商为代表）：对图书馆数字化行为应该全额收费，如果不收费就是让图书馆享有豁免权，就是强行地让出版商学雷锋；另一种（部分图书馆界人士）观点：既然图书馆享有合理使用权，就理应不尽任何义务而数字化作品。

---

[①] 联合国教科文组织：《图书馆宣言》，2012-09-08，http://www.Ndcnc.gov.cn/datalib/opensts/2005/2005_12/opensts.2005-12-01.2282501503/view。

[②] 余彩霞：《GATS与我国图书馆的公益性服务》，《图书馆理论与实践》2003年第6期。

[③] 当前谷歌以其是"公益性数字图书馆"为借口，来掩盖其营利性数字公司的本性，为其著作权侵权和文化霸权开脱责任，这一案例说明公益性和营利性数字图书馆的豁免待遇有本质差别，有待我们进一步探讨。

此两种观点明显带有行业倾向,是对图书馆的误解。[①] 还有一种观点:如果对从事公益性数字图书馆建设足额收费,则与数字公司没有任何区别,对公益性图书馆有失公平;如果不收费,则有损著作权人的利益。究竟如何收费来补偿著作权人的问题却有待学界探讨。对此,笔者曾做过有针对性的问卷调查,向行政、公检法人员、教师(以法学教师为主)、大学生、出版人员、其他公众发出1000份调查表,回收822份。统计结果见表8-1。

表8-1　　　　　图书馆获取著作权许可付费调查统计

| 种类 | 持付费意见 | 持不付费意见 | 茫然不回答 | 持40%—50%付费意见 | 持50%—60%付费意见 | 持60%—70%付费意见 | 持70%—80%付费意见 |
| --- | --- | --- | --- | --- | --- | --- | --- |
| 票数 | 12 | 144 | 310 | 82 | 205 | 65 | 53 |
| 百分比 | 15% | 17.5% | 38% | 10% | 25% | 8% | 6.5% |

综合分析,除去对著作权不了解而不回答者的意见,社会公众的意见倾向于对公益性数字图书馆收费是足额收费的50%—60%。照此,图书馆进行公益性数据库开发时,应向著作权集体管理组织提出减免申请,著作权集体管理组织再对图书馆的公益性质、数据库的运营模式进行审查,对于符合公益性数据库建设条件的,准予减免;对于营利性的数据库开发,不予减免。这种图书馆作品使用费减免申请制,有利于保障图书馆合理分享著作权利益;也有利于作品的传播,为公众提供可靠的学习机会,保障了公民的文化教育权,进而也使公共利益得以保障。

从目前我国著作权行政能力、相关行业的管理水平以及社会公众对著作权制度的认知程度来看,贸然实行著作权补偿金制度尚不够成熟。面对网络技术和数字技术的挑战,著作权利益失衡的情势,虽然补偿金制度存在着缺陷,但仍不失为一种便捷有效且相对公平的利益平衡机制,是补偿著作权人利益的必然选择模式。因此,在著作权补偿金制度未上升到法制层面,我们可以以变通的补偿金制度模式来解决数字化侵权问

---

[①] 李国新:《图书馆从数字出版到数字享用重要桥梁》,2012年10月8日,http://www.cnm.gov.cn/web/cnm/cyzx/szcb/103376.htm.

题；待到时机成熟，我们可以把补偿金制度以法律形式来实施。但鉴于我国科技不发达、经济落后、知识产权进口量大的具体情况，在制订著作权补偿金制度时，确立保护著作权人利益强度标准不能过高，要为维护公众利益和公共利益的公益性图书馆数字化生存提供空间，也是为我国科技和经济发展预留空间。否则著作权法有可能阻止我国社会主义事业的发展。①

## 第五节 图书馆使用网络作品的许可模式探究
### ——以数字权利管理系统为模式

网络技术的发展、数字技术的应用，为图书馆使用网络作品、信息提供了便利，由于使用作品授权问题不能得到及时、有效地解决，图书馆极其容易侵犯著作权。传统的逐一授权模式在互联网环境下受到了挑战。要实现每一部作品事先获得授权再在网络上传播几乎不可能；而著作权集体管理机构目前管理授权渠道还不畅通、一揽子授权的能力还很有限；数字出版行业的著作权授权不规范，著作权人的合法权利难以得到基本保障和有效维护，尤其是经济收益很难得到合理保障，致使图书馆侵权纠纷时有发生。多年来，我国出版界、法学界、图书馆界一直在积极寻求解决这一知识产权纠纷的方案。借鉴国外成功经验的基础上，建议建立"数字权利管理系统"（Digital Right Manage System，DRMS）作为数字环境下的著作权管理模式，以期图书馆在这个新的著作权交易市场中获得著作权许可证，正当合法地获得作品的使用权，也使著作权人经济利益得到合理、恰当的补偿。

**一 网络环境下图书馆使用作品易侵权的缘由**

数字技术的应用使图书馆使用作品的方式有了根本性的变化。数字技术和网络的完美结合促成了作品有形载体无形化，模拟世界向数字世

---

① 徐彦冰：《网络时代版权利益平衡的再审视》，《上海知识产权论坛》（2），知识产权出版社 2004 年版，第 132 页。

界的转变导致了一种新概念——"非物质化"的诞生。① 作品从有形到无形的变革，使图书馆使用作品的技术手段、复制效果发生重大变化，也使图书馆容易陷入著作权侵权的困境。

### (一) 图书馆服务公众的门户地位

在模拟时代，以印刷方式为主的复制技术决定了人们获得作品复制品不得不依赖出版商、唱片公司等专业机构。图书馆及公众（读者）复制作品对著作权人不会构成严重威胁。因此，各国著作权法都授予图书馆合理使用权，如我国《著作权法》第22条关于合理使用的规定：为了公益的、教育科研、个人学习和欣赏目的而复制他人已经发表的作品是合法复制行为。美国《著作权法》也将"批评的"、"学术的"、"研究的"复制作品的目的作为复制行为是否合理的判断标准。图书馆复制品常常是基于上述目的，一般不会完全取代购买正版产品，最严重的情形也只是会取代小部分正版产品。由于技术条件的限制，这些复制品也不会被广泛传播。

然而，数字媒介很快改变了这种情况。互联网就是世界上最大的复制机器，在网络世界，每个拥有计算机的人只需点击鼠标就可轻松获得要得到的一切。② 先进的数字技术和互联网已经把获取作品变成不需要特殊技术能力的简单操作，任何人都可以在网上用多种方法向他人传送信息，每个在网络中遨游的人都有可能成为复制作品的能手。图书馆是对广大社会公众提供作品信息的公益性门户机构，它以其所有的技术设备、收藏的作品资料，服务于社会公众（读者），日渐成为人们寻求知识的重要渠道，为公众终身教育、自主决策和文化发展提供了基本条件。在数字环境中，图书馆及享受其服务的公众读者成为作品使用的最主要者，图书馆也成为作品使用率最高的场所，侵犯著作权的比率也将是最高的。因此，图书馆在享受新技术带来的作品使用便利的同时，极易成为侵犯著作权的主体，成为网络末端侵害著作权人经济利益的使用者。③

---

① Lopez, "Books and Challenges of New Technologies", *Copyright Bulletin*, No. 3, 2002.
② 郑成思：《"数字图书馆"还是"数字公司"》，2012年10月8日，http://www.bjiplawyer.cn/fxyj/600.html.
③ ［日］中山信弘：《多媒体与著作权》，张玉瑞译，专利文献出版社1997年版，第1—46页。

## (二) 复制作品效果的诱导

一般来说，模拟技术和媒介所产生的复制品质量远不如原件的质量高，并且随着复制品再次复制，质量每况愈下。如音乐磁带、唱片经过反复录制会导致音质下降、失真。正因为如此，所以无限制复制作品就受到阻止。数字技术可以将所有内容转换成数字代码，不管是文字、图片，还是声音、影像，其本质上具有相同的属性和存在形态，即数字是信息的载体，信息依赖于数字而存在。只要将作品转换成数字形式就可依赖该数字版本进行后续复制，制作出无限个与原件相同的复制品，精度丝毫不减。数字化技术大大降低了复制作品的自然障碍，致使图书馆、社会公众等作品使用者著作权侵权问题更加突出。

## (三) 复制与传播相伴的特性

在网络空间，信息以数字形式出现，信息获取不可避免地需要复制。图书馆对他人作品全文下载复制，是临时复制的过程。作品在传输中引发的复制，作品并未复制在磁盘上，而在随机存储器暂存，甚至作品只是在电子系统的正常使用过程中产生的附带的或瞬间的复制件，这就是"临时复制"。根据澳大利亚《版权修正案（数字备忘录）》规定：临时复制是制作或接收某一信息技术过程的一部分。在作品内容没有侵权的前提下，它不侵犯著作权，[①] 这个例外包括浏览或在线观看在线著作权资料和某种方式的缓存所进行的临时复制。欧盟"版权指令"第5条第1款规定："过渡的或偶然的临时复制行为，是技术程序不可分割的和重要的组成部分，其目的仅是为了能使第三方在网络传输中使用或合法使用受保护的作品或其他材料，而且这些作品或材料没有任何独立的经济意义，应当对第2条规定的复制权进行豁免。"[②] 所以，一般认为临时复制不宜作为传统上的复制，而应作为著作权的例外看待。但是，网络作品的使用在大多数情况下既是传播又是复制，复制与传播的交织，又使图书馆、社会公众等作品使用者侵犯网络传播权。

---

[①] "Copyright Amendment (Digital Agenda) Act 2000", 2012 - 10 - 10, http://www.Decs. act. gov. au /policies/pdf / copyright - amendment. pdf.

[②] "Directive 2001 /29 /EC of the European Parliamentand of the Council", 2012 - 10 - 10, http://europa. eu. int/ eur - lex/p ri/ en /oj/dat/2001 /1_ 167 /116720010622en00100019. pdf.

## 二 数字权利管理系统的运行模式

如何在数字环境中有效地保护著作权、进行著作权（管理）交易？1995年，在布鲁塞尔召开西方七国信息会议，电子交易开始受到注目。1997年4月在波恩，欧盟委员会再次举行会议讨论网络空间的数字作品的交易。① 在此背景下，各大计算机公司及相关行业开始积极研究新的数字技术，探索建立新的著作权交易模式，以新技术保护措施来克服数字技术给著作权带来的挑战，从而有效保护著作权人利益。在各种不同的新技术支持下，数字权利管理系统（DRMS）应运而生。数字权利管理系统是指数字作品在传播、使用过程中预先设置的著作权保护的技术工具，目的是运用技术手段遏制盗版，保护作品不被非法复制和传播利用。其中DOI（Digital Object Identifier）技术支持的数字权利管理系统较为成熟，DOI技术是美国出版商协会研制的在数字环境中标识、交易著作权的系统，它提供了一个管理著作权内容、链接用户和网络内容提供者、方便电子交易以及自动化管理所有媒体的著作权的框架。由于DOI的方便、快捷、有效，而被迅速应用于数字权力管理体系（DRMS）。基于DOI技术的数字权力管理系统流程如下：①著作权人将其数字资源编制一个含有作者或出版者身份的DOI信息；②作者或出版者将其DOI信息向著作权管理机构登记、注册，管理机构对这些信息进行存储、管理；③由管理机构、作者或出版者将DOI信息通过互联网或局域网向使用者发布；④使用者在网上搜寻所需信息，查到所需信息后，向著作权管理机构申请许可；⑤经管理机构审查、许可，使用者获得信息资源许可证，获取信息资源但不能共享。② 归纳分析，数字权利管理系统通常包括两个方面的功能：权利信息数字化和权利管理数字化。权利信息数字化体现为与数字化作品随同的作者身份、与作品使用相关的信息被嵌入电子文档，成为可识别的信息；权利管理数字化体现为运用技术措施防止作品被复制、管理与著作权有关的使用、进行著作权许可交易。数字权利管理的

---

① ［日］北川善太郎:《网上信息、著作权与契约》,《环球法律评论》1998年第3期。
② 姚长青、叶亚娜、乔晓东:《基于DOI技术的数字化信息知识产权保护研究》,《数字图书馆论坛》2007年第10期。

后一项功能意味着，运用数字技术使权利人能够实施新的著作权交易模式，从概略地支付作品使用费转变为个别的著作权许可协议。[①]

**三　数字权利管理系统对图书馆的特别使用**

网络技术的发展，数字权利管理系统将成为网络作品交易的流行模式。作为交易的参与者，图书馆也必须遵守这个新市场的交易规则。但是，鉴于图书馆具有公益性特质，具有维护公共利益的使命，加之图书馆使用作品的有限性，笔者建议数字权力管理机构（由立法者或行政管理机关授权）给予图书馆著作权的豁免权或优惠待遇，使图书馆能更好地服务科学研究，保障公众的文化教育权，促进人类科学文化事业的发展。

（一）数字权利管理系统对图书馆优惠使用的缘由

1. 图书馆具有公益特性

图书馆是对广大社会公众提供作品信息的公益性机构，是社区的文献情报中心，是人们有效获取知识文化的有机组成部分。它以开展读者教育、提高读者素质、传播文化、启迪大众智慧、开发信息资源、传递科学技术为己任，来服务于教学、科学研究。[②] 可以说，公益性是图书馆的首要特征，现在的图书馆已经成为人们社会生活中不可缺少的重要文化设施，成为服务于社会公众文化的公益性门户机构。在著作权制度上，出于维护社会公益的目的，图书馆享有著作权侵权豁免。是否具备"公益性"，是判断图书馆能否不经版权人许可，也不必向著作权人支付报酬而使用著作权人作品的决定性依据。可以说，图书馆的公益性特征是其生存的重要缘由。图书馆以为社会公众谋利益为目标，以公益性服务为准则，其公益性服务也使社会公众、整个民族乃至全社会的思想道德素养和科学文化水平不断提高。这也是图书馆由古代的藏书楼向传播知识、交流思想的社会文化公益性机构演进，由特权阶层独享向社会公众开放的重大成果，图书馆也正在以一个公益组织的身份引领社会公众进行思想交流，向文学、艺术、科学技术的繁荣殿堂迈进。

---

[①] 张今：《数字环境下私人复制的限制与反限制》，《法商研究》2005 年第 6 期。
[②] 余彩霞：《GATS 与我国图书馆的公益性服务》，《图书馆理论与实践》2003 年第 6 期。

## 2. 图书馆是公共利益维护者

著作权法制度是保障私权，给著作权人提供一定的激励，以发展社会生产力的制度。若不对著作权提供保护，则会窒息作品创作的积极性，文学艺术和科学技术的发展将受到重大影响，生产力的发展因缺乏科学技术的支持而受到阻碍。但是私权保护若完全不考虑公共利益，则促进社会生产力发展的目的也不能达到，因此公共利益必须受到保护。由于作品具有公共属性，其传播和使用会提高社会整体的再创造力，从而使社会得到更大的产出和公共利益。在作品的传播和使用领域，公共利益需借助图书馆这个公益性机构才能实现。从事公益事业的图书馆为发展教育事业、推广和普及科学文化知识、保存人类文化遗产以及为公众获取和接受这些科学文化知识提供了基本保证。因此，图书馆是公共利益的重要维护者。为了满足公共利益的需要，著作权法允许图书馆在某些情况下，可以不经过著作权人同意合理使用作品。[①] 为了公共利益而对著作权进行限制，体现了法律对著作权私人利益、公共利益的重要性做出估量后，为协调利益冲突而追求私权利益和公共利益均衡的价值目标。各国著作权法为保护社会公共利益都做出了具体的规定。国家专门举办图书馆这个社会公益文化机构的目的，就是促进人类文学艺术和科学技术的发展，为社会公共利益提供有效的保障。

## 3. 图书馆"有限提供"作品

传统图书馆以"有限提供"著作权作品、信息的方式，来控制作品的传播规模，从而能够有效避免对著作权的侵害，这也是图书馆能够合法存在、发展的主要原因和必要条件。在特定时间内只允许读者同时获取同一著作权作品的"有限提供"方式，是图书馆在我国现行著作权制度下所应具备的必要特征，即使在数字环境中，图书馆使用网络作品也不应有任何例外。如果一个图书馆通过互联网向读者提供他人的著作权作品，未采取"有限提供"的方式，不能有效控制作品的传播规模，那么图书馆复制、传播该作品的行为，就必然构成对他人著作权的侵害。一般来说，图书馆都能够有效地将著作权作品的传播规模控制到著作权法容许的范围，不会脱离法律轨道。

---

① 董保华：《社会法原论》，中国政法大学出版社2001年版，第1—6页。

## （二）对图书馆的优惠使用

鉴于图书馆是公益性代表机构、公共利益的维护者，立法者或行政管理者设计数字权力管理系统时，应充分考虑公众利益和公共利益因素，对图书馆使用网络作品行为不能与营利性数据库开发行为等同对待。这就需要设计出具有中国特色的数字权力管理系统：所有公益性图书馆都应该向数字权力管理机构申请备案，数字权力管理机构对图书馆是否属于公益性质进行审查，符合公益性质的图书馆予以备案，不符合公益性质不予登记；当已经备案的图书馆在网上进行作品、信息搜寻，向数字权力管理机构申请许可时，如果是偶尔的一次性的浏览或者对同一作品的复制没有超出法律许可的数量，管理机构应该颁发免费使用许可证；对于图书馆的大量复制或超出法律许可范围的传播要求，管理机构也应该颁发许可证，但对图书馆应优惠收费。对此，笔者先前已经对社会各界做过调查，对图书馆按足额的50%—60%收费的意见占35%，居第一位。笔者也认同这个收费标准，这样才能显示政策和法律制度赋予图书馆的优厚条件；才有利于作品的传播，为公众提供可靠的学习机会，为文学艺术和科学作品的创作提供有利的条件；才能使人类社会获得较大的公共利益。

另外，有一点需要我们关注：权利管理系统作为一种工具用来阻止网络作品使用行为时，无法区分是法律所允许的合理使用还是应当禁止的非法使用，这就必然出现在阻止非法使用的同时也限制了合理使用的结果。而图书馆登记备案制度，在很大程度上可以解决这一棘手问题。只是个人使用作品的问题遗漏了，即数字权利管理系统可能会禁止私人使用作品。但是，由于数字权利管理系统所采用的技术措施可以通过设置密码的方式来阻止用户的使用，针对个人偶然的浏览作品的申请，管理机构可以许可使用，但要以技术来控制大量复制。这也就避免了与著作权法允许为个人学习、研究、欣赏目的而使用作品的规定相冲突。这样享受图书馆服务的公众可以获得管理机构的免费许可，没有在图书馆服务范围的公众也获得免费分享著作权利益的权利。

## 四 对数字权利管理系统的评价

**（一）有效解决图书馆使用网络作品的海量授权**

数字权利管理系统可以有效解决图书馆传播网络作品授权。一般来说，图书馆传播数字作品需要与著作权人逐个签约，在我国特定的文化背景下，却也富有成效，能取得扎扎实实的授权，但是逐个签约取得授权比较烦琐，会大大增加图书馆使用网络作品的成本。而数字权利管理系统就可以绕过逐一签约授权模式，只需要集体管理机构依据图书馆的申请，就可审查、发放作品使用许可证，既解决图书馆使用作品海量授权问题，又大大节约授权成本，显然也提高了图书馆有限资金的使用效益。

**（二）对作者有效合理付费**

数字权利管理系统对著作权作品进行区分、分别定价，对图书馆下载、传播作品的量精确计算并据此收费。著作权管理机构能够针对图书馆具体使用每一种作品的情况，单个收费。所以，数字权利管理系统是一种著作权个人规则，能克服著作权集体管理机构集中收取与发放费用不够及时的缺陷，著作权人通过数字权利管理系统可直接获得一份与其贡献相对应的合理补偿，省却了逐一签订协议或由集体管理组织中间管理费用。而对图书馆来说只需支付与其使用作品相适应的对价，就可获得作品使用权。因此，数字权利管理系统可作为网络环境中方便、快捷的著作权（管理）交易模式。

数字权利管理系统是一种适合网络环境的著作权授权模式，对于图书馆数字化纸质作品并加以传播的使用方式就无能为力了。况且图书馆向作者付费的方式，是向作者赠读书卡以换取作者的授权，或是根据下载量付费抑或是根据作者在其 DOI 信息的单独定价支付费用的问题，都有待我们进一步研究。[①] 面对网络技术和数字技术的挑战，著作权利益有失衡的情势，数字权力管理系统称得上是对各方利益平衡的著作权管理与交易模式。当条件成熟时，我们可以借鉴使用。但鉴于我国科技不发

---

[①] 徐彦冰：《网络时代版权利益平衡的再审视》，《上海知识产权论坛》（2），知识产权出版社 2004 年版，第 132 页。

达、经济落后、知识产权进口量大的具体情况,在设计我国的数字权力管理系统时,保护著作权人的利益的标准不能过高,要为维护公众利益和公共利益的图书馆生存提供空间,也是为我国科技和经济发展预留空间。否则著作权法有可能阻止我国社会主事业的发展。

## 第六节 以微量许可模式解决数字图书馆著作权授权问题

数字环境下,作品、信息可以脱离固定载体而被复制与传播,造成著作权人权利难以行使,利益无法保障。由于技术保护措施日益先进,著作权人开始以格式合同的形式来维护其著作权利益。使用者想要使用权利人的作品,必须获得权利人的网络授权许可——微量许可。[1] 虽然微量许可不是直接针对图书馆及公众个人使用来设计,但是它以接受格式合同条款作为许可使用作品为条件,不再区分合理使用和非法使用者的身份,采用一刀切的办法,导致阻止非法使用的同时,却限制或者剥夺了图书馆及公众合理使用的法定权利。因此,加强微量许可对合理使用冲击的认识、维护图书馆的合理使用空间,对图书馆生存与发展具有重要的现实意义。

### 一 微量许可兴起的缘由

(一) 数字技术对著作权保护的冲击

模拟时期,作品、信息主要是依附于载体向公众传播。在纸张、磁盘等载体上制作复制件以及发行、传播这些复制件成为这个时期的主要著作权交易模式。由于作品被固定在载体上,作品内容与复制件就存在不可分离的关系,著作权人通过这种固定关系可以阻止非法复制作品。虽然不能够完全防止非法复制,但是由于技术的限制,复制原件难度大、成本高、效果差,并且非法复制品很容易发现、识别和证明。因此,依靠固定载体传播作品,没有经过授权的、营利性的非法复制还是能够得到有效遏制。在著作权法的制度规制下,作品复制件可以自由地在市场

---

[1] 吴汉东:《知识产权基本问题研究》,中国人民大学出版社2005年版,第330—331页。

流通和销售，公众无论是通过购买，还是通过向图书馆借阅，都可以获得作品的复制件；著作权人的利益可以通过著作权法的复制权、出版权、邻接权等制度得到保护；作者、传播者、图书馆等使用者之间的关系也处于一种和谐的状态。

数字时代，文字、音频和视频等所有的作品、信息均可数字化；电信网、广播电视网与互联网逐步融合，传播作品、信息的网络可以覆盖全社会。这样，以作品数字化、作品无载体、传播与复制交融为特征的传播行业兴起。作品不再依靠固定载体传播，而是以数字形式记录与呈现，以信息流的形式流动。传播即意味着复制，传播离不开复制，这里的复制已经不是传统意义上在特定载体上固定信息内容的复制，而是作品、信息内容本身可以不限次数地完美复制，而对于作品的原件没有任何损害。数字技术使作品、信息储存、处理和传播发生巨大变化，也使个人获取作品、信息的途径大大增加。作品摆脱了载体的束缚，意味着作品也不再受到著作权人的控制，公众只要获取了作品，就可以进行作品再传播，并可以与他人共享。虽然著作权法赋予作者的权利仍然存在，但是权利人却无法向每一个未经授权而下载或复制的使用人逐一要求赔偿。因此，这种未经授权的传播不仅导致著作权人的著作权利益无法实现，更会导致传统的著作权交易市场萎缩。此时模拟时期的著作权法对数字作品的复制和传播，已经无力回应，著作权人的利益因为传统著作权法仅注重控制作品的复制、不注重控制信息流动的原因，已经得不到著作权法的有效支持与保护。[①]

（二）微量许可对著作权人与图书馆利益的保障

应对数字困扰，权利人开始寻求其他方法来维护自己的著作权利益，世界知识产权组织也于1996年通过了因特网条约，要求各缔约国赋予著作权人网络传播权，并对著作权人采取的技术措施提供适当的法律保护和有效的法律救济。于是权利人在作品上设置技术保护措施来防止潜在的使用者接触作品，然后，通过授权使用合同，要求使用者支付费用并按照合同规定的方式来使用作品。由于数字技术对作品、信息传播成本极低，美国学者Picker教授形象地将这种网络中的作品交易模式称为微

---

① 高富平：《寻求数字时代的版权法生存法则》，《知识产权》2011年第2期。

量许可,[①] 意思是作品可以在极低的交易成本下进行量化付费使用。现在依靠拆封合同、点击合同、浏览合同等合同进行授权的微量许可模式,使大量的作品实现了网络销售,使用者通过遵守合同条款、支付费用,实现作品使用权的获取。微量许可模式中的授权使用合同属于格式合同,合同条款由权利人事先拟定。例如,拆封合同就是权利人将其条款印刷在产品的包装上进行提示:使用者如果拆开包装,合同条款就立即生效。因此,微量许可交易模式中,使用者无法通过协商来确定合同条款内容。区别于模拟时期的作品协议许可中作品的买卖合同,网络授权使用合同的标的是存在于作品之上的著作财产权,而买卖合同的标的是作品的载体,所以网络环境中作品载体的转让并不意味着作品著作权的转让。模拟时期,使用者对载体的使用、收益与处分即可实现其对作品的利用;但数字时代,著作权人不再基于复制件获取收益,而是通过作品、信息流量、服务费,甚至分享广告收益等方式获得回报。因此,微量许可交易模式迎合了权利人的需求,各国法律也逐渐承认了它的正当性。

但是网络授权使用合同真正得到实施,还必须借助技术保护措施来控制他人未经授权对作品的随意接触、复制、发行、传播、修改等,以达到维护著作权人的财产权和人身权的目的。现在《欧盟版权与相关权指令》、美国的《数字千年版权法》和我国的《信息网络传播保护条例》都对技术保护措施进行了规定。技术保护措施与授权合同相辅相成,权利人通过技术保护措施,防止作品被任意复制和传播,使许可合同得到实施;授权合同使技术措施的实施获得合法性。毋庸置疑,通过微量许可模式,图书馆确实可以快捷地获取到作品的使用权。

## 二 微量许可对数字图书馆合理使用的冲击

(一) 动摇图书馆合理使用存在的理论基础

合理使用是为平衡著作权人、图书馆及公众的权利而精心安排的权利组合,通过这种权利组合使作者创作成本得以回收、利益得以实现、创作的努力得以回报、创造性劳动受到社会的奖励、从事创作活动的人

---

① Randal C Picker, "From Edison to the Broadcast Flag: Mechanisms of Consent and Refusal and the Propertization of Copyright", *The University of Chicago Law Review*, No. 1, 2003.

得到激励；图书馆及公众能够快速、无偿地接触到创作的成果，从而使公共利益得以维护。依据美国学者戈登教授的"市场失灵"理论："第一，被告须无法以适当的方式在市场上获得其所需要的使用；第二，将该使用的控制权移转给被告将可以满足公共利益；第三，原著作权人的创作诱因不会因该未经授权的使用行为而受到损失。"也就是说，只有当"市场失灵"妨碍著作权人与使用人之间的自愿交易时，合理使用制度才具有存在的正当性。但是，随着数字技术的发展和网络的普及，著作权人可以借助技术手段来降低作品的管理成本、复制与传播的成本；图书馆也利用检索技术以及各种语义自动识别技术来搜寻、获取作品，使获取、利用作品的成本极大地降低；图书馆及公众也知道向权利人支付报酬的途径。因此，交易环境的变化，使权利人以格式合同的形式向图书馆及公众发出要约以及获得承诺成为可能。图书馆及公众读者只需接受权利人的格式合同条款，便可以得到使用作品的授权，从而导致作品交易的谈判和执行成本大大降低。再者，微量许可实行"价格区分"的原则，把使用者的个人偏好和购买能力等因素充分考虑在分别定价之中，以极低的使用费向图书馆及公众推介自己的作品。[1] 这种使用费低于图书馆及公众的价格预期，使图书馆和公众感觉到获取作品的"适当"性。从作品交易的各个环节来考察，微量许可都是在极低的交易成本下运作，使权利人与图书馆之间的交易达到志愿进行的状态，因此，"市场失灵"的可能性在缩小甚至消失，传统的合理使用制度就失去了正当性。另外，数字环境中，作品的个人复制与商业性复制的界限日益模糊，营利性使用者或侵权使用者以个人学习、研究或者欣赏为幌子，大量地使用他人已经发表的作品，使著作权人利益受损、创作动力减低，作品源泉有枯竭的危险，图书馆及公众将面临无作品可以利用的局面，更谈不上维护公共利益。而微量许可模式满足了权利人的利益需求，也使在技术保护措施控制下的图书馆与公众慢慢地接受。因此，在数字技术、技术保护措施和微量许可的组合利用的情况下，图书馆合理使用存在的基石已经动摇，建立在传统复制技术基础上的合理使用对图书馆及公众来说已经不合时宜。

---

[1] 熊琦：《网络授权使用与合理使用的冲突与竞合》，《科技与法律》2006 年第 2 期。

## （二）图书馆合理使用的法权受损

合理使用制度作为一种权益分享机制，确保了图书馆等公益性机构或社会公众无须著作权人许可、无偿使用作品，以至学者们将现代著作权法描述为协调创作者、传播者、使用者权利的平衡法。[①] 然而，微量许可交易模式的兴起，越来越清楚地破坏了原有的利益平衡状态。为维护微量许可正常运行，著作权人利用防止复制技术，使图书馆及公众只能阅读而不能保存、复制、打印作品。权利人还利用保证支付报酬的技术措施来间接控制作品使用，并计算出图书馆接触或使用作品的次数或频率，著作权人依据计算出的次数或频率，再以格式合同的定价向图书馆收取报酬。为了防止非法使用，权利人还使用识别非授权作品的技术措施，把技术程序隐蔽在作品中，以识别作品及著作权人，鉴定作品的真伪，为司法救济提供证据。为了直接阻止非法使用，权利人还在作品内隐藏一种执行程序，当其检测到对作品的非授权使用时，就会启动该程序运行，妨碍使用者对作品的使用，甚至对使用者的计算机硬件设备产生影响，达到制裁非授权使用的效果。显而易见，技术保护措施虽然不是直接针对图书馆的，但是它采用的是一刀切的保护办法，无法区分是合理使用还是应当禁止的非法使用，虽然使权利人的应得收益得以保障，却取消或削弱了图书馆的法定合理使用权。

虽然《世界知识产权组织著作权条约》（WCT）出台"伞形解决方案"，认可技术保护措施和微量许可的合法性，但是对于过了保护期作品的技术措施解除的规定，却没有任何文字表述。[②] 因此，著作权人依靠技术保护措施将超过保护期的作品继续进行控制，对公有领域进行挤占，意味着图书馆合理使用的空间日趋萎缩。另外，对于从来都不受著作权保护的作品以技术措施进行不恰当的控制，再以微量许可的模式让图书馆及公众付费使用的情况，各国采取放任态度，至今也没有拿出相应的处理办法，以至著名学者保罗·戈尔茨坦对 WCT 第 11 条提出批

---

① Patterson L., Lindberg S., "The Nature of Copyright: A Law of Users' Right", *Journal of Academic Librarianship*, No. 1, 1993.

② Ficsor, M., *The Law of Copyright and the Internet: the 1996 WIPO Treaties – Their Interpretation and Implementation*, New York: Oxford University Press, 2002, pp. 15–78.

评:"该条对版权客体的解密行为规定为非法行为,但却没有将对不受版权保护的客体的加密行为规定为非法行为,实质是对公有、自由使用区域非法侵占的纵容。"著作权人以技术措施侵占公有领域,以及以微量许可模式交易公有领域的作品资源来获取利益,使图书馆不仅不能自由使用过保护期或不受著作权保护的作品,甚至连合理使用的权利都丧失了。

### 三 图书馆的应对策略

（一）向网络延伸合理使用权

国际上普遍认为,网络环境下著作权人依靠微量许可和辅助其运行的技术保护措施将延伸到数字传输领域,图书馆及公众的合理使用权利反而受到严格限制,这显然是不合理的。[①] 因此,WCT 第 10 条就允许成员国在它们自己的根据《伯尔尼公约》可以接受的法律中,将限制与例外适用到数字环境中。具体而言,当图书馆通过购买或者开放获取等手段获取作品以后,图书馆的读者在网络中对著作权作品同样具有以阅读、浏览等形式使用的权利;读者为永久保存的需要,把数字作品的一部分复制到磁盘;图书馆应读者个人的要求,打印数字作品部分内容的一个复制件;应读者个人的要求,为永久性保存的目的,图书馆将数字作品通过网络传输等,都可视为图书馆在网络中对作品的合理使用。从公共利益的角度来说,将图书馆的临时复制,服务于远程教学中产生的复制,为公众读者学习、研究、欣赏目的的复制,以网络服务提供者的身份利用网络系统提供信息网络服务过程中产生的复制等,纳入合理使用的范围是有其合理性的,这也为 TRIPS 协议所赞成。

（二）图书馆主张合理定价

在微量许可交易模式下,著作权人依靠授权使用合同来实施价格区分,针对图书馆及公众利用作品的不同的方式,来设计不同的作品,再实行不同的定价,对作品进行销售,这既可以最大限度地开发不同的著作权客体,实现利益最大化,又可以满足各级各类图书馆及不同公众使用者的需求。从图书馆及公众的角度来看,认同微量许可的合理性,可

---

[①] Aktekin, "Keeping up with WIPO", *Managing Intellectual Property*, No. 17, 2007.

以使图书馆及公众在遵守授权合同的前提下，享受权利人所授予的著作权权能。从权利人角度看，微量许可以授权使用合同的形式，有效减少权利人为防止非法复制和传播所采取的技术保护措施的成本，降低权利人的市场风险，从而有利于作品的创作和利用。在网络上著作权人之所以降低对著作权法的依赖，转而利用授权合同的形式来创造权利，保护自己的利益，是因为由合同设定的权利可以使权利人通过价格区分制度取得更多的利益。同时，权利人针对不同使用者来规定不同价格，还可以最终实现图书馆等使用者的福利。[①] 一般来说，权利人利用的价格区分方法是：对个体公众使用者实行较为低廉的价格，而对企业和单位则收取较为昂贵的使用费。但是，必须指出的是，权利人在区别定价时，往往忽略作品保护期限的问题，对快要到期或者已经到期的作品与刚投入市场的新作品采取一样的定价机制，这对图书馆来说显然是不公平的。对此，图书馆必须提出自己的主张：权利人应该随着作品期限的增长，逐步减少图书馆的使用费；对于过了保护期的作品，权利人应自觉放弃其财产权，将作品置于公有领域，供图书馆及公众无偿使用。另外，因为图书馆是服务于公众文化教育的公益性事业单位，是典型的公共利益的代表机构，所以权利人对图书馆的作品使用的定价也应该与其他单位区分开来，同样的作品使用方式、同样的作品使用量，图书馆的使用费应少于其他单位。从表面上来看是图书馆受益，但由于图书馆有着担当免费服务公众的特性，实质上是公众受益（包括权利人在内），这将更加有利于维护公共利益，保持社会的持续创新。

（三）倡导弥补合理使用区域的减损

为了弥补微量许可对图书馆及公众合理使用区域的挤压，科学界、出版界以及图书馆界开始倡导开放获取运动，主张作者在保留著作权的情况下，将其作品（主要包括软件、科学数据、期刊论文、机构知识库等）免费让图书馆及公众开放获取。20世纪90年代，在美国科学界的强烈要求下，美国开始实施科学数据、学术期刊"完全与开放"的共享国策；2003年10月，德国马普学会通过《柏林宣言》，倡导开放存取的内容不仅包括原始的科研成果，还包括原始的科学数据；欧盟则把信息数

---

① 熊琦：《网络授权使用与合理使用的冲突与竞合》，《科技与法律》2006年第2期。

据的传播与共享提高到一个更为广泛的范围。① 在发达国家的影响下，我国也开始制定开放存取政策。

机构知识库是一种由大学、科研院所等机构建立的，收集、存储本机构及内部成员的知识成果，面向公众免费开放服务的网络学术资源分享平台。到2012年年初，全球开放获取的机构知识库达2150多个。自由软件是基于开放公开软件的源代码，只要图书馆及公众遵守公共许可证的有关条款，就可以自由复制、发行和修改开放软件，同时，图书馆等使用者还必须把已经修改的衍生软件也置于公有领域，供其他人获取。科学数据的开放获取，刚开始仅限于国家基金资助项目研发的不涉及国家安全的秘密数据，现在范围有扩大的趋势：现在全世界已有46个科研资助机构、96家科教机构提出了开放获取政策。我国的开放获取运动在谨慎中前行，图书情报界及其出版者在实践中则起着积极作用。例如：《图书情报工作》杂志社为纪念《布达佩斯开放获取倡议》发布十周年，呼应并支持《中国图书馆学情报学期刊开放获取出版苏州声明》，推动科学研究成果公共利益最大化，决定从2012年12月1日开始，对得到国家级科研经费支持的研究论文，在发表后3个月内实施开放获取，其他论文在出版12个月后开放获取，通过杂志社网站获取其出版版本的PDF复制件。② 目前，我国第一个开放获取期刊集成平台——中科院科技期刊"开放获取"平台发布上线，已收录103种期刊，约43.5万篇文章数据资源。需要说明的是，所有开放获取科学数据、期刊论文、软件、机构知识库，仍然属于著作权保护的公有作品、信息，这些作品的著作权保护也是自由共享政策的重要组成部分。世界各国的开放获取科学数据、期刊论文、软件、机构知识库的发布系统，都以许可证模式来约束图书馆及公众尊重权利人的知识产权，在许可证规则下合理使用开放获取的作品，图书馆及公众在其基础上创作或衍生的新作品，也必须发布出来与大家分享。③ 开放获取宗旨就是让渡著作权部分利益给图书馆及公众，

---

① "Research Funders Policies for the Management of Information Outputs"，2013-02-28，http：//www.rin.ac.uk/policy information outputs.
② 图书情报工作：《开放获取出版政策声明》，2013年2月28日，www.lis.ac.cn。
③ 陈传夫：《开放软件资源的知识产权问题研究》，《大学图书馆学报》2004年第5期。

将作品归属于公有领域，促进作品、信息的自由流动，有利于作品、信息的再创造。开放获取运动与著作权法并不发生矛盾，它是应对技术保护措施使作品完全私有化威胁公有领域的一种策略，通过开放获取运动使公有领域得到补充，从而使图书馆及公众的合理使用区域增加。因此，图书馆合理使用从一处失去的，则又从另一处得到，这也符合著作权利益平衡的基本原则。

# 第九章

# 关于图书馆著作权侵权行为控制研究

## 第一节 数字图书馆新媒体阅读服务著作权侵权控制

"三网融合"、云计算、卫星传播、物联网、3G 等新技术,对那些仅是图书馆传统服务功能简单延伸的数字图书馆具有颠覆性与破坏性,正是这些颠覆性技术构建了一个新兴的市场,夺走了部分图书馆的读者。数字图书馆利用这些新媒体技术,延伸服务功能,调整服务的模式,力图重构自己在信息服务中的核心地位。[①] 移动数字图书馆、数字电视图书馆乃至手机电视台的运行,为数字图书馆新媒体阅读服务提供良好的平台支撑。利用这些新平台,向读者提供知识点阅读、互动式、融合式阅读服务,日将成为数字图书馆服务的流行模式。在新媒体阅读服务中,数字图书馆的作品使用方式与著作权侵权形式都发生了新的变化。因此,对数字图书馆新媒体阅读服务中存在的著作权侵权风险进行恰当分析,将有利于数字图书馆控制侵权行为的发生,合理分享著作权利益。

### 一 数字图书馆新媒体阅读服务模式的变革

(一) 数字图书馆的新媒体阅读服务

新网络读者群的阅读方式与传统阅读方式不同:强调知识点阅读和融合式阅读,并注重在线交流互动。信息环境已然发生了重大变化,数

---

[①] 张晓林:《颠覆数字图书馆的大趋势》,《中国图书馆学报》2011 年第 9 期。

字图书馆不能游离于信息环境之外，必须迎合读者新的阅读需求，向读者提供新媒体阅读服务产品。

  模拟时期，由于技术的限制，读者仅能够按一定需求对文献内容进行检索，有选择性地进行获取，通常只能检索到以整册、整章或整节为单位存在的知识点，却难以检索到以字、词、句、片段等为单位存在的知识点。为了获取某一知识点，读者必需阅读整册、整章或整节的文献作品，浪费了大量的时间与精力，增大了阅读成本。随着网络技术、检索技术以及各种语义自动识别技术的发展，以搜索引擎、检索系统来直接搜集、阅读知识点成为可能，也日益成为读者喜欢的阅读方式之一。①例如，2001年1月，维基百科开发全球性多语言的知识点阅读系统，已拥有登记用户2650多万人。图书馆是存储知识、提供知识服务的门户机构，以知识点阅读服务为核心的知识咨询将是图书馆服务的新选择。因此，陈传夫教授就大力倡导，在"三网融合"的技术环境下，利用数字电视图书馆、移动数字图书馆等新服务模式，扩大图书馆的服务对象，扩大服务范围，延伸与调整数字图书馆服务，开展诸如知识大讲堂、电视点播、知识点阅读服务。②

  信息技术驱动读者阅读方式不断变化，读者的阅读形式在知识点阅读的基础上又前进一大步：从单一文字信息阅读发展到以文字信息为基础的多种形态信息相融合的阅读。现代多媒体传播技术的发展，使数字图书馆按某一主题，检索到包括文字、声音、图像等多种形态的、多学科的知识，提供交互性、综合性、动态性的融合式阅读服务成为可能。美国伊利诺斯大学的史蒂芬·威特教授指出，各个学科领域不断地细化，带来各学科之间在知识结构、模式、交流等方面的差异，形成学科知识的碎片化与割裂化，从而使读者无法完全知晓自己学科以外的知识，并且难以与其他学科的知识群体交流。数字图书馆的馆员可以发挥知识管理与服务的功能，为不同的阅读群体提供融合式知识阅读服务，充当他们之间的纽带。数字图书馆提供的不仅是内容的检索，而且是多个不同

---

  ① 沈水荣：《新媒体新技术下的阅读新变革》，《出版参考》2011年第27期。
  ② 陈传夫：《图书馆资源公益性增值利用的优势、挑战与开发定位》，《图书与情报》2012年第2期。

学科知识结构的集成、整合与匹配。① 美国宾夕法尼亚大学的杰弗里·纳普教授进一步指出，知识的剧增和学术问题的复杂性，使阅读与研究交叉学科与复杂问题的读者，越来越需要知识的关联者来帮助他们发现、关联、转换、重组不同领域的、多形态的知识。图书馆员长期从事知识组织，发掘知识对象及其关系，可以把不同学科知识组织到一个逻辑或应用体系，支持知识的关联与转换，利用多媒体传播平台来传播知识群组，吸引不同领域的读者来分享、学习不同学科的知识。② 张晓林教授也指出，数字图书馆融合式阅读服务是以知识的搜寻、组织、分析、重组能力为基础，根据读者的问题和环境，融入读者解决问题的过程之中，提供能够有效支持知识应用和知识创新的服务。③ 由于数字图书馆资源类型、传播手段日趋完善，知识点阅读和融合式阅读服务将成为数字图书馆服务的主流模式。

（二）数字图书馆新媒体阅读服务中作品使用的形式

与以往不同，数字图书馆新媒体阅读服务中作品使用的形式，不再是向读者提供整部作品为主。在知识点阅读服务中，数字图书馆提供的阅读服务产品可能是某一部作品中的字、词、句、片段。在融合式阅读服务中，主要是使用不同作品的多个片段按照一定的逻辑编辑知识产融合体。在融合式阅读服务中，数字图书馆融入到问题环境，嵌入过程，随时随地提供到读者身边、桌面的服务，④ 推动了读者的学习和知识的创造。其实，数字图书馆在融合式阅读服务过程中产生了新知识，并通过新知识为读者创造价值。这里所谓的新知识，不只是数字图书馆从著作权作品中收集、整理和加工读者所需作品片段的融合体，也不只是对客观知识在形态上有所改变或者是在内容上有所重排，而是在很大程度上提出了新观点、新理论、新方法或者新的解决方案。从某种意义上来说，

---

① Witt, S., "Knowledge management for social science information: Organizational and Technical solutions to bridging disciplinary Structures", 2012 – 10 – 25, http://conference.ifla.org/sites/default/files/files/papers/ifla77/142 – witt – en.pdf.

② Knapp, J, "Plugging the whole: Librarians as interdisciplinary Facilitators", 2012 – 10 – 28, http://conference.ifla.org/sites/default/files/files/papers/ifla77/142 – knapp – en.pdf.

③ 张晓林：《重新认识知识过程和知识服务》，《图书情报工作》2009年第1期。

④ 初景利、吴冬曼：《论图书馆服务的泛在化——以用户为中心重构图书馆服务模式》，《图书馆建设》2008年第4期。

数字图书馆提供的知识融合体，是知识的关联与组合，尽管独创性较弱一些，但是也属于一部新作品。创作不是凭空产生的，往往离不开对他人作品的重构、选择和重新组合。每一项创新都建立在先前的思想基础之上，新作品是对他人原创性表达的重新包装过程和体现。数字图书馆提供融合式阅读服务，侧重的是服务，服务的产品是提供独创性较弱的知识融合体；而读者侧重的是接受服务的产品，并对所需的知识融合体进行再创造，形成基于研究目标的成果。虽然数字图书馆提供的知识融合体与读者的最终研究成果存在一定的资料联系，但是，因为读者获取的可能是来自多个数字图书馆提供的多个知识融合体，然后，读者在阅读多个知识融合体的基础上，以个人专业知识进行研究或者新作品的创造。因此，数字图书馆提供的知识融合体与读者基于研究目标的最终成果存在较大的差异，一般不会产生著作权权属纠纷。在这一知识创造或研究学习的过程中，数字图书馆提供知识增值服务，体现出来的是服务于作品创造的价值；读者利用数字图书馆提供的知识融合体进行作品创造，体现出来的是奉献社会的价值。尽管数字图书馆制作新媒体阅读服务产品，对著作权作品的片段进行了重构、组合和编辑，但实质上仍属于对作品片段的复制与传播，在作品片段复制和传播过程中，都存在较大的侵权的隐患。

## 二 数字图书馆新媒体阅读服务著作权侵权分析

### （一）侵权风险分析

数字图书馆向读者提供某一知识点，而某一知识点可能存在某一篇文章，也可能存在某一文章或图书某些字、词、句子或者某一片段中；可能是视频，也有可能图片，还有可能是摄影作品等形式。当数字图书馆提供的知识点是由一个字或者是一个词构成，数字图书馆复制与传播行为不会侵权，因为对于作品中的字、词，作者不可能拥有著作权。当数字图书馆提供知识点或者知识融合体含于多形态的某一作品或多部作品的某一句子或片段（由于"句子"与"片段"本质区别不大，下文以"片段"涵盖"句子"）时，判定是否侵权则要具体问题具体分析。当片段只占整部作品的少量部分时，则不存在侵权风险。依据我国现行《著作权法》第22条规定，少量使用已经发表的作品，供教学、科研或个人学习使用则属于合理使用。但是，我国法律对于何为"少量"的标准没有规定，而依据澳大利亚《版权修正案（数字备忘录）》规定的标准，复制和传播一部作品或文章的 10% 就属于少量，这也可以作为认定数字图书馆使用作品是否侵权的参照。当数字图书馆复制、传播的某一作品片段构成作品的大量部分或作品的精华部分时，就有可能侵犯作者的复制权与传播权。根据美国的有关判例，如果使用作品的精华部分，对著作权作品的潜在市场或价值产生负面影响的，不能视为合理使用。由于作品的片段是整部作品的有机组成部分，整部作品的著作权自然延及作品的片段，著作权人的之外的任何人都负有未经同意不得使用作品的法定义务，因此，数字图书馆大量复制与传播作品或作品的片段，存在较大的侵权风险。

（二）侵权的认定

有观点认为，因为作品片段较短，占整个作品的篇幅不大，不可能取代整部作品的目标市场，而且还有可能对整个作品起到宣传作用，有利于作品的广泛传播，为著作权人创造更多的利益，所以没有侵害著作权人的利益。这种观点是否成立，主要看对作品片段的传播是否存在对著作权人的损害事实。一般来说，损害事实必须具备侵害客体和利益损害这两个要素；而对于著作权利益的侵害，则又包括财产权受到侵害、财产利益受到损失这两个要素。在作品的片段未经权利人同意的情况下，数字图书馆传播给不特定的读者，权利人对作品片段享有的信息网络传播权显然受到了侵害。但是，权利人的财产利益是否受到了损失，往往难以确定。利益损失包括直接损失和间接损失。直接利益损失表现为权利人现有财产的减少，由于著作权的无形性，通常是不会发生消耗的，因此，未经权利人同意，数字图书馆传播作品的片段并不会导致权利人现有财产的损失，所以直接损失似乎没有发生。间接损失是权利人可得利益的丧失，即本应该得到的利益因侵害行为而没有得到、本应该增加的财产因侵害行为而没有增加。① 作品权利人的利益获取，一般是通过与他人签订许可协议，收取他人支付的使用费用来实现。为了平衡著作权

---

① 徐卓斌：《未经许可传播影视作品片段的侵权构成》，2012-10-20，http://www.law-lib.com/lw/lw_view.asp?no=20839。

人与数字图书馆等使用者之间的利益,各国著作权法都通过设置合理使用和法定许可等著作权限制制度,来保障图书馆等公益性机构分享著作权利益,但却对数字图书馆传播作品行为进行了严格的限制,即不允许突破馆舍。例如,我国《信息网络传播保护条例》第7条规定:"图书馆、档案馆、纪念馆、博物馆、美术馆等可以不经著作权人许可,通过信息网络向本馆馆舍内服务对象提供本馆收藏的合法出版的数字作品和依法为陈列或者保存版本的需要以数字化形式复制的作品,不向其支付报酬,但不得直接或者间接获得经济利益。当事人另有约定的除外。"除此之外,数字图书馆对于作品或者作品片段的传播,必须以取得权利人的许可为前提。但是数字图书馆在没有合理使用、也没有支付费用的情况下向不特定的公众传播作品的片段,将导致权利人的间接利益减少或者受损。另外,数字图书馆未经权利人同意传播作品片段,虽然数字图书馆自己没有获利,但为其提供传播平台的网络服务提供商可能在传播作品片段时,在网站自动插播广告而获取利润,这里的利润应该有作品权利人的一部分。再者,由于P2P等技术的发展,权利人对于作品的复制与传播难以控制,读者可以通过技术手段来整合数字图书馆传播过来的作品片段,实现浏览整部作品,从而挤占作品市场,使著作权人的既得利益受损。

### 三 数字图书馆新媒体阅读服务著作权侵权的控制

数字图书馆新媒体阅读服务属于数字参考咨询的业务范畴,而对馆外读者或异地读者提供服务产品,则类似于数字图书馆的文献传递。依据《IFLA数字环境下的版权立场》和《国际借阅与文献传递:原则与程序方针》,数字图书馆必须在许可使用和合理使用的范围内,对新媒体阅读服务中的复制与传播侵权行为进行控制。[①]

(一)关于复制侵权的控制

网络环境中,如果著作权法对数字图书馆复制作品片段进行严格限制,就会压制社会创新活动,甚至导致人们的学习、研究、言论自由等

---

① 陈传夫等:《文献传递版权风险与规避策略》,2013-02-25,http://www.chinalibs.net。

基本人权的危机，也不利于人类的文学艺术和科学技术的繁荣和发展。①因此，在数字图书馆新媒体阅读服务过程中，"适当"地复制或引用他人作品是可行的，这也被《伯尔尼公约》和 WIPO 条约认可。所以，数字图书馆在复制作品片段或编辑知识融合体时，浏览开放获取的作品或作品的片段、使用已出版的物理形式的电子材料、在线或远程阅读公开的作品、为读者阅读或研究的目由图书馆复制电子作品中的合理部分，都属于合理使用行为向网络延伸的范畴。而依据美国《著作权法》第 107 条合理使用的规定，数字图书馆有效控制复制侵权必须遵守以下规则：第一，清楚复制目的和性质。如果复制有商业性质则属于非合理使用；如果是为了非营利的教育目的则属与合理使用。数字图书馆是公益性机构，对读者提供新媒体阅读服务是免费的，不具有商业性质，相反，却具有非营利的教育目的。因此，其复制作品的片段行为具有正当性。第二，明确著作权作品的性质。数字图书馆复制的作品，一般都享有著作权，因此数字图书馆必须尊重著作权人，维护著作权人的利益。第三，界定同整个著作权作品相比所复制的片段的数量和内容的实质性。在这方面有一个误区，即数字图书馆或读者认为，既然图书馆付费获取了作品的使用权，就可以无限量地复制作品或作品的片段。其实这个"无限量"只能用于"浏览"方面。数字图书馆对于复制权利的行使，必须做到适量复制或适量引用从而保持有限复制的非实质性使用，更不能以剽窃取代引用，且在引用作品片段时，都要标明出处。第四，判断复制对著作权作品的潜在市场或价值所产生的影响。公益性特质保证数字图书馆复制作品的片段出于善意和非竞争性，一般不会对著作权作品产生损害，更不会以知识融合体取代原作品的使用。图书馆这种复制作品的善意心态，必须不懈地保持，稍有懈怠就可能导致对著作权作品的潜在市场或价值产生负面影响，从而侵犯著作权人的核心利益。因此，合理使用的四要素，构成了数字图书馆控制复制侵权的行为标准，数字图书馆必须恪守。

（二）关于传播侵权的控制

为扩大服务对象，数字图书馆新媒体阅读服务，可以设计开放式的

---

① Jacqueline L,"Copyright Versus Fair Use", *New Teacher Advocate*, No. 4, 2012.

界面，与公众进行在线互动交流，了解公众读者的问题环境与阅读需求，再根据读者的阅读需求，来提供相应的服务产品（作品的片段或知识融合体）。但必须采取"适当"的措施，防止向不特定的公众进行开放式的传播，同时，还要防止读者对作品或作品片段的再次传播。笔者建议，可以采取以下措施来控制传播侵权：第一，数字图书馆与著作权人订立作品传播许可协议。对于数字图书馆来说，无传播就无权利，更谈不上服务，因此，数字图书馆采购电子资源时，不仅要与著作权人订立复制许可协议，还要考虑订立作品的传播许可协议。第二，可以利用信箱来传递服务产品。"读秀"数据库开发商通过许可协议获取作品的使用权，并依靠信箱向异地读者传递文献，以避免著作权人利益受损。借鉴"读秀"模式，数字图书馆可以通过读者信箱向其提供服务产品，以防止知识服务成果向不特定的公众泄露。第三，使用 IP 通，向社会公众或者异地读者提供远程阅读服务。IP 通利用虚拟专用网络（VPN），依靠隧道技术、加解密技术、密钥管理技术和使用者与设备身份认证技术，使利用架构在公用网络平台上的逻辑网络的资源不会外逸。目前天津市各高校现已开通 IP 通远程访问系统，可以在外网访问天津数字图书馆提供的中外文电子资源。作为借鉴，数字图书馆可以依据异地公众读者的阅读申请，临时分配给读者 IP 地址，开放内网资源，向其提供新媒体服务，等到服务结束后再予以撤销。第四，依靠各级各类的数字图书馆联盟，开展新媒体阅读服务。例如，河南省数字图书馆通过与数据库开发商达成许可协议，允许资源向河南省其他市、县图书馆开放，现已基本形成覆盖河南省的数字图书馆联盟。因为当前我国各类的数字图书馆联盟，采取的都是以办卡的形式向读者提供服务，数字图书馆在联盟内提供新媒体阅读服务产品，仍没有突破向不特定公众传播的界限，所以不会侵犯传播权。第五，数字图书馆与读者之间签订著作权声明。数字图书馆可以参照大不列颠图书馆的做法，向以研究、学习和阅读为目的的公众读者提供"特免复制与传播服务"，但用户必须签署著作权声明：仅将数字图书馆提供的作品片段用于非商业目的的研究、学习和阅读，并且不向他人传播此服务成果的复制品。第六，与读者订立著作权合同。数字图书馆提供服务产品前，可以向读者提供简单的格式合同，以不能复制和再次传播为义务来约束读者，违背者，追究责任。在我国现实国情和现有的技术条件下，上述措施的组合利用，不失为较好的传播侵权控制方法的选择。

目前，进行多馆协作，建立参考咨询集成管理系统，来解决数字图书馆咨询、阅读服务涉及的作品传播问题，成为欧美流行的模式。借此经验，我国数字图书馆可以以数字图书馆推广工程为基础，来构建自己的数字参考咨询系统，并选择公益性、非营利性服务模式，对读者进行新媒体阅读服务。具体地说，所有参与协作的数字图书馆，通过许可协议、支付"适当"的费用，获取作品的协作范围内的传播权；通过参考咨询系统对本馆或协作馆的读者提供新媒体阅读服务；在提供服务产品时，依靠技术控制措施，对其他读者实行"屏蔽"，以防止作品向不特定公众传播。同时，对每一位读者使用服务产品的情况作跟踪记录，以提示读者恰当地使用作品，防止再次传播行为的发生。[①] 数字图书馆以这种模式开展新媒体阅读服务、控制著作权侵权，有着良好的发展前景。

## 第二节　图书馆知识共享中著作权侵权行为的控制

在整个社会的知识共享中，图书馆知识共享占有重要地位。现在，各个国家都比较注重采取各种措施，如成立图书馆联盟或共建共享，来推进知识的传播与共享，充分挖掘图书馆各类知识的内在潜力，实现图书馆知识的有效应用，对知识创新提供巨大支持。但在图书馆知识服务过程中，无论是显性知识共享还是隐性知识共享，都存在著作权侵权的风险，在图书馆、出版、法学等社会各界引起争议，因此，对图书馆知识共享中的信息流转过程进行恰当地分析，将有利于图书馆对知识共享中著作权侵权行为进行有效控制。

### 一　图书馆知识共享的过程

（一）图书馆知识共享的模式

知识共享的对象是知识。依据波兰尼（Polanyi）的知识分类标准，

---

[①] 刘耀：《网络传播技术控制的直接控制模式研究》，《情报科学》2009 年第 9 期。

可以将知识分为显性知识（explicit knowledge）和隐性知识（tacit knowledge）两大类。显性知识一般附于竹木简、绢布、纸张等有形载体之上，或者存储于光盘、磁带、磁盘等电子介质之中，都可以借助语言、文字、图片、模型等进行明确表达。附于印刷作品中的显性知识，在使用的过程中，不可以被两个以上使用者同时占有；而附于电子介质的显性知识，在获取的过程中，可以同时被多人占有使用。隐性知识是建立在个人经验基础之上并涉及各种无形因素的知识，它高度个人化，植根于行为本身，个体受到的环境约束，包括个体的思维模式、信仰和观点，难以规范化和明晰化，且难以明确地描述，因而在一定程度上具有独占性和排他性，难以与他人交流与共享。① 图书馆拥有最丰富的知识资源，目前，从开发利用和存在价值角度来看，图书馆显性知识要比图书馆隐性知识资源的位置突出。图书馆知识服务最根本的目标就是促进知识有效转化，知识转化是知识共享的表现形式，依据日本知识管理专家野中郁次郎提出的 SECI 模型，② 图书馆知识共享有四种转化模式（见图 9-1）：① 社会化，图书馆个体之间隐性知识共享，即可以是图书馆员工之间、也可以是图书馆馆员与单个读者之间，依据岗位或任务环境、交流工具等，以潜移默化方式实现图书馆员之间或馆员与读者之间隐性知识的转移。② 外化，从图书馆员个体到其服务的组织的隐性知识转化为显性知识的模式，即通过对隐性知识的有效表达，如通过翻译、演示使之能够被组织成员所理解，这是隐性知识大量转移的关键环节。③ 组合，图书馆到其服务的组织的非系统性的显性知识转化为有价值的、复杂的系统性显性知识。④ 内化，图书馆到馆员或者读者个体显性知识转化为隐性知识的模式。这四个过程不断联结、循环、发生使图书馆馆员个人知识扩展到图书馆组织的整体知识，同时又促成其他馆员新知识的产生，这样的螺旋形态的知识转换流程，就是知识共享的过程，也知识创造的过程。③

---

① Polanyi M., *The Tacit Dimension*, London: Doubleday & Company, 1967, pp. 58–75.

② Nonaka I, *The Knowledge Creating Company: How Japanese Companies Create the Dynamics of Innovation*, New York: Oxford University Press, 1995, pp. 12–45.

③ [日] 竹内弘高、野中郁次郎：《知识创造的螺旋》，知识产权出版社 2006 年版，第 95—100 页。

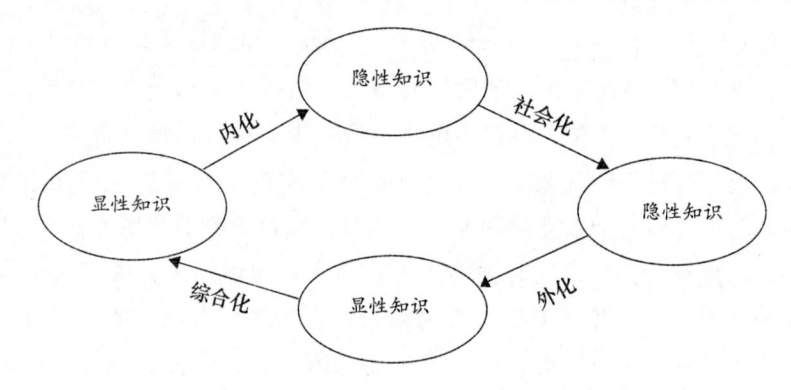

图9-1 图书馆知识共享模式

（二）图书馆知识共享过程中的作品使用的形式

图书馆为了促进知识转化，采取信息资源共建共享或者成立图书馆联盟的措施，来保证知识传播与共享。例如，我国实施"全国文化信息资源共享工程"（2002年2月）、"公共电子阅览室建设计划"（2010年9月）和"数字图书馆推广工程"（2010年12月），以中国数字图书馆为中心，以各省图书馆为节点，县、区图书馆广泛参与，三项工程相融合，三块牌子一个实体，实行全国范围内的数字图书馆资源集成共享。图书馆信息资源共享旨在改变作品、信息资源分配不均，促进作品广泛传播行的一种重要形式，它为知识共享提供了有利条件，是知识共享的有机组成部分，也可以说是图书馆知识共享的初始状态。这一时期，作品使用的形式主要是发行与传播。真正的图书馆的知识共享，是通过对作品、信息的借阅（传统时期）、复制（数字时期）让读者或社会公众获取作品，或者通过图书馆员与读者、馆员之间、馆员与其服务的组织之间进行知识的传播、交流与共享，这是图书馆知识共享的主流特征。作品的复制与传播，是这一时期作品使用的重要形式。图书馆知识共享最终还是通过知识服务，参与到知识的转化与创造过程，这是图书馆知识服务的最高追求，也是图书馆知识共享的最高表现形式。在这一知识创造过程中，对作品、信息的引用则是图书馆使用作品的最突出的特征。因此，图书馆信息资源共享、知识服务与知识共享是紧密联系、互为支撑，统一于知识共享，构成知识创造服务完整过程。在知识共享的不同阶段，图书馆的不同的作品使用形式，决定着图书馆知识共享中著作权侵权行为的认定，也决定着图书馆采取相应措施来控制侵权行为的发生。

## 二 图书馆显性知识共享著作权侵权风险分析与控制

依据 SECI 模型，图书馆显性知识共享，从显性知识到显性知识或者从显性到隐性知识的共享过程，即图书馆向读者提供显性知识服务，读者把握显性知识后再内化为隐性知识，或者读者综合图书馆显性知识再形成显性知识；或者图书馆提供给其服务的组织以非系统性的显性知识，组合为新作品创造所需要的系统性显性知识。图书馆显性知识共享建立在图书馆作品的传播或信息资源共享的基础之上，是知识共享的主导模式。在图书馆显性知识共享过程中，图书馆有可能侵犯著作权人的发行权和信息网络传播权等权利。

### （一）发行权侵权风险分析与控制

发行权是指作者享有的对其作品进行发行的专有权利，具体指以出售或者赠予的方式向公众提供作品的复制品的权利。发行初始于图书，现在已经扩张到图书、电影电视作品、录音录像制品、美术摄影作品、计算机软件等领域。在图书馆显性知识共享阶段，特别是图书馆信息资源共享中，在传统模拟时期，图书馆一般采取购买再以借阅的方式向用户（读者或组织）提供作品，实现图书馆到用户之间的知识共享。由于传统的印刷型知识资源具有"非共时性"的特性，图书馆向用户提供图书、期刊等原本资源的借阅行为，不存在著作权侵权的风险；如果图书馆采取复制的方法向用户提供作品的复制件，就有可能侵犯作者的发行权。发行权的效力涉及作品的复制品的发行主体、发行范围、发行数量以及发行方式。基于图书馆知识共享的需要，图书馆通过联盟或者文献传递的方式，可以向用户提供作品的复制品，前提是图书馆必须取得著作权人的授权。如果图书馆未取得发行授权，或者擅自改变作品的发行范围，或者改变作品发行数量、发行方式，都属于侵犯发行权的行为。[①]例如，2012 年 3 月 12 日，首都图书馆联盟成立，让北京行政区内的国家图书馆、高校图书馆、科研院所图书馆、公共图书馆、医院、部队和中小学图书馆共 110 所图书馆自愿联合，实现联盟成员馆"一卡通"同城

---

① 李永明：《知识产权法》，浙江大学出版社 2003 年版，第 85—120 页。

通借通还、高等院校图书馆向社会免费开放、成员馆建立调剂书库、馆际间授权数字资源共享等10项惠民服务计划。在其开展馆际资源共享和通借通还等服务中,联盟只有向读者提供作品原件(通过购买的出版社已发行的作品),而不是提供作品复制件,才能有效避免侵犯著作权人发行权的行为发生。依据著作权法规定,图书馆只有基于保护版本与陈列需要,才可以复制馆藏作品,但是不能向图书馆馆外的公众传播,否则就有可能侵犯发行权。例如,美国《数字千年版权法》(DMCA)第404条规定,允许图书馆制作三份包括数字复制件在内的馆藏复制品,而且如果原复制格式已被淘汰,在线复制品的设备已不再产,还允许图书馆制作新格式的复制件,但图书馆不能将复制件向图书馆建筑物以外的公众传播。我国《著作权法》第22条允许图书馆、档案馆等为存列或者保存版本的需要而复制有著作权的作品。该类使用应具备以下条件:复制的作品限于本馆收藏的作品或已经合法提供给公众的作品;复制的数量必须出于保存与替代需要,不得销售、赠予与出租;复制不得与作品的正常使用发生冲突,也不得损害著作权人的合法权益。笔者认为,出于知识共享、促进科技创新、推动社会发展的需要,我国的《著作权法》可以参考美国的《著作权法》第108条、英国法第37—41条、日本法第31条、俄罗斯法第20条的规定:除保存、替代与陈列的需要进行作品复制以外,还允许向阅览人提供复制品,但复制品的数量要进行控制,如美国《著作权法》把复制品数量控制在三份以内也被图书馆界广泛接受。[①] 这样,既有利于图书馆资源的保存、替代与陈列,又有利于图书馆显性知识共享,也不至于威胁著作权人的发行权,为著作权人所容忍。

(二)信息网络传播权侵权分析与控制

随着数字技术和网络技术的发展,图书馆或者图书馆联盟可以通过网络以数字信号的形式发送给读者,作品的网络发行与传统的作品发行有本质的区别,即作品内容的传递无须作品的载体实际发生转移。因此,多数国家以及《世界知识产权组织版权条约》(以下简称"版权条约")

---

① Information Infrastructure Task Force, "The Report of the Working Group on Intellectual Property and the National Information Infrastructure, 1995", 2012 - 02 - 18, http://www.lectlaw.com/files/inp12.htm.

都将作品的网络发行归属于向公众传播权（我国则称为信息网络传播权），以出租的方式向公众读者提供有关作品的复制件。1996年12月缔结的《版权条约》第8条向公众传播权的内容为："作品的作者应享有专有权，以授权将其作品以有线或无线方式向公众传播，包括将其作品向公众提供，使公众中的成员可以在其个人选定的地点和时间获得这些作品。"为了协调各成员国之间立法上的冲突和差异，《版权条约》并不要求各成员国设立专门的"向公众传播权"，而是赋予各成员国以既有的法律体系和自行选择法律模式来保护信息网络传播权的权利，条件是须能够将第8条的内容涵盖。[1] 这种做法被称为"伞形解决方案"。为了执行《版权条约》第8条的"向公众传播权"，各国或地区根据自己的法律传统和国情选择了不同的保护方式。美国在保留原有权利划分体系的基础上，通过扩大传统的发行权、表演权、展览权等权利的调整范围实现对网络环境下作者权利的保护。由于《版权条约》创设"向公众传播权"是欧盟的提议，因此，欧盟在其《信息社会著作权与相关权指令》中顺理成章地增设了"向公众传播权"。[2] 澳大利亚则在2001年的《数字日程法》也新增了"向公众传播权"，在该权利项下又分为"向公众在线提供作品权"和"电子传输权"。[3] 日本在1997年6月修订其《著作权法》增加了"向公众传播权"。可是，我国《著作权法》第10条第1款第12项的规定："信息网络传播权，即以有线或无线方式向公众提供作品，使公众可以在其个人选定的时间和地点获得作品的权利。"我国的"信息网络传播权"的后半部分规定比起《版权条约》第8条的后半部分表述少了"包括"二字，就使我国的"信息网络传播权"把"非交互式"网络传播排除在"向公众传播权"之外。

图书馆通过网络发布信息资源（非交互式），或者应读者要求传递信息资源（交互式），保障读者获取作品，共享显性知识，就有侵犯向公众传播权的风险，只有图书馆获取著作权人信息网络传播授权，支付一定

---

[1] Ficsor M., *The Law of Copyright and the Internet: the 1996 WIPO Treaties – Their Interpretation and Implementation*, New York: Oxford University Press, 2002, pp. 15-78.

[2] 李明德：《美国知识产权》，法律出版社2003年版，第240—320页。

[3] Christie A., "The New Right of Communication in Australia", *Sydney Law Review*, No. 1, 2005.

的许可费用,才能够向公众传播作品。国外图书馆定时传送信息资源和不定时地"点对点"传播信息资源侵权时,都可以用"向公众传播权"来调节;而我国图书馆"非交互式"信息网络传播的法律适用,只能借助于广播权,或者以《著作权法》第 10 条第 1 款第 17 项规定的"应当由著作权人享有的其他权利"来接济。[①] 因此,建议在我国《著作权法》第三次大的修改时,把"非交互式"信息网络传播,融入"交互式"信息网络传播权之中,这样有利于图书馆从事网络知识传播与共享,能够"一揽子"获取信息网络传播的授权,也不至于由于法律过于繁杂,导致图书馆知识共享规避侵权时无所适从。同时,鉴于有效保障图书馆显性知识共享、促进科技创新的需要,我国可以借鉴德国、日本等国著作权法专门设置公共借阅权,来保证图书馆等公益性机构借助网络向公众读者传播信息资源,无须著作权人许可,只要图书馆向著作权人支付一定费用,来补偿著作权人即可。这种把著作权人法定专门权降低为请求权的方法,将有利于维护著作权人与公众利益的平衡。由于图书馆的知识服务属于公共福利范畴,其经费由国家支出,所以可以考虑把国家拨付经费的一部分扣除,用以补贴著作权人,这将有利于图书馆更便捷从事信息网络传播,保障显性知识传播与共享,还能有效控制图书馆信息网络传播侵权行为的发生。

(三) 关于引用的侵权控制

图书馆显性知识共享最高阶段,就是图书馆参与知识创造的阶段,此阶段对于显性知识的引用是图书馆利用作品的主要方式。在图书馆作品创作的过程中,只能是为了介绍、评论某一作品或者说明某一问题,在作品中"适当"引用他人已经发表的作品。依据合理使用的三要素,①图书馆引用作品是为了促进科学文化进步并有益于社会公众,其新作品必须付出创造性的智力劳动而不是简单的摘抄;②图书馆引用原作品的数量不能构成自己作品的主要部分或者原作品的精华部分;③图书馆的引用不能对原作品市场销售、存在价值有影响,即图书馆新作品的出现有可能影响原作品的销售市场,或减少其收益,甚至有可能取代原作

---

[①] 刘军华:《"通过计算机网络定时播放作品"行为的权利属性与侵权之法律适用》,《东方法学》2009 年第 1 期。

品，视为不合理使用。此三要素为图书馆"适当"引用确立了明确的界限。美国1976年《著作权法》第107条就引入该三要素，并对全球产生了广泛的影响。我国《著作权法》第22条合理使用的第二种情况，关于合理引用的条文也是依据这三要素制定的。现在各国的法律实践中，关于合理引用又追加了第四要素，即引用者引用他人作品应当说明作品的出处和作者的姓名，否则就会成为抄袭或者剽窃，甚至侵犯被引作品作者的署名权。完整的参考文献著录应该是注明作者姓名、作品名称、出版社或者报刊名称、出版日期或刊期、特定的页码。因此，合理引用四要素既为图书馆显性知识共享中引用作品提供了法律支撑，也为图书馆"适当"引用作品提供了判断标准，成为图书馆引用作品的底线。

### 三 图书馆隐性知识共享著作权侵权风险分析与控制

（一）图书馆隐性知识共享的方式

依据SECI模型，隐性知识共享是指隐性知识与显性知识、隐性知识与隐性知识之间的共享，这种共享的起点是隐性知识，终点是显性知识或另一个体、组织的隐性知识，即知识的外化和社会化过程。[①] 具体到图书馆隐性知识共享，有以下几种情况。第一，馆员之间或者行业专家到馆员之间隐性知识共享。出于个人之间的私密关系，图书馆馆员在自由、自主交往过程中，拥有隐性知识的馆员把自己的工作经验、学习技巧、研究方法等隐性知识，通过面对面的传授、演示，让对方观察、学习和领会，最终内化为被传授馆员的隐性知识，或者被传授馆员又形成显性知识。隐性知识的隐秘性和难以表达的特点成为隐性知识障碍，而馆员之间的行为私密性则又为隐性知识交流提供了良好的条件和环境，因此，馆员之间隐性知识共享是个体层面知识共享最重要的组成部分。基于图书馆工作、学术研究的需要，图书馆还常常会邀请本行业的专家、学者来给本馆员做工作或者学术研究报告，专家、学者的报告中常蕴含大量的隐性知识，专家以语言、行为等各种方法表达出来，授予馆员，形成馆员的隐性知识，完成专家、学者的隐性知识到馆员的隐性知识共享；或者形成馆员的隐性知识后，馆员再把自己的隐性知识加以总结和归纳，

---

① 李后卿、孙涵楚、张福林：《知识共享的层面体系研究》，《图书馆》2011年第6期。

以科技论文、学术报告、建议等方式表达出来，形成显性知识，实现隐性知识到显性知识的共享。这些专家或者馆员的隐性知识，一旦被其他馆员获取转化成自己的隐性知识，具有较高的价值，对工作和研究将产生很大的帮助。第二，从专家、学者到图书馆隐性知识共享。行业专家或者图书馆内部的个别在工作与学术研究上拥有特别隐性知识的馆员，他们个人的影响力极强，其隐性知识在图书馆中会得到广泛共享，有时也会转化为图书馆中约定俗成的惯例、规则；或者图书馆刻意挖掘本馆馆员个体的隐性知识，加以固定和编码，此时个别馆员或者专家的隐性知识就转化成图书馆的隐性知识。例如，现在较为流行的专家系统，就是通过一定的方式挖掘本领域专家的隐性知识，再进行筛选、分类、编码和固定等，形成可获得的显性知识，存入系统中，行业、组织中的成员可以通过该系统获得专家的隐性知识，实现个体隐性知识和行业组织显性知识的交叉共享。第三，图书馆之间或者图书馆与其他组织隐性知识共享。单位、组织之间的隐性知识深藏在日常的活动和工作流程中，要想获得该隐性知识，必须深入到单位、组织的实践活动中去。因此，图书馆只有采取参观、考察、访问或者合作研发的方式，才能够加强隐性知识的交流与共享。图书馆的参观与考察有时过于表面化，对于隐性知识的交流不够深入，而长期的合作日益成为知识共享的重要形式。在长期的工作合作、项目合作、研究合作过程中，一个图书馆或组织的技能、模式、文化、精神才会对另一个图书馆产生影响。图书馆获取伙伴图书馆或组织的隐性知识，再进行加工和深化，转变成本馆的隐性知识，或者转化为本馆的显性知识，从而实现图书馆之间或图书馆与组织之间隐性的知识共享。

（二）隐性知识共享著作权侵权风险分析与控制

依据思想、表现两分原理，著作权保护的是思想的表现而不保护思想本身。[1] 美国 1976 年《著作权法》第 102 条 B 款和 TRIPS 协议第 9 条第 2 款对此作了清晰的界定。前者规定："著作权在任何情况下保护创作的原创作品都不延及任何思想、程序、过程、制度、操作方法、概念、

---

[1] W. R. Cornish, *Intellectual Property: Patent, Copyright, Trademarks and Allied Right*, Landon: Sweet & Maxwell, 1981, pp. 308 – 319.

原理或发现,不管在这样的作品中它被描述、解释、说明或具体化的形式。"后者规定:"著作权保护应延及表现,而不延及思想、工艺、操作方法或数学概念之类。"在确定著作权保护的过程中,出于促进思想自由流通而把思想排除在著作权适用范围之外,是普遍认可的。[①] 但是,我们必须注意,这里的"思想、程序、过程、制度、工艺、操作方法或概念、原理或发现之类",当它们单个存在时,一般不会给予著作权保护;而当它们组合在一起,为论述某一问题或作一课题总结时,它们就可能成为受著作权保护的事实材料。隐性知识往往表现为个体的思维方法、问题看法、学术观点、工作技巧、工作方法等,根植于个人经验基础之上并具有无形性特征,而且难以表达,常常与"思想"联系在一起,容易被误认为是不具有著作权的作品或知识。其实,尽管隐性知识难以描述,但还是可以通过语言、文字、行为动作、表情等进行表达与传播,它可以构成"思想"的"表达",而不是纯粹的"思想",因而,有些隐性知识是应该受到著作权保护的。

在图书馆上述三种隐性知识共享情形中,隐性知识至隐性知识的共享,一般都不会发生著作权侵权的风险;而隐性知识至显性知识的共享,发生著作权侵权风险的几率则相当高。第一种情况,在馆员之间或者行业专家到馆员之间的隐性知识共享中,当隐性知识转化为被传授馆员的隐性知识后,馆员依据记录或录音的内容,以学术论文、学术报告发表出来,就有可能是著作权侵权行为。因为拥有特殊隐性知识的馆员或行业专家向图书馆其他馆员进行工作交流、学术交流时,一般是以隐性知识交流的方式进行,但其交流内容往往已经形成报告或者论文之类,依据著作权法规定,一旦形成作品,即享有著作权,而被传授馆员不知道专家话题已形成论文或报告,进行收集发表,就侵犯了特别馆员或者行业专家的署名权。例如,我国《著作权法》第 2 条规定:中国公民、法人或者其他组织的作品,不论是否发表,依照本法享有著作权。因此,当行业专家的学术交流形成报告时,就受到法律保护。相反,如果行业专家的知识交流未形成报告或论文,被传授馆员转化为自己的隐性知识

---

① [法]克洛德·科隆贝:《世界各国著作权和邻接权的基本原则——比较法研究》,高凌瀚译,上海外语教育出版社 1995 年版,第 1—3 页。

后，进行加工整理，形成显性知识，再进行发表，就不会侵权，因为此时被传授馆员对所受隐性知识已经进行加工创新，使其具备"独创性"特征，形成的显性知识可以享有著作权，受法律保护，不构成抄袭或剽窃他人作品行为。第二种情况，当图书馆馆员或行业专家的隐性知识转化为图书馆规章或制度时，也存在著作权侵权的可能。依据美国 1909 年《著作权法》规定："著作权保护不适用于任何政府的作品。"目的在于将所有的政府作品都置于公有领域当中。我国《著作权法》也采取了相同的法律立场，在第 5 条规定："本法不适用于法律、法规，国家机关的决议、决定、命令和其他具有立法、行政、司法性质的文件，及其官方正式译文。"[①] 政府作品具有相当的独创性，是著作权法意义上的作品。但为了传播方便，实现国家职能，因而把此类作品排除在著作权保护范围之外。而专家们关于图书馆工作流程、操作规程、制度规范方面的隐性知识，并不属于政府的规章、制度范畴，也不属于政府作品，如果专家们再进行总结，形成一套完整的制度规范，则其隐性知识已然具备明确的表达而转化为显性知识，就要受著作权保护，此时，图书馆把专家们的隐性知识转化为本馆规章、制度、操作规范，就会侵犯专家们的发表权。因为专家的制度设计是否公之于众，取决于专家自己。我国与德、法、日、俄等国都赋予作者发表权。例如，日本《著作权法》第 18 条第 1 款规定：作者依据本法享有发表权。相反，专家们拥有规章、制度、操作规范的隐性知识，但并没有进行系统规划设计，而图书馆组织共享其隐性知识，并对这些知识进行归纳、调整使之系统化，加入"独创性"成分，形成适合于本馆的规章、制度、操作规范，此时，图书馆不仅不会侵犯专家们的权利，其制度规范还享受著作权保护。同样，第三种情况，图书馆之间或者图书馆与其他组织之间的隐性知识共享中，如果图书馆共享伙伴组织系统化的隐性知识，使之成为本馆的显性知识，则属于侵犯伙伴组织的发表权；相反，图书馆共享伙伴组织的非系统化隐性知识，转化为本馆的系统化显性知识，则不会引起侵权；再者，图书馆共享伙伴组织的文化、精神方面的隐性知识，进行深加工，转化为本馆的隐性知识或显性知识，也不会侵犯伙伴组织的权利，因为"文化、精

---

[①] 肖志远：《版权制度的政策蕴含及其启示》，《法学杂志》2009 年第 10 期。

神"属于思想,而不是思想的表现。①

**四 展望**

十年前图书馆曾经倡导的知识服务,今天又被重新提起和重视,就是因为图书馆知识服务为知识共享提供了巨大的支撑。本书对图书馆知识共享中可能发生的著作权侵权进行分析,并提出因应策略,旨在导引图书馆界在熟知著作权法律规范、尊重著作权人权利的前提下,更好地投入到知识服务至中去,为知识共享提供更大的推动力。知识的创造是图书馆知识共享的前提,图书馆开发知识效用促进知识创新,与图书馆知识共享中防止侵权而激励知识创新,二者殊途同归。随着信息技术、网络技术的发展,图书馆知识共享的模式、技术、方法与手段将发生重大变化,有待于我们进行深入的探讨;随着图书馆知识共享的技术与手段的变化,著作权侵权形式与控制方法也会发生相应的变化,也要求我们去作进一步的研究。

## 第三节 图书馆知识咨询服务中著作权侵权行为控制

信息技术驱动用户信息利用方式不断地发生变化,用户早期的以整本单元文献需求已经转向现在的以章、节为单元知识需求,与之对应,图书馆以文献问答的参考咨询已经转向以知识问答的知识咨询。图书馆知识咨询是以知识的搜寻、组织、分析、重组能力为基础,根据用户的问题和环境,融入用户解决问题的过程之中,提供能够有效支持知识应用和知识创新的服务。② 它是图书馆为用户提供深层次知识服务的重要手段,也是知识增值服务的主要模式,行将成为图书馆服务的核心内容。但是,在图书馆知识咨询服务过程中,文献信息资源的利用方式已经发生新的变化,著作权侵权形式也更加复杂,因此,著作权侵权控制的问题,成为图书馆知识咨询服务亟须解决的新课题。

---

① 王太平:《著作权保护的双重限制》,《知识产权》2007 年第 24 期。
② 张晓林:《重新认识知识过程和知识服务》,《图书情报工作》2009 年第 1 期。

## 一 图书馆知识咨询服务的兴起与作品利用形式

（一）图书馆知识咨询服务的兴起

1876 年，美国伍斯特公共图书馆馆长塞缪尔·格林最早倡议图书馆开展参考咨询服务。1883 年，波士顿公共图书馆设置了专职参考馆员和参考阅览室，标志着参考咨询服务作为图书馆核心业务的开始。后来发展到电话、信件、传真等咨询方式，拓展了参考咨询服务的空间和范围，实现了参考咨询的远程服务，但参考馆员与用户面对面的咨询交流一直是图书馆开展参考咨询的主导模式。20 世纪末，随着网络技术、数字技术的发展，图书馆的参考工具、工作模式已发生了根本性变化：传统参考咨询工具（文摘、索引等）已被飞速增长的工作站、联机、光盘和万维网资源所取代，传统参考咨询向数字参考咨询发展。[①] 知识经济的快速发展，图书馆单纯的文献信息提供已经不能满足用户不断深入的知识需求，用户迫切期望得到可定制的、个性化的文献信息深加工的知识产品，用户的这种知识需求不断地催促图书馆的咨询服务由从参考咨询向知识咨询演进。虽然知识咨询与参考咨询存在交叉，但并非所有参考咨询都是知识咨询，知识咨询比起参考咨询更加深入，它不限于向用户提供简单的数据、信息、知识检索，更侧重使用数据、信息、知识向用户提供问题解决方案。

归纳起来，促成图书馆知识咨询兴起主要有以下几种因素：①用户学科知识融合的需要。由于各个学科领域不断地细化，使各学科之间在知识结构、模式、交流等方面存在较大的差异，从而形成学科知识的碎片化与断裂化，造成用户无法完全知晓自己学科以外的知识，并且难以与其他学科知识群体交流。再者，由于知识的剧增和学术问题日趋复杂化，使研究交叉学科与复杂问题的用户，越来越需要知识的关联者来帮助他们发现、关联、转换、重组不同领域的、不同形态的知识。图书馆的知识咨询员可以发挥知识管理与知识服务的功用，为不同的用户提供知识咨询服务，充当不同学科之间的纽带。他们依靠长期积累的经验，可以把不同学科知识组织到一个逻辑或应用体系，支持知识的关联与转

---

① 初景利、孟连生：《参考咨询服务的数字化趋向》，《图书馆建设》2003 年第 3 期。

换，并利用知识咨询平台来提供知识群组，吸引不同领域的用户来分享、研究不同学科的知识。① 此时，图书馆知识咨询员提供的不再仅仅是文献信息内容的检索，更多的是不同学科知识结构的集成、整合与匹配。②知识检索技术的支持。现代网络技术、检索技术以及各种语义自动识别技术的快速发展，为知识检索提供重要的支撑：图书馆或用户可以突破仅能检索到以整册、整章或整节为单位存在知识点的限制，可以直接检索到以字、词、句、片段等为单位存在的知识点，这就不仅节约了图书馆或用户的时间与精力，还大大减低了图书馆和用户获取知识的成本。③用户知识检索的局限。由于缺乏时间、信息素质、知识检索工具、学科协同能力等知识获取的基本要素，用户的知识咨询问题大多还必须借助图书馆来解决。④图书馆能够适应用户知识的需求。迎合用户的知识需求，图书馆把业务流程驱动服务改变为用户需求驱动服务的模式，融入用户问题环境，嵌入用户研究过程，更新服务观念，重组馆藏资源，培养和引进专门知识咨询人才，采用BBS、电子邮件、超文本链接、远程浏览和下载等技术，开展在线实时问答和表单提问延时回答、电子邮件服务、网上阅读和下载、网络聊天、视频会议、自动建库和检索、解答窗文本编辑、图书馆基本功能的集成与无缝链接等模式的知识咨询服务，并力求把知识咨询服务打造为图书馆服务的核心内容。②

(二) 图书馆知识咨询中作品使用的基本形式

知识咨询过程也是知识转化过程，主要表现为隐性知识转化和显性知识转移两种形式。第一种形式，隐性知识转化：图书馆知识咨询员依靠岗位、问题环境、交流工具，将自己所拥有的工作经验、学习技巧、研究方法等隐性知识，通过在线实时问答、面对面、电话、网络聊天、视频会议等交流，让用户了解、感受和领会，最终内化为用户的隐性知识，或形成咨询员解决用户问题的方案（显性知识）。第二种形式，显性知识转移：图书馆咨询员向用户提供显性的作品知识，用户抽取显性作

---

① Knapp J, "Plugging the Whole: Librarians as Interdisciplinary Facilitators", 2013-07-10, http://conference.ifla.org/sites/default/files/files/papers/ifla77/142-knapp-en.pdf.

② 初景利：《从参考咨询走向知识咨询——图书馆咨询服务的变革与转型》，2013年5月5日，http://124.16.154.130:8080/lis/CN/model/index.shtml。

品知识后内化为自己的隐性知识；或者用户综合咨询员提供的显性作品知识，创造出基于知识需要的系统性的显性知识作品；或者咨询员基于用户问题环境，将非系统的显性知识按照一定的逻辑关联、组合、集成为系统的显性知识作品直接提供给用户。① 从知识转化过程来看，图书馆在知识咨询中作品的利用方式包括以下几种情况：第一种情况，图书馆知识咨询员向用户直接提供含有特定知识的作品或作品片段，或者直接把网络资源、数据库资源做成链接形式，为用户提供"使用权限范围内"的全文获取服务；第二种情况，知识咨询员获取作品、信息，抽取含有特定知识的片段，再融合隐性知识，按照一定的逻辑形成用户知识咨询的问题/答案后，提供给用户，同时发布咨询系统的网页上，对其他咨询员的起到借鉴作用；第三种情况，图书馆通过知识咨询系统自动建立咨询档案，也可以通过专门的软件对咨询服务的过程进行全方位的跟踪和记录，形成知识咨询问题/答案，汇集成专门的咨询知识库，供其他用户对于同类咨询问题检索利用，以节约图书馆和用户的时间，降低知识咨询成本。从图书馆品利用的情况来看，图书馆知识咨询中涉及的著作权问题主要包括两个方面：一是问题/答案的著作权，二是利用作品资源的著作权。在图书馆知识咨询员直接向用户提供作品或者作品的片段时，有可能侵犯著作权人的发行权、复制权、信息网络传播权；在咨询员与用户知识交流、形成与发送知识咨询问题/答案过程中，可能发生发表权和署名权的纠纷。

## 二 图书馆知识咨询中著作权侵权控制

（一）作品的发行权、复制权与信息网络传播权的侵权分析与控制

在知识咨询过程中，图书馆以复制的方法向用户提供作品或作品片段的复制件仍是必要的方式之一，这就有可能侵犯著作权人的复制权、发行权与信息网络传播权。

发行权是指著作权人享有的对其作品进行发行的专有权利，具体指以出售或者赠予的方式向公众提供作品的复制件的权利。发行权最初专

---

① ［日］竹内弘高、野中郁次郎：《知识创造的螺旋》，知识产权出版社2006年版，第5—100页。

指图书、期刊的发行,后来扩张到电影电视作品、录音录像制品、美术摄影作品、计算机软件等诸多领域。作品发行权的效力涉及作品的复制件的发行主体、发行范围、发行数量以及发行方式等。传统时期,图书馆涉及知识咨询服务时,一般是在拥有作品(多以购买作品复制件的方式)的基础上,以出借的方式向用户提供作品的复制件,由于传统的印刷型知识资源具有非共时性的特性,图书馆向用户提供图书、期刊等作品资源的行为,不存在著作权侵权的风险。数字时期,图书馆出于知识咨询的需要,向用户提供作品的复制件仍在延续使用,有时也在所难免(如稀有珍本作品),但此时"复制"方法大多已转化为"数字化"方式,图书馆无须购买作品复制件,而是自行数字化作品或片段,如果图书馆未取得著作权人的复制与发行授权,就属于擅自改变作品的发行范围、发行数量、发行方式,就侵犯了权利人的复制权与发行权。[1] 尽管我国《著作权法》第 22 条允许图书馆、档案馆等为存列或者保存版本的需要可以复制著作权作品,但却把复制的目的限制在"存列或者保存版本"范围之内,并且不允许以销售、赠予、出租的方式进行作品复制件的发行。对于这一问题,我国的《著作权法》比起欧美等国的《著作权法》更为严格。因此,在现实状况下,我国图书馆知识咨询中,向用户提供作品或作品片段,必须征得权利人同意,并以约定方式进行。基于知识咨询、促进科技创新、推动社会发展的需要,笔者建议,我国《著作权法》第三次修订,可以参考美国《著作权法》第 108 条、英国《著作权法》第 37—41 条、日本《著作权法》第 31 条、俄罗斯《著作权法》第 20 条的规定:除保存、替代与陈列的需要可以对作品进行复制以外,还可以向用户提供作品的复制件,但要对作品复制件的数量进行控制。例如,我国台湾地区《著作权法》把作品的复制件数量控制在五份以内,美国《著作权法》把复制品数量控制在三份以内,而美国法的标准则被图书馆、法学、出版等社会各界广泛认可。[2]

---

[1] 李永明:《知识产权法》,浙江大学出版社 2003 年版,第 85—120 页。
[2] "Information Infrastructure Task Force, The Report of the Working Group on Intellectual Propertyand the National Information Infrastructure, 1995", 2013 - 07 - 18, http://www.lectlaw.com/files/inp12.htm.

随着数字技术和网络技术的发展,网络发行日渐成为作品的发行方式。网络发行与传统的作品发行的区别在于:作品内容的传播无须作品的载体实际发生转移,并且网络发行与复制交融,发行即意味着复制,发行与复制无限量并难以控制。因此,现在多数国家以及《世界知识产权组织版权条约》都将作品的网络发行归属于向公众传播权,以有利于保护作者的权利。我国则称为信息网络传播权,是指以出租的方式在网络上向用户提供有关作品的复制件。《世界知识产权组织版权条约》第8条规定向公众传播权的内容:作品的作者应享有专有权,以授权将其作品以有线或无线方式向公众传播,包括将其作品向公众提供,使公众中的成员可以在其个人选定的地点和时间获得这些作品。在知识咨询服务过程中,图书馆向用户提供咨询成果,一般采取通过邮箱提供、咨询系统内向用户传递、网上展示等途径,但是,无论采取何种方式,必须避免著作权作品向不特定的用户传播,并控制用户进一步网络传播。因此,笔者建议,图书馆可以采取以下方法,来控制信息网络传播侵权行为发生。第一,图书馆与著作权人订立作品传播许可协议。数字时代,传播权上升为权利人的核心权利,但是依靠作品传播而生存的图书馆(尤其是数字图书馆)也不能没有作品的网络传播权,因此,图书馆在采购电子资源时,可以与著作权人订立作品传播许可协议,但可以采取灵活的作品使用费结算方式。例如,对远程与局域网内的作品传播应区别定价;或者对仅涉及远程传播的作品采取另行收费的办法等。这样从作品获取源头上,为图书馆知识咨询服务作品网络传播创造良好的基础条件。第二,在咨询系统内向用户提供咨询作品时,要采取技术控制措施,仅对用户单独提供,对其他用户实行"屏蔽"。① 同样道理,利用类似的所有聊天模式向用户提供作品,也必须使用一对一的私人模式,禁止采取开放式交流与传播,以防止作品信息逃出系统之外,对著作权人利益造成损害。第三,依靠信箱向异地远程用户提供作品请求服务。尽管信箱也存在不安全因素,可能对著作权人利益产生损害,但在现有的技术条件下,仍不失为一种较好的选择。因此,当下诸如"读秀"数据库开发商的针对异地用户文献请求,使用邮箱提供作品的模式,被很多图书馆认

---

① 刘耀:《网络传播技术控制的直接控制模式研究》,《情报科学》2009年第9期。

同。第四，图书馆使用IP通，向本馆注册的用户提供知识咨询服务是个新选择。IP通利用虚拟专用网络（VPN），依靠隧道技术、加解密技术、用户与设备身份认证技术，使架构在公用网络平台上专门逻辑网络内的作品传播不会外逸，从而有效保护权利人利益。第五，图书馆在知识咨询系统网页上打出著作权警示标牌，禁止用户将咨询作品向其他用户传播。例如，杨伯翰大学图书馆咨询网页上就有这样的警告：您正在开放的系统上提交问题，问题/答案不具有保密性，您可选择保密途径接受咨询服务成果，禁止服务成果向其他人提供。第六，发布著作权声明。图书馆向用户提供知识咨询服务时，应发布声明：本服务坚持向用户免费提供，提供的作品仅用于用户非商业目的的研究、学习之用，用户必须遵守并且不向他人传播作品的复制件。

（二）问题/答案的署名权与发表权纠纷的控制

图书馆知识咨询服务中，咨询问题/答案形成过程如下：首先，通过人工或系统接受用户知识咨询提问。其次，通过人工或系统登记用户的基本信息和用户的知识需求，并分析判断用户的知识需求是一般的事实数据解答式还是复杂的课题式（有时需要同用户多次交流才能判断出用户的知识需求）。再次，图书馆的咨询员根据自己的知识背景来分析用户的知识需求，依据自身的隐性知识和智慧直接提供问题的答案；或者入库初步检索用户的知识需求文献，或者通过专业检索软件高级检索用户需求的显性知识，再融合咨询员的隐性知识形成基于用户需求的问题解决方案。最后，采用合适的方式向用户提供知识咨询服务成果；同时获取用户知识需求的相关隐性知识，将相关的用户隐性知识进行显性化处理，再整理记录知识咨询服务过程，连同用户咨询的知识服务成果登记入库。一般来说，附上知识咨询服务的评价，一个完整的问题/答案就算完成，但是现代知识咨询服务往往是嵌入用户研究过程，咨询员与用户结成伙伴关系，对研究课题进行实时跟踪，了解用户咨询知识利用的效果，并再次挖掘用户隐性知识需求，为用户提供两次、三次知识咨询服务。

知识咨询的问题/答案形成，标志着一个完整的问题解决方案的完成，也宣布一部新作品诞生。从著作权保护的满足条件来看，第一，问题/答案属于思想的表现。著作权只保护思想的表现而不保护思想本身，这是著作权保护的首要条件。① 依据 TRIPS 协议第 9 条第 2 款规定：著作权保护应延及表现，而不延及思想、工艺、操作方法或数学概念之类。思想表现两分原理是一种对著作权进行限制的技术，即通过将作品、信息划分为不可受到保护的思想与可受到保护的表现两种成分，从而将著作权保护限制在一定的范围之内。知识咨询中的问题/答案是用户提出知识需要和图书馆咨询员以专门的手段服务用户过程的集中反映，是图书馆知识咨询员与用户通过交流、服务而形成的显性成果，是知识服务思想的表现，而不只是知识咨询的思想，因此，问题/答案应受到著作权保护。第二，问题/答案具有独创性。作品的独创性，是指一件作品或信息的完成是作者选择、取舍、安排、设计、综合的结果，既不是依已有的形式复制而来，也不是依既定的程序或程序推演而来。因此，无论何种作品，只要它体现了作者自己的选择与安排，该作品就具有独创性。只有具备独创性的作品，才能获得著作权的保护。这是因为，社会给予作者的作品在法定期限的著作权，在著作权期限内只有作者能够利用该作品，作者还可以通过对该作品的利用获得收益，但是作品必须对"科学的发展"作出一定的贡献，否则作者就不能享有著作权。图书馆知识咨询员针对不同用户提出的不同问题，提供不同的解决方案，体现了问题/答案是各自不同选择、设计和安排的结果，具备一定的独创性，并且每一份问题/答案对人类社会文学艺术和科学技术的进步都有一定的推动作用，应该获得著作权保护。依据我国《著作权法》第 2 条规定，作品一经问世即享有著作权，就受到本法保护。因此，问题/答案是受著作权法保护的作品，如果图书馆对问题/答案处理不当，就会出现问题/答案署名权与发表权的纠纷。

从问题/答案的形成过程来看，一个完整的知识咨询服务成果由图书馆咨询员与用户合作完成。根据我国《著作权法》第 13 条，两人以上合作创作的作品，著作权由合作作者共同享有，因此，问题/答案的署名权属于用户和咨询员共有。从图书馆处理服务成果方式来看，一是向用户提供，二是存入咨询知识库，三是发布咨询系统网页供其他咨询员参考

---

① W. R. Cornish, *Intellectual Property: Patent, Copyright, Trademarks and AlliedRight*, Landon: Sweet and Maxwell, 1981, pp. 308 – 319.

或提出类似问题用户使用。当图书馆向用户提供知识咨询问题/答案时，问题/答案显示有用户以及图书馆咨询员的姓名，一般不会产生署名权纠纷。但是，图书馆出于保护用户个人隐私的需要，往往将问题/答案的用户姓名、地址、邮箱等个人信息去除以后，再发布系统网页上或存入咨询知识库中，这就相当于将问题/答案发表，就侵犯了用户的发表权或署名权。有效的控制方法是，在图书馆将问题/答案存入咨询知识库或发布网页之前，应该征求用户的意见，询问用户是否愿意将自己的姓名、地址、邮箱、咨询问题连同答案一起公示于众，或存入咨询知识库供其他用户使用。如果用户不同意将个人信息和问题发布于众或存入知识库，图书馆就应放弃或者提供服务后删除问题/答案；如果用户同意发布于网页或存入咨询知识库，图书馆方可为之。这样图书馆既能有效保护用户的隐私权，还能有效防止出现问题/答案署名权与发表权的纠纷。相反的一面，如果用户获取到问题/答案以后，在没有征得图书馆同意的前提下，擅自在网络上向其他人提供，这就可能侵犯图书馆对问题/答案的署名权、发表权以及相关的财产权。因此，图书馆必须告诫或提示用户，必须按照规定的使用方式来使用图书馆知识咨询服务成果，以防止用户侵权行为的发生。另外，必须说明的是，合作作品的著作权归合作作者共同享有，但是，这种共同享有并不意味着合作者对作品享有同等的权利，分享一样的利益，合作者一般按照对其作品创作的贡献来确定权利和利益分配份额。在一个完整的问题/答案中，用户只能以其提出的问题与咨询员一起而享有相关的署名权和发表权等人身权利。由于图书馆在答案的创作过程中，注重答案的有效性、权威性和对其他咨询员的参考价值，付出的劳动与智慧较多，拥有较高的贡献率，因此，对于问题的答案享有财产权。依据我国《著作权法》第16条规定，利用法人或组织的物质技术条件创作作品，作者享有署名权，著作权其他权利归法人或组织。因此，咨询员享有问题/答案的署名权，其他的财产权等归属图书馆。在这里用户的基本信息和他所提出的问题不会产生使用价值，他就不能对于问题/答案的财产权有主张。因此，笔者建议，图书馆除在咨询系统网页或其他知识咨询服务模块的显著位置上标注著作权警示语以外，还应专门制作关于知识咨询的著作权问题的详细说明供用户查询、了解，以增进用户知识咨询相关的著作权知识，从而减少相关的著作权侵权纠纷。

图书馆知识咨询著作权侵权控制措施的"适当"应用，在一个期内可以达到著作权人、图书馆、用户之间利益平衡状态。但是，随着信息环境、著作权权能、图书馆知识咨询模式发生新的变化，关于图书馆知识咨询著作权侵权的控制措施的研究，也必须达到一个新的层面，这样才有利于维护著作权人、图书馆、用户之间利益的新平衡。这也是符合著作权限制原理的：当新的权利产生，对其限制就接踵而来。[①] 图书馆知识咨询服务中，作品利用新方式的产生，意味着图书馆著作权利益扩展，同时，也衍生出著作权人的新利益，因此，应不断地对图书馆著作权侵权进行控制以及对著作权人的权利进行限制，目标是维护著作权各方利益处于一种动态的平衡。

## 第四节 图书馆联盟著作权侵权风险分析与控制

图书馆联盟（包括数字图书馆联盟）是以实现资源共享、互惠互利为目的而组织起来的、受共同认可的协议和合同制约的图书馆联合体。[②] 尽管各个图书馆联盟的组织机构、发展历史和目标不尽相同，但其宗旨都是降低图书馆的运行成本，改善读者获取文献信息的条件，保障读者文化权利。初期图书馆联盟的功能主要是借阅特许、馆际互借、联合目录或资源目录共享、复印优惠、参考咨询服务协作和文献传递服务等。80年代后期以来，随着计算机技术和网络的发展，图书馆联盟增加了许多以前没有的内容和任务，今天"国际图书馆联盟联合体"（ICOLC）将图书馆联盟的基本功能总结为七项：藏书建设协调、电子资源集团采购、电子资源存储与运行、馆际互借和文献传递、联合目录、人员培训和藏书保护等。[③] 早期图书馆联盟开展馆际互借、复印、文献传递业务，享有著作权豁免不存在争议或者争议不大。随着数字化、网络技术的利用，

---

① 冯晓青：《论知识产权扩张与利益平衡》，2013年7月28日，http://www.civillaw.com。
② 戴龙基、张红扬：《图书馆联盟——实现资源共享和互利互惠的组织形式》，《大学图书馆学报》2000年第3期。
③ "the International Coalition of Library Consortia"，2013-06-28，http://www.library.yale.edu/consortia/index.html。

图书馆联盟业务重点朝着联合开发数据库、数字资源远距离传递、资源共享方向发展，而对于图书馆联盟开发建设数据库与远距离文献传递是否存在著作权侵权、图书馆联盟能否享受著作权豁免、又如何适用著作权限制的问题，在图书馆界、出版界、法学界掀起热议和争论。本节就此问题作有选择的探讨，以供图书馆联盟开展业务时参考使用。

### 一　图书馆联盟的构建模式

概观中外，由于经费来源、通信联络和读者获取文献习惯等等方面的原因，初期图书馆联盟一般起源于一个地区内图书馆之间的合作。随着计算机网络技术的应用，图书馆联盟从一个地区向一个国家、一个系统乃至国际跨越。我国图书馆之间的合作和交流可追溯到 20 世纪 50 年代，1957 年国务院颁布《全国图书协调方案》，确定了北京和上海两个全国性以及其他 9 个地区性中心图书馆委员会。到 20 世纪 80 年代后期，由公共图书馆、大学图书馆、科研图书馆参与合作，形成的联盟有近百个，主要有全国性、地区性以及行业系统性的。有代表性的图书馆联盟，详见表 9-1。

表 9-1　　　　　　　我国有代表性的图书馆联盟

| 序号 | 图书馆联盟名称 | 成员馆 | 建设模式 | 性质 |
| --- | --- | --- | --- | --- |
| 1 | 全国文化信息资源共享工程 | 国家、省、县公共图书馆 | 共建共享 | 全国性 |
| 2 | 中国高等教育文献保障系统（CALIS） | 高校图书馆 | 共建共享 | 系统性 |
| 3 | 江苏高等教育文献保障系统（JALIS） | 江苏高校图书馆 | 共建共享 | 地方系统 |
| 4 | 上海文献资源共建共享协作网 | 高校、公共、科研、情报图书馆 | 共建共享 | 地区性 |
| 5 | 大学数字图书馆国际合作计划（CADAL） | 高校图书馆 | 共建共享 面向公众 | 全国性 |

归纳分析，我国图书馆联盟主要有地方政府主管部门推动形成的地方性联盟和系统或行业主管部门组织的全国性联盟。政府的正确导向和持续支持是图书馆联盟发展的可靠保证。从我国实际情况看，现阶段较

为成功的省市级地方性图书馆联盟都离不开政府的引导和支持。如：上海市文献资源共建共享协作网就是在上海市政府部门积极推动下形成的。而系统或行业主管部门组织的图书馆联盟属于系统内文献信息资源的共建共享，有利于政府部门对系统内文献信息资源进行有效协调，从而减少某一学科或行业领域内文献信息资源建设中的无序和重复现象，从整体上提高国家文献信息资源的保障能力。如：由教育部组建的中国高等教育文献保障系统，文化部打造的全国文化信息资源共享工程。另外，从参与联盟的成员馆来看，我国图书馆联盟的成员馆基本来自高校、公共、科研、情报四大部门，都属于公益性图书馆；基本都采取共建共享的模式，无论联盟开展馆际互借还是文献传递，对读者都是免费提供。也就是说，我国图书馆联盟的运作方式是非营利性的。因此，从这一方面来说，图书馆联盟享有著作权侵权豁免是有坚实基础条件的，即使侵权也有一定的抗辩理由。

## 二　图书馆联盟开发数据库著作权侵权分析

早期的图书馆联盟馆际合作的业务主要是联合目录和资源共享，仅限于纸质实体资源，不存在著作权侵权问题。而目前国内外图书馆联盟趋于网络化，其联合目录和联合编目、电子资源建设及资源合作贮存、计算机资源共享基本上以数据库的方式进行开发与应用，必然带来著作权侵权的风险。

（一）联合编目数据库建设

1. 书目数据库

合作建立具有统一标准的书刊联合目录数据库，能使跨区域成员馆同步实现目录的编目上传和查询下载，大大减少书刊编目工作的重复劳动，提高编目工作效率和书目数据质量，这是网络时代图书馆联盟最基本的业务。目前，CALIS 是国内建设联合目录数据库最成功者之一，它已建立了数百万条书目记录、馆藏记录和中文期刊目次记录。其数据条目一部分来源于成员馆的回溯建库的书目记录，另一部分是成员馆对本馆新书或者新期刊进行分编后形成的条目上传给 CALIS 中心，CALIS 再甄别录用作新的补充。有些成员馆还以本馆特色文献为基础，建设特色书目数据库，作为 CALIS 目录数据库的子库。CALIS 联合目录库的特色数据库十分丰富，既方便成员馆下载使用，又有利于读者检索。图书馆书目数据库的建设，旨在揭示作品文献的外部信息，不涉及作品的内容；书目数据库建设的目的是为广大读者（社会公众）提供快速、高效、多途径的文献检索服务，方便读者使用作品，有利于新作品的创作，有利于人类科学文化事业的发展；而且几乎所有图书馆书目数据库都是对社会公众开放，免费使用。因此，图书馆联盟开展书目数据库建设，不会对原作品的著作权构成侵权。

2. 文摘数据库

文摘数据库也是各种形式的图书馆联盟联合编目的重要业务，文摘数据库是对作品或事实材料内容引用或准确归纳，然后设立多个检索点，形成条目、数据的集合体。文摘数据库主要是为了方便读者对作品的了解和选择。图书馆联盟制作文摘数据库是对作品内容的归纳，不存在侵犯原作品著作权行为；而对作品内容的引用，则属于对作品的合理使用。[1]引用符合我国《著作权法》第22条第2款规定："为介绍、评论某一作品或说明某一问题，可以在作品中适当引用他人已经发表的作品。"并且图书馆每一条数据关于作品的摘要基本控制在100字左右，这么简短的内容不会构成对原作品著作权的侵犯，此行为也符合《伯尔尼公约》第10条第1款规定："允许从公众已经合法获得的作品中摘录原文，只要摘录行为符合公平惯例，摘录范围未超过摘录目的所允许的程度。"也许有人会提出以下质疑，我国《著作权法》第32条规定："作品刊登后，除著作权人声明不得转载、摘编的外，其他报刊可以转载或者作为文摘、资料刊登，但应当按规定向著作权人支付报酬。"对此，图书馆联盟又作何解释？首先，此规定的转载和摘编是发生在报刊之间，联盟的文摘数据库的条目只介绍图书的核心内容，不是对图书内容的转载，图书馆联盟不在此条规定之列；其次，图书馆联盟的文摘数据库建设的目的是供读者选择借阅或购买书刊之用，不是为了转载、摘编为读者欣赏或作其他之用；最后，图书馆联盟的文摘目录对读者或社会公众是免费使用，属于非营利的公益行为。因此，图书馆联盟的文摘数据库建设行为也不存在著作权侵权问题。

---

[1] 李培：《数字图书馆原理及应用》，高等教育出版社2004年版，第242—244页。

## (二) 数据库实体资源建设

现代图书馆联盟实体资源建设主要涉及作品数字化，国内在这方面做得最为成功的数字图书馆联盟是"大学数字图书馆国际合作计划"（CADAL）。2000年，由浙江大学、中科院研究生院共同牵头，与"211"和"985"工程院校以及部分特色资源院校图书馆联合，将纸质特色资源数字化，旨在构建中国高等教育数字化图书馆联盟，以保障全球文化多样化和中华民族的文化安全，即以数字图书馆作为精神支柱和基础使民族得以传承、国家得以维系。CADAL的目标是打造一个共建共享、面对社会公众免费开放的全球最大的公益性数字图书馆。2008年，一期工程已经竣工，完成对1 023 425册图书的扫描加工，70万册以上的数字图书已成为可服务的资源；二期工程也已动工，制订有详细的计划任务书。见表9-2。

表9-2　　　　　CADAL二期工程数字化计划表

| 中文古籍 | 民国文献 | 中文图书 | 中文报纸 | 外文图书 | 外文会议论文 | 外文技术报告 | 科技档案 | 灰色文献 | 美术作品 | 声像资料 | 总计 |
| --- | --- | --- | --- | --- | --- | --- | --- | --- | --- | --- | --- |
| 10万卷 | 10万卷 | 30万册 | 20万期 | 40万册 | 30万篇 | 20万篇 | 20万篇 | 37万件 | 75万幅 | 8万件 | 300万件 |

多年来，CADAL项目领导组一直致力于寻求方便可行的知识产权解决方案。其实包括CADAL在内的所有图书馆联盟进行数据库开发，其数字化作品的来源都分为专有领域作品和共有领域作品两大类，对两个领域作品进行数字化，将带来不同著作权侵权结果。

著作权法保护的著作权是一种专有权，在这种专有权之外的作品则处于公有领域，通常是没有纳入著作权法中的作品、保护期限已经届满的作品以及权利人放弃著作权的作品。公有领域的作品是人类共同的知识财富，也是典型的"知识共有物"。这种知识共有物是著作权法律制度运行出现的必然结果，因为著作权法制度旨在推动人类科学、技术、文化发展和文明进步，为实现这一目的离不开对知识共有物的充分获取、传播与利用。各国著作权法都规定了著作权的保护期，使作品处于有限的保护状态，各国著作权法规定，过了保护期的作品自然进入共有领域。共有领域作品是公众无偿、自由获取信息的重要区域。因此，图书馆联盟为了数据库建设的需要，可以对共有领域作品进行无偿数字化，不存在侵权风险。由于作品的人身权（发表权除外）不受限制，数字化时应予以回避。

对于处于保护期限内的作品，图书馆联盟进行数字化属于对作品复制，根据我国现行《著作权法》和其他国家《著作权法》，对于合理数字化，归纳起来有以下几种情况：（1）为教学、科研人员用于学校课堂教学或者科学研究、为国家机关执行公务而少量数字化已经发表的作品。（2）图书馆为了陈列或者保存版本的需要，数字化本馆收藏的作品。（3）为读者个人学习、研究或者欣赏目的而为读者数字化他人已经发表的作品或下载他人网络作品。（4）在文献资源共享中数字化其他图书馆馆藏文献。（5）为了保存或借阅目的，图书馆将纸质文献制作成缩微资料、录音、录像制品、机读或者数字资料。

分析以上合理数字化的判断标准，主要有：（1）数字化作品的目的是社会公益目的、教育科研目的、消费目的。从我国《著作权法》第22条关于合理使用的列举规定来看，为了公益的、教育科研、个人学习和欣赏目的而数字化他人已经发表的作品是合法数字化行为，为了商业目的而数字化他人作品则是非法数字化行为。美国《著作权法》也将"批评的"、"学术的"、"研究的"数字化作品的目的作为数字化行为是否合理的判断标准。任何商业性或以营利为目的对他人作品的数字化行为均为非法。（2）被数字化作品的只能是他人已经发表的作品。（3）数字化作品的程度。如我国《著作权法》第22条规定：为了学校教学或者科学研究，少量数字化已经发表的作品，供教学科研人员使用属于合理使用。如果大量数字化，虽为上述目的也是非法使用。（4）对被数字化作品的影响。根据美国的有关判例，数字化作品的结果没有对著作权的作品的潜在市场或价值所产生影响的，是合理使用。图书馆联盟进行数据库建设，如果符合上述条件，虽未取得著作权人的许可，不向著作权人支付任何报酬，依著作权法的规定，也是非侵权行为。

一般来说，图书馆联盟进行数据库建设，对作品数字化的量都相当大，否则其数据库建设容量较小，也达不到使用的效果。而大量数字化著作权作品,即使出于公益性目的,图书馆联盟也已经脱离合理使用的"轨道",不能享受豁免权,必须征得作者的同意,并付相应的报酬。鉴于数字化作品的数量过于庞大,图书馆联盟可以委托著作权集体管理组织,实施与作者协议、对作者付费工作,既方便快捷可行,又能节约图书馆联盟数据库开发的成本。

对于被数字化作品潜在市场或价值是否有影响的问题,我们应辩证地分析。从经济学角度看,对同一作品,创作者、传播者、使用者所享有的著作权、邻接权与使用者权,往往存在权利的分配与利益的冲突。随着作品、信息资源利用方式的拓展,如数字技术的出现,公益性图书馆(包括图书馆联盟)的普及,将使侵权使用与合法使用的权利界限变得模糊起来,因此有必要从法律上对各主体的权利重新安排。合理使用等著作权限制制度的创设,正是为解决作品使用的一种有效途径。我们知道,著作权效益的实现,既不可能产生于静态归属,也不完全来自作者自己使用。作者要取得作品生产成本的回报,取得最大限度的利润,就要凭借出版者、传播者的广泛传播,就要依赖社会公众对作品的广泛使用。作品传播的范围越是广泛,使用的方式与数量越是充分,创作者的收益就越见丰硕。著作权法关于权利的一般配置方式是:作者享有复制、公演、播放、展览、发行等独占使用作品并由此获得报酬的权利;传播者通过自愿交易与法定许可,在付酬的条件下以各种传播方式再现原创作品,并对自己的传播成果享有利益;社会公众作为消费者,可以通过各种途径,有偿或无偿地获得著作权作品,供个人学习、研究、娱乐之用,或满足文化教育、司法公务、慈善事业等公共利益的需要。著作权限制制度的效益价值在于:在著作权的作品中,划出有限的范围,供非著作权人无偿使用,虽使使用者受益,但并未损害创作者,因而在此情形下每个成员对作品的愿望都得到最大的满足。[1] 因此,作为传播者和使用者,图书馆联盟大量数字化著作权作品,而不经作者同意,并且不付费用,对作品的市场有一定的影响,必须承担相应的侵权责任;如果数字化著作权作品数量不大,又由于图书馆联盟数字化行为促成作品的广泛宣传、传播与利用,有扩大作品市场的一面,依据著作权限制制

---

[1] 吴汉东:《合理使用制度的经济分析》,《法商研究》1996年第2期。

度，此情况下图书馆联盟就应该享有著作权侵权豁免，可无偿数字化著作权作品。

**三 文献传递著作权侵权分析**

图书馆联盟的文献传递业务，对于涉及实体书刊的馆际互借不存在著作权侵权问题；而对于复制著作权作品进行文献传递，由于对作者利益影响不大，著作权争议也不大。但是，随着实体馆藏可通过数字化成为网络电子资源，不受时空限制供其他图书馆读者下载使用，可能成为他馆的虚拟馆藏。特别是图书馆联盟实行资源共享，使实体馆藏与虚拟馆藏的界限更加模糊，趋于整体。再者，电子资源集团采购、共同利用，正使以Web方式进行的馆际互借和文献传递工作成为现代图书馆联盟活动的主流。在此情形下，图书馆联盟的文献传递业务著作权的侵权问题凸显。

（一）复制

图书馆联盟之间的文献传递，早期主要是对作品进行复印，再进行邮寄；现在对于未数字化的馆藏作品的传递，复印方式并未放弃，而对于数字化馆藏作品和网络数字作品的传递份数的多少的标准上，颇有争议。对每件作品传递多少份，属于著作权侵权的问题，各国标准不一。但综合考察，大致趋向于"五份"。如我国台湾地区《著作权法》第92条第2项规定："对于侵害他人作品公开传输超过五件，或权利人所受损害超过新台币三万元者，仍然有刑事责任。"对于图书馆联盟而言，若是未经合法授权以上述方法提供远距文献传递服务，所提供的著作权作品如果超过五件，虽然是"非营利"目的，仍然要负侵权责任。对此，图书馆联盟应以适当的方法避免。

（二）临时复制

对于网络作品，图书馆联盟一般通过建立接入、存储、传输、链接或搜索等中介服务平台，进行文献传递服务。其传递文献是根据用户的指令自动来完成的，图书馆联盟对传输的作品或信息的内容不知情，对传输行为也不直接进行控制。如果提供的文献信息不是来源于自己，就有可能是从其他网站复制、转载而来。此时图书馆联盟的作品全文下载复制，是临时复制的过程。作品在传输引发的复制中，作品并未复制在磁盘上，而在随机存储器暂存，甚至作品只是在电子系统的正常使用过程中产生的附带的或瞬间的复制件，这就是"临时复制"。根据澳大利亚《版权修正案（数字备忘录）》规定：临时复制是制作或接收某一信息技术过程的一部分。在信息内容没有侵权的前提下，它不侵犯著作权，① 这个例外包括浏览或在线观看在线版权资料和某种方式的缓存所进行的临时复制。欧盟"版权指令"第5条第1款规定："过渡的或偶然的临时复制行为，是技术程序不可分割的和重要的组成部分，其目的仅是为了能使第三方在网络传输中使用或合法使用受保护的作品或其他材料，而且这些作品或材料没有任何独立的经济意义，应当对第2条规定的复制权进行豁免。"② 所以，一般认为临时复制不宜作为传统上的复制，而应作为著作权的例外看待。这种"临时复制"与传统的"复制"是有区别的，它又包括浏览和缓存两种具体情况。

1. 浏览

在网络使用过程中，著作权人有意把一些可以浏览的文献资料放在网上，浏览这些资料，或者取得著作权人隐式许可，或者属于合理使用。有人认为对于非商业性和非营利性的使用浏览是一种合理使用。笔者很赞同此观点，因为：（1）因为那些显示在计算机上的临时拷贝的数字作品颁发许可没有必要。如果这种使用不是商业的，合理使用成立，责任豁免。（2）阅读在线作品远不如阅读平装书那样容易和方便，读者大多不习惯网上阅读，其拷贝的量是不会大的，著作权人不必过分害怕数字浏览，也不必担心损失其市场。（3）除非读者有理由知道某一信息，浏览者将受非故意侵权原则的保护，非故意侵权原则允许司法机关在合适环境下免除对当事人惩罚。③

2. 缓存

图书馆联盟以网络服务提供者身份从其他网站选取信息后，自动存放服务器上，当随机使用者点击同一站点信息时，将不必再自原网站传

---

① "Copyright amendment ( digital agenda ) act 2000", 2013 - 06 - 25, http: // www. Decs. act. gov. au /policies/pdf / copyright - amendment. pdf.

② "Directive 2001 /29 /EC of the European Parliamentand of the Uncil", 2013 - 8 - 12, http//: www. europa. Eu. int/ eur - lex/p ri/ en /oj/dat/2001 /1_ 167 /116720010622en00100019. pdf.

③ 刘可静：《知识产权与图书情报工作》，《图书情报工作》2002年第6期。

送该信息，而是自先前存有该信息的服务器传送该信息。根据美国《著作权法》第 107 款规定的合理使用因素，对缓存的合理性进行分析：①使用的目的与特点。代理缓存一般是在为服务对象提供商业服务时使用的，因此具有商业目的。然而，在现实中，很难区分某个在线服务提供者缓存服务具有完全不同于著作权所有者使用其资料的功能。缓存合理使用可能性很大。②对著作权作品潜在市场或价值的影响。许多缓存实例没有损害版权所有者作品的潜在市场，特别是对于那些非商业 Web 网站资料可免费利用的缓存。此因素一般依赖于具体事实。然而，现实中，著作权人难以找到足够的有害于潜在市场的实例来反驳缓存是合理使用。① 因此，传统的复制对图书馆联盟文献传递服务的限制性较大，而临时复制对文献传递服务并没有太大的影响。

（三）网络传播

网络传播权为各国著作权法修正时新增的权利类型，主要是因为互联网上著作权作品广泛传播，而对著作权保护不足，不得已而为之。网络传播是指以有线电、无线电之网络或其他通信方法，以文字、声音或影像向公众提供或传达著作权作品的内容，使用者可不受时间、地点的限制，接受著作权作品的内容。网络传播主要包括网络主动传播、对公众提供信息等著作权作品的利用行为。如：广播公司提供实时网络广播的服务，这样的服务事实上就属于网络传播权中的"主动传输"的范围；至于所谓"对公众提供"则是新的保护形态，最常见的就是将著作权作品放置在网络上供不特定人下载，就是一种对公众提供著作权作品的行为，无论是不是有人实际下载，只要是处于可能被特定多数人或不特定多数人所接触、取得，若未经合法授权，就是属于侵害他人的网络传播权。因此，图书馆联盟如果直接通过网络进行文献传递服务，则必须避免以公开传播的方式提供服务，即：一次通过网络传送著作作品给特定或不特定的多数人、将他人著作放置在网络的服务器上供他人下载（即使有密码控管也是一样）。只有一对一的网络传输，以合理的控制方式，将著作权作品提供给联盟的参与馆，再由接受作品的图书馆提供给读者。并且符合其他条件，如我国台湾地区《著作权法》规定一次传播每一件

---

① 盛小平：《数字环境下图书馆的合理使用》，《图书馆》2005 年第 5 期。

著作权作品不超过五份就不构成侵权。而澳大利亚《版权修正案》规定图书馆联盟可以无须支付报酬或获得许可，按下述规定进行文献传递服务：①按照研究或学习的需要，复制和传输一部作品或一篇期刊文章的10%；②按照研究或学习的需要，为使用者复制或向另一个图书馆电子传输一部作品，条件是在合理的时间内以正常的商业价格买不到该作品；③向为了保存和内部管理目的人员复制和电子传输馆藏作品；④在图书馆内部不允许在计算机终端以电子形式复制或交流向公众提供的作品。[①]不符合上述规定，图书馆联盟文献传递服务即为侵犯著作权人的网络传播权。

## 第五节　图书馆自建数据库著作权的限制与反限制

图书馆是国家设置的社会公益文化事业，是收藏并保存作品、传播知识、提供信息服务的重要机构，处于文化信息服务门户地位，这一地位是其他任何机构无法撼动的。对作者来说，图书馆是作品使用者；对公众（读者）来说，又是作品传播者。因此，图书馆在著作权关系中处于特殊地位，是著作权人和公众的桥梁。随着网络技术、数字技术的发展，图书馆为了便于读者利用作品、信息，开始在传统纸质文献基础上开发建设本馆特色数据库。然而，对于图书馆自建数据库是否给予著作权保护，是给予强保护还是弱保护的问题，在图书馆界、出版界、法学界存在强烈的争论，至今无法统一。本节将从著作权受保护符合的法律条件（即内部限制条件）、受限的外部条件的角度，来具体分析图书馆自建数据库著作权保护受到限制的缘由，以供图书馆自建数据库考量。

### 一　数据库受到保护的条件

数据库也是作品重要形式之一，与其他作品一样，在符合条件的情况下，理应受著作权法保护，而为了恰当地授予著作权，著作权法在其

---

① 吉宇宽：《图书馆作为 ISP 著作权侵权豁免分析》，《图书馆学研究》2008 年第 7 期。

内部设置了许多著作权取得的具体条件，主要包括思想、表现两分原理和独创性的条件。

(一) 思想、表现两分原理

思想、表现两分原理是指著作权只保护思想的表现而不保护思想本身。① 最为权威的界定是美国 1976 年著作权法第 102 条 (b) 款和 TR IPS 协议第 9 条第 2 款。前者规定："著作权在任何情况下保护创作的原创作品都不延及任何思想、程序、过程、制度、操作方法、概念、原理、或发现，不管在这样的作品中它被描述、解释、说明或具体化的形式。"后者规定："著作权保护应延及表现，而不延及思想、工艺、操作方法或数学概念之类。"思想、表现两分原理在著作权法中发挥着非常重要的作用。思想、表现两分原理就是一种对著作权进行限制的技术，即通过将作品划分为不可受到保护的思想与可受到保护的表现两种成分，从而将著作权保护限制在一定的范围之内。正是这种技术性的限制，才使著作权获得了其正当性。因为在确定著作权保护的过程中，"除了考虑垄断思想是否恰当外，肯定应当让思想自由流通，因为这是思想的本质和作用。所以，把思想排除在著作权适用范围之外，是普遍认可的"②。

(二) 独创性条件

独创性是著作权保护的另一个重要限制条件。作品的独创性，是指一件作品的完成是该作者自己的选择、取舍、安排、设计、综合的结果，既不是依已有的形式复制而来，也不是依既定的程式或程序推演而来。因此，无论何种作品，只要它体现了作者自己的选择与安排，该作品就是具有独创性。③ 著作权法为什么要求作品具有独创性才予以保护的问题，是由著作权的立法目的决定的。无论是美国著作权法还是我国著作权法，保护作者的著作权固然是著作权法的重要目标之一，但根本上保护作者的著作权只是促进科学发展的手段，促进科学发展才是著作权立法的根本目的。由于著作权的这种立法目的，在社会给予作者对其作品

---

① W. R. Cornish, *Intellectual Property: Patent, Copyright, Trademarks and Allied Right*, Landon: Sweet & Maxwell, 1981, p. 319.

② [法] 克洛德·科隆贝：《世界各国著作权和邻接权的基本原则——比较法研究》，高凌瀚译，上海外语教育出版社 1995 年版，第 1—3 页。

③ 刘春田：《知识产权法》，北京大学出版社 2003 年版，第 45 页。

的著作权和作者给予社会的作品相互之间就形成了一种对价关系。社会给予作者的对价是对其作品在法定期限的著作权，在著作权期限内只有作者能够利用该作品，作者在著作权期限内可以通过对该作品的利用获得收益。作者给予社会的就是他的作品，这显然要求作者的作品必须对"科学的发展"做出了一定的贡献，否则社会给予作者的著作权就没有对价，作者也就不能享有著作权。作品独创性就是衡量作者的作品"对科学的发展"做出贡献的基本指标。因此，根据著作权法的规定，作品要受到著作权的保护，除了首先必须属于表现而不是思想外，这种表现还必须具有独创性。只有符合这两种条件的作品才可能受到著作权的保护。

## 二 图书馆自建数据库著作权保护内部限制的缘由

"数据库"的一般含义是对已存在的作品或者事实材料在选择、编排、整理、加工、汇编等基础之上形成的新的集合物。我国与大多数国家一样，采用著作权法对数据库（以"汇编作品"的形式）进行保护。我国《著作权法》第14条规定："汇编若干作品、作品的片断或者不构成作品的数据或者其他材料，对其内容的选择或者编排体现独创性的，为汇编作品，其著作权由汇编人享有，但行使著作权时，不得侵犯原作品的著作权。"[①] 图书馆自建数据库大都是为了方便读者利用作品，属于公益行为并非商业运作。图书馆数据库开发主要涉及书目数据库、文摘数据库、全文数据库（主要是特色文献方面），对多媒体数据库的开发极少。图书馆建设不同种类的数据库使用的作品或事实材料不同，建设手段、付出的代价不相同，数据库的表现形式和独创性也不同，因此著作权保护的内部限制也不相同。

### （一）书目数据库、文摘数据库

图书馆建设本馆书目数据库，是通过回溯建库形成基础，再对新书或者新期刊进行分编，作新的补充。有些图书馆还以本馆书目数据为主，以参考使用其他图书馆书目数据为辅，进行特色书目数据库建设。图书馆书目数据库的建设旨在揭示作品文献的外部信息，不涉及作品的内容；

---

[①] 欧盟国家对数据库采用特殊权利保护，旨在保护开发者的"实质性投资"，汇编作品的"选择与编排"独创性的著作权标准却被放弃，则另当别论。

同时，书目数据库建设的目的是为广大读者（社会公众）提供快速、高效、多途径的文献检索服务，方便读者使用作品，有利于新作品的创作，有利于人类科学事业的发展。因此，几乎全部图书馆的书目数据库都是对社会公众开放的。尽管图书馆自建书目数据库具有著作权法规定的作品"表现"形式，但为满足读者检索习惯和标准统一，内容"选择与编排"都以 MARC 标准格式著录、编排。图书馆不能通过自己的方法和习惯将其建库的思想以"汇编作品"表现出来，致使不同图书馆之间的书目数据库形式基本相同。我国《著作权法实施条例》第 3 条："独创性是指直接产生文学、艺术和科学作品（包括汇编作品）的智力活动。"据此解释，图书馆自建书目数据库反映不出独创性或独创性较差。基于这些缘由，图书馆自建书目数据库一般不被授予著作权保护，即便授予著作权保护，也应该是对社会公众免费使用。

文摘数据库是对作品或事实材料内容引用或准确归纳，然后设立多个检索点，形成条目、数据的集合体。文摘数据库主要是为了方便读者对作品的了解和选择。图书馆制作文摘数据库对作品内容的归纳，不存在侵犯原作品著作权行为；而对作品内容的引用，则属于对作品的合理使用。[①] 引用符合我国《著作权法》第 22 条第 2 款规定："为介绍、评论某一作品或说明某一问题，可以在作品中适当引用他人已经发表的作品。"并且图书馆每一条数据关于作品的摘要基本控制在 100 字左右，这么简短的内容不会构成对原作品著作权的侵犯，此行为也符合《伯尔尼公约》第 10 条第 1 款规定："允许从公众已经合法获得的作品中摘录原文，只要摘录行为符合公平惯例，摘录范围未超过摘录目的所允许的程度。"但是，文摘数据库同样也是在 MARC 标准格式著录、编排，虽有"表现"形式，但独创性较差；虽然摘要内容有独创性，但又不受著作权保护。因此，图书馆自建文摘数据库著作权保护也被限制在较弱的位置。

（二）全文数据库

图书馆自建全文数据库主要涉及作品数字化。作品分为专有领域作品和共有领域作品，因此，对两个领域作品进行数字化，图书馆要付出不同的代价。况且图书馆建设数据库的采用营利性和非营利性不同的运

---

① 李培：《数字图书馆原理及应用》，高等教育出版社 2000 年版，第 242—244 页。

作方式，将决定其数据库享受著作权保护的强弱程度。

著作权法保护的著作权是一种专有权，在这种专有权之外的作品则处于公有领域。通常是没有纳入著作权法中的作品、保护期限已经届满的作品以及权利人放弃著作权的作品。专有权之外的处于公有领域的作品是人类共同的知识财富，也是典型的"知识共有物"。这种知识共有物是著作权法律制度运行出现的必然结果，因为著作权法律制度旨在推动人类科学、技术、文化发展和文明进步，为实现这一目的离不开对知识共有物的充分获取、传播与利用。各国著作权法都规定了著作权的保护期，使作品处于有限的保护状态，各国著作权法规定，过了保护期的作品自然进入公有领域。公有领域作品是公众无偿、自由获取信息的重要区域。因此，图书馆为了数据库建设的需要，可以对共有领域作品进行无偿数字化，不存在侵权风险。由于作品的人身权（发表权除外）不受限制，数字化时应予以回避。

对于处于保护期限内的作品，图书馆进行数字化应依法规定合理使用。数字化的判断标准，主要有：（1）数字化作品的目的是社会公益目的、教育科研目的、消费目的。从我国《著作权法》第 22 条关于合理使用的列举规定来看，为了公益的、教育科研、个人学习和欣赏目的而数字化他人已经发表的作品是合法数字化行为，为了商业目的而数字化他人作品则是非法数字化行为。美国《著作权法》也将"批评的"、"学术的"、"研究的"数字化作品的目的作为数字化行为是否合理的判断标准。任何商业性或以营利为目的对他人作品的数字化行为均为非法。（2）被数字化作品的只能是他人已经发表的作品。（3）数字化作品的程度。如我国《著作权法》第 22 条规定：为了学校教学或者科学研究，少量数字化已经发表的作品，供教学科研人员使用属于合理使用。如果大量数字化，虽为上述目的也是非法使用。（4）对被数字化作品的影响。根据美国的有关判例，数字化作品的结果没有对著作权的作品的潜在市场或价值所产生影响的，是合理使用。图书馆进行数据库建设，如果符合上述条件，虽未取得著作权人的许可，不向著作权人支付任何报酬，依著作权法的规定，也是非侵权行为。①

---

① 吉宇宽：《图书馆作为 ISP 著作权侵权豁免分析》，《图书馆学研究》2008 年第 7 期。

图书馆建库合理数字化作品必然存在"量大"侵权的问题。如何解决？笔者认为，图书馆属于公益性机构，为了公众利益而进行数据库建设，不是以营利为目的；而且从目前各国的立法实践来看，图书馆数据库的适用范围都还被控制在图书馆内，也不会对作品市场构成威胁。因此，即使存在"量大"侵权的问题，图书馆也应该享受豁免待遇。图书馆自建数据库如果实行资源共享，则属于公益性行动，其数据库可赋予著作权保护，但社会公众可免费使用；如果按市场化运作，属于营利性行为，图书馆就丧失了公益性，在数字化作品时也要获得作品著作权人许可，并支付相应的报酬，其数据库也应获得著作权保护，但鉴于著作权保护只限于汇编结构的表现，不延及汇编的内容，图书馆自建全文数据库著作权保护力度也受到限制，处于较弱的地位。

（三）多媒体数据库

虽然多媒体数据库是图书馆开发数字资源的重要类型，但由于多媒体数据库是汇编文字作品、美术作品、音像作品、摄影作品、实事材料的集合体，而任何一个图书馆又不可能围绕某一主题，汇编到多种类型的作品材料。因此，图书馆进行公益性多媒体数据库开发，在世界范围内都极为少见。也只有少数图书馆为了商业目的进行多媒体数据库建设，不过此时图书馆丧失了公益性，也丧失了著作权侵权抗辩的理由，其进行多媒体数据库开发付出的代价极大。图书馆要投入大量的资金购入设备，购买或自行开发实用软件，大量付出经费购买作品使用权，培养专门技术人员，进行复杂的数据库建设。由于多媒体数据库的开发不光有具体的"表现"形式，而且形式特别，并反映出图书馆（开发者）独创性的智慧，因此，图书馆为营利性自建多媒体数据库著作权保护应该较强，使用者也应该是付费使用。而对于其经费来源主要是纳税人以国家预算形式支付的公益性图书馆，为了社会公众的利益，其进行公益性多媒体数据库建设，应赋予著作权保护，但社会公众仍可无偿使用。这样，也才能体现出图书馆取之于民、用之于民的公益性特征。

### 三 图书馆自建数据库著作权保护外部限制的缘由

从各国对数据库保护的实践来看，总体是处于较弱保护的趋势（欧盟特殊权利保护，并非主流），尤其对公益性图书馆自建的数据库，保护的水平更弱。除了图书馆属于公益性机构,其自建数据库属于公益行为的原因外,还有著作权保护外部限制的缘由。

(一)公共利益的限制

作品符合著作权法规定的著作权保护的实质要件,仍然可能得不到保护。因为著作权保护不仅有受保护条件,还有外部限制因素。数字技术、网络技术的发展,促成图书馆为了读者(社会公众)更方便、快捷地使用文献信息,而进行数据库的开发,有利于人类科学文化事业的发展,这也切合了著作权保护外部限制的理由:社会公共利益。为了适当地促进成果创作,固然应站在自然权利甚至正义论的立场,保护智力劳动成果所产生的权利。然而,著作权保护显然具有更为根本的终极目标,即社会公共利益。著作权立法的公共利益目的是显而易见的,美国著作权条款的规定如此,我国著作权法的规定也是如此。在美国,"著作权专有权利条款仅仅使用了公共福利理由而没有提及保护的自然权利理由"。著作权的功能"首先是强化公共利益,然后才是奖励作者"。著作权"不是用来规定特定的私人利益。相反,这种有限的授予是一种实现重要的公共利益目的的手段"。我国著作权法吸收了作者权体系的立法价值观,著作权法首先对作者的权利关照,但更注重社会公共利益。[①] 图书馆自建数据库虽属于表现,但独创性较差,加之著作权只保护表现形式、不涉及数据库内容的原因,致使数据库著作权保护,处于弱势地位。另一个重要原因是,图书馆开发数据库的公益目的,也决定其数据库产品是对社会公众开放的,这意味着对图书馆自建数据库也不能实行强保护,如果实行强保护,社会公众(读者)就不能正常接近图书馆建设的数据库了,那么图书馆的数据库建设行为就有悖于公共利益,图书馆作为公益性机构就失去了存在理由。因此,社会公共利益使图书馆自建数据库著作权保护受到限制,其实图书馆也需要社会公共利益的限制来显示其公益性的特质。

(二)公众基本权利的限制

著作权也被视为人们的基本权利之一,但它在人类的基本权利体系中的地位不是最高的。因此,当它与其他基本权利如言论自由、科学研

---

① 王太平:《著作权保护的双重限制》,《知识产权》2007年第4期。

究自由等的冲突时，它一般都要作一定的让步。① 图书馆自建数据库如果仅仅强调著作权保护，就有可能引起著作权与公民的言论自由、科研自由、文化教育、享受科技成果的自由等其他基本权利的冲突。因为图书馆自建数据库著作权强保护可能压缩他人的言论自由、享受科技成果自由等宪法所保障的更为基本的权利。因此，作为"后来权利"的著作权在一定意义上必须为他人"与生俱来"的言论自由等基本权利让路。图书馆进行数据库建设，本来是为了达到让社会公众能够在网络环境下高效地利用作品信息这一目的。但是，如果仅通过著作权内部的"思想、表现"两分原理和"独创性"限制条件对图书馆数据库著作权保护进行的限制，显然存在阻止社会公众对数据库正常接近的危险，图书馆数据库建设的目标无法实现，更谈不上对公民言论自由、科学研究自由等基本权利的促进。如何解决这一著作权法的内部限制的纰漏？在著作权法之外还需要用言论自由、科学研究自由等条件来对著作权加以必要的限制。

有人将图书馆比喻成著作权制度的"平衡器"，形象地指出了图书馆作为调节著作权人和社会公众利益的中介组织的特性。② 作为公众利益的代言人，图书馆有着维护公共利益的特质，这种特质也促使图书馆在其数据库建设方面，重视其在著作权利益平衡机制中应起的作用：维护其数据库著作权利益和社会公众的利益平衡，也通过维护这种动态的平衡，使社会公众得以分享其著作权利益，使公民的基本权利得到保障。

---

① 顾敏康：《欧盟基本权利宪章的启迪》，《人权》2002 年第 4 期。
② 张今：《数字环境下恢复著作权利益平衡的思路》，《科技与法律》2004 年第 4 期。

# 第十章

# 关于数字图书馆著作权作品使用付酬机制研究

传统的以纸质文献服务的图书馆，在文献采购过程中，支付费用已经不成问题。在新信息技术环境下，图书馆相继开拓数字电视图书馆、移动数字图书馆，甚至酝酿成立手机电视台来拓展数字图书馆的新媒体服务，这样，图书馆尤其是数字图书馆的业务逐步与广播电视、电信机构的业务融合，因此，协议许可模式、法定许可条款都可适用于数字图书馆；数字图书馆使用作品的类型不再以文字作品为主，而逐步扩大到文本、图像、音频、视频以及软件作品等多种类型。数字图书馆的功能的多重性和使用作品类型的多样性，决定了其获取著作权授权模式的多样性。但是，现有授权模式中的付酬机制还存在诸多弊端，已成立的著作权集体管理组织付酬业务还不成熟。这就决定了我国数字图书馆作品使用付酬面临着重重困境。因此，剖析我国数字图书馆付酬的困扰因素，探索适合我国数字图书馆的方便可行的付酬机制，将是本章重点探讨的问题。解决好此问题，将有利于数字图书馆方便快捷地获取作品使用授权，也有利于我国公共文化数字服务体系的完善。

## 第一节 数字图书馆作品使用付酬的困境

一、协议付酬成本过高、法律保障缺失

"三网融合"、云计算、卫星传播、物联网、3G等新技术的发展，对数字图书馆产生了颠覆与破坏,并驱动数字图书馆延伸与调整服务功能。① 数字图书馆也努力建设多样性的新媒体资源体系,与其新功能相匹配。因此,数字图书馆使用作品的范围也在逐步扩大,涉及文学艺术和科学技术的图书、文本、音频、视频等不同类型的作品,而且数量庞大。例如,截至2011年年底,国家数字图书馆数字资源总量已达561.3TB,主要包括外购数据库71TB、馆藏特色资源数字化466.8TB、网络导航和网络资源采集19.2TB五个部分。其中电子图书142.7万种/185.3万册;电子期刊约5.3万种;电子报纸约0.37万种;学位论文约353.7万篇;会议论文约308.1万篇;音频资料约101.6万首;视频资料约8.9万小时。2011年底,河南数字图书馆也实现了240万种全文图书、9亿页全文资料、6000万篇中文期刊论文、8000多万篇报纸以及标准、专利等多种全文文献的省市县三级远程服务。② 数字图书馆是一个不断更新、不断生长的有机体,其信息资源总量还在持续扩大。面对这样大的作品使用量,如果数字图书馆采取自行与每一部作品的著作权人逐个签约的方式去付酬,不仅烦琐,也使数字图书馆建设的成本大大增加。发展各类文化事业要始终坚持把社会效益放在首位,这是我党十六大就已经提出的要求。数字图书馆是我国文化事业的重要组成部分,在其建设和发展过程中,必须牢牢把握这一前提。如果不计成本地维持数字图书馆的建设与运行,就是与党和政府的号召与要求相违背,图书馆界也没有充足的资金去浪费,这也不符合图书馆行业高效利用资金的良好习惯。

  作者在创作作品时需要投入足够的时间和精力,并承担相应的经济风险,因此,法律赋予其一定的利益回报用以补偿其投资,使其保持动力和激情继续创作。③ 如若不然,作者将不愿意冒着风险来进行创作投资,作品数量将会大大减少,数字图书馆等公益性文化服务机构以及社会公众也难以获得更多更好的作品,公共福利水平难以提升,公共政策

---

  ① 张晓林:《颠覆数字图书馆的大趋势》,《中国图书馆学报》2011年第9期。
  ② 《河南数字图书馆开通》,2012年4月12日,http://www.ccnt.gov.cn/xxfbnew2011/xwzx/qgwhxxlb/201112/t20111227.html。
  ③ Stewart S., *International Copyright and Neighbouring Rights*, Butterworths, 1989, pp. 8–13.

目标的无法实现。① 因此，著作权保护既要考虑作者的个人利益也要兼顾
公共利益。保护作者的利益主要体现为对作者获取报酬权的保护；促进
公共利益而言，数字图书馆及公众则可以通过多种手段获取作品的使用
权。但是，在非合理使用的情形下，数字图书馆必须要付出合理的作品
使用报酬。例如，我国《著作权法》第10条第2款规定，作者有权依照
协议许可或者法定许可等规定来获得报酬。但是，我国《著作权法》并
未强调使用者支付报酬应为合理的报酬。如此一来，作者与数字图书馆
约定的付酬标准都符合法律的规定。而在现实生活中，作者的正当利益
可能因为付酬标准的不合理而得不到保护，并且作者事后认识到付酬标
准不合理时，也不能根据法律的规定进行事后补救，因为我国的《著作
权法》没有设置作者报酬修改权。而依据我国《合同法》第54条的规
定，如果合同的条款显失公平，当事人可以请求人民法院或者仲裁机构
变更或者撤销。从理论上讲，可以以《合同法》来救济，但是实践中却
还没有这个先例。当通过许可协议使用作品的付酬标准不合理、法律法
规没有强制性的使用作品的付酬标准、法律也没有赋予作者报酬修改权
时，就容易引起数字图书馆与作者之间，在著作权交易中的不信任或者
不均势；还可能引起数字图书馆与作者之间的多重谈判，造成著作权交
易成本的提高，甚至导致作品交易不能。这既影响文化产业的发展，又
阻碍图书馆文化事业的进步。

## 二 数字图书馆可依据的法定许可付酬标准不健全

法定许可对财产权排他性弱化的重要体现是定价权的转移，即对作
品使用的价格改由法律设定，而不再是基于著作权市场的供求关系。因
此，数字图书馆获取作品使用权支付费用不需与权利人协商，依据法律
规定就可进行。目前，我国数字图书馆可依据的法定许可的付酬标准的
规制主要有《出版文字作品报酬规定》、《广播电台电视台播放录音制品
支付报酬暂行办法》等规定。

随着数字图书馆涉及广播电视、电信业务，关于转载或摘编主体的
界限日渐模糊，数字图书馆可以与报刊媒体一样，凭借使用作品的目的，

---

① Nimmer M., *Nimmer D. Nimmer on Copyright*, Lexis Pub, 1999, pp. 8 – 88.

依据法定许可规定来获取作品的转载或摘编的权利并支付使用费。数字图书馆涉及转载与摘编报刊已发表作品的付酬,可依据《出版文字作品报酬规定》。可是,我国的《出版文字作品报酬规定》只适用于纸质出版的文字作品,不包括以其他介质出版的文字作品,覆盖面很小,不能适应依靠网络生存的数字图书馆发展的需要。

向公众读者提供音乐播放服务,是数字图书馆"三网融合"背景下功能的自然延伸。数字图书馆播放录音制品向著作权人付酬,可依据《广播电台电视台播放录音制品支付报酬暂行办法》。但是,《广播电台电视台播放录音制品支付报酬暂行办法》规定付酬方法总是与广告收入联系在一起,广告收入与作品的使用之间并不存在必然联系,因为广告中使用的作品的数量仅占数字图书馆数量很少的一部分,广告收入的多少主要取决于数字图书馆的社会影响力而不是被播放作品的影响力。其实,作者获得报酬的多少主要取决于作品被使用的数量、次数、地域范围、作品的社会价值等因素,而不是数字图书馆广告收入的多少。况且,数字图书馆大多属于公益性和非营利性质,一般不涉及广告运营。因此,这种付酬标准并不完全适合于数字图书馆。

当数字图书馆以网络内容提供者的身份编制教材时,可依据我国《信息网络传播权保护条例》相关规定付酬。《信息网络传播权保护条例》第 8 条规定:通过信息网络实施九年制义务教育或者国家教育规划,可以不经著作权人许可,使用其已经发表作品的片断或者短小的文字作品、音乐作品或者单幅的美术作品、摄影作品来制作课件,并通过信息网络向注册学生提供,应当向著作权人支付报酬。但是,教材版权"法定许可"付酬办法至今仍未出台。

数字图书馆依据我国《信息网络传播权保护条例》第 9 条规定:为扶助贫困,通过信息网络向农村地区的公众免费提供中国公民、法人或者其他组织已经发表的种植养殖、防病治病、防灾减灾等,与扶助贫困有关的作品和适应基本文化需求的作品,数字图书馆应当在提供之前公告拟提供的作品及其作者、拟支付报酬的标准。自公告之日起 30 日内,著作权人不同意提供的,数字图书馆不得提供其作品;自公告之日起满 30 日,著作权人没有异议的,数字图书馆可以提供其作品。数字图书馆提供著作权人的作品后,著作权人不同意提供的,数字图书馆应当立即删除著作权人的作品。虽然该规定明确了由数字图书馆公告拟支付报酬的标准,但是该付酬标准由谁制定、制定有无参照标准等问题没有任何规定。

### 三 著作权集体管理组织关于付酬的机制还不完善

目前,我国著作权集体组织有中国音乐著作权协会、中国音像著作权集体管理协会和中国文字著作权协会,以及新成立的摄影著作权协会、电影著作权协会,但是这些协会并不能涵盖所有作品的类型。而我国现行《著作权集体管理条例》第7条则规定,申请成立集体管理组织不得与已经依法登记的著作权集体管理组织的业务范围存在交叉、重合;还规定应当具备在全国范围代表相关权利人利益的能力,也就是说,某一著作权集体管理组织对某一类作品管理保持唯一性。这两项规定可以反映出我国著作权集体管理组织的现实特征:在依法经营的前提下,保持著作权集体管理组织的相对垄断性,而没有引进自由竞争机制。[①] 我国著作权集体管理组织保持垄断地位的初衷在于,避免集体管理组织之间的盲目竞争和重复管理,增加不必要的成本。这对于权利人而言,可以降低作品流转的成本,变相增加作品授权的利益;对于作品包括数字图书馆等使用者而言,可以减少因为多头联系许可和支付报酬的麻烦和成本。但是,垄断的形成往往造成市场经济存在前提之一的自由竞争大大丧失。因为只有在同类作品领域设立多个著作权集体管理组织,才能引起它们之间相互竞争,促使它们把自己管理的著作权向使用人推销,扩大作品的使用市场,有利于数字图书馆等使用者对作品的获取和利用。而依据我国现有规定,一种著作权集体管理组织,只能管理同一类作品著作权,功能单一,意味着使用多种作品类型的数字图书馆,必须向多个管理组织申请作品使用权。例如,当数字图书馆涉及教科书的法定许可时,就有可能涉及文字作品、音乐作品、摄影作品、音像以及美术作品等多种作品类型,这些作品不仅我国著作权集体管理组织不能全部涵盖,而且一个完整的著作权需求却要面临着分割多块向多个管理组织申请。如此一来,向那个集体管理组织申请、付费、支付多少使用费等问题,就成

---

[①] 李明德:《著作权法》,法律出版社2003年版,第160—168页。

为数字图书馆实施付酬的困扰因素。

## 第二节 构建数字图书馆有效付酬机制的探讨

数字图书馆有效付酬机制的建立，不可能脱离我国现有的法律环境，尤其是基本的部门法——著作权法的有关付酬规定。目前，我国的《著作权法》第三次大修改新法草案完成，下一步将接受国务院立法机关的质询。这次改革和完善《著作权法》的目标就是，使其适应数字化时代的要求、保护作者权利和促进文化传播与进步。因此，我国可以参考国外已经适应数字化需要的能够平衡作者和社会公众利益的著作权法，来对我国的《著作权法》进行合理改革。具体到我国数字图书馆使用作品付酬机制可以依以下路径来构建：第一步，设置基于提供复制与传播机会的法定报酬请求权，和基于法定许可产生的报酬请求权一起构成数字图书馆等使用者关于付酬的法权保障；第二步，数字图书馆尝试以著作权补偿金制度模式来解决付酬问题；第三步，数字图书馆依托著作权集体管理组织负责向权利人付酬。这样从权利保障、付酬模式、依托组织方面就形成了一套完整的数字图书馆付酬机制。

### 一 设置基于提供复制与传播机会的法定报酬请求权

设置基于提供复制与传播机会的法定报酬请求权，可以为数字图书馆付酬提供法权保障。在数字环境下，作者难以对作品的使用行为进行有效控制，也难以对每一位使用者去主张权利，而且计算作品使用费也非常麻烦。相应地，数字图书馆等作品的使用者也难逐一对作者付酬。而基于法定许可的法定报酬请求权制度就能很好地解决这一难题。法定报酬请求权源于法定许可，我国现行的《著作权法》的法定许可的规定主要有第 32 条第 2 款的报刊转载法定许可，第 42 条第 2 款的广播电台的法定许可，第 43 条第 1 款的播放录音制品的法定许可，第 23 条的教科书法定许可。国外著作权法规定法定许可较为典型的主要有德国、澳大利亚、西班牙等国。例如，德国《著作权法》第 52 条第 2 款规定：将已出版的作品在礼拜仪式、教会举办的宗教节日或宗教团体活动中公开再现，组织者应当向作者支付适当的报酬。其第 54 条第 1 款规定：将作品通过录制广播电视节目而转录在音像制品上或者从一种音像制品转录到另一音像制品上,则该作品的作者对于设备和音像制品制造商享有适当报酬请求权。除了制造商以外,从事上述设备或音像制品的营利性进口、再进口或者从事销售活动的人,都作为连带债务人共同承担支付报酬义务。为了平衡作者、设备和音像制品制造商、销售商之间的利益关系,该款对作者报酬请求权的适用对象进行了限定,对于法定的一部分销售商,作者不能对其行使报酬请求权。具体免责条件是:半年内经营的音像制品不超过6000小时以及经营的设备不超过100台的销售商。尽管设备和音像制品制造商可能并不是直接使用作品的人,但是他们负有支付适当报酬的义务,原因在于他们提供了复制作品的机会而非基于其使用行为。另外,如果销售商从事的是非营利性的进口、再进口,则其不负有支付报酬的义务。德国《著作权法》第54a条第1款规定,通过扫描方法对作品进行复制或以类似的办法对作品进行复制的,则该作品的作者对扫描设备制造商享有适当报酬请求权。除制造商外,从事上述设备商业进口、再进口或从事销售活动的人,都作为连带债务人而承担付酬义务。若在半年内经营的设备不超过20台,则该销售商不承担支付报酬义务。第54a条第2款规定,如果把这种用于扫描或类似扫描的设备用于学校、其他教育和培训、科学研究、公益性图书馆等机构,并且这些机构应用该设备进行复制而收取费用的,作者享有向他们请求支付适当报酬的权利。[①]

　　德国《著作权法》的法定报酬请求权可以归纳为两类:一类是基于法定许可产生的报酬请求权,另一类是基于提供复制机会产生的报酬请求权。而我国《著作权法》只有基于法定许可的法定报酬请求权,并没有基于提供复制机会的法定报酬请求权的规定。因此,我国的数字图书馆关于作品使用的付酬不可能取得法权的完全支持。再者,数字时代复制仅仅是作品使用的前提和基础,传播则上升为作者的核心利益。基于此,笔者主张,我国《著作权法》可规定作者不仅要对提供复制机会的产品制造商、经销商和营销者享有报酬请求权,还要对提供传播机会的

---

[①] 冯晓青、李薇:《德国著作权法中报酬请求权制度及其启示》,《河北法学》2010年第12期。

产品制造商、经销商和营销者享有报酬请求权。相应地,数字图书馆使用这些设备时,也就拥有了直接支付报酬的法权。作者法定报酬请求权交由著作权集体管理组织负责实施,是作品使用费收取与支付最有效的方法,但其有效的运行也是以各种法定报酬请求权为基础,否则,著作权集体管理组织制度难以顺畅运行。

**二 以著作权补偿金为付酬模式**

设置基于提供复制与传播机会的法定报酬请求权之后,著作权补偿金制度就成为《著作权法》的配套制度。著作权补偿金制度是将著作权人的复制权,转化成报酬请求权的制度。在此模式下,一旦作品发表,作者的某项专有权便消失,所拥有的只是获得经济补偿的权利,支配权也就变成了请求权,权利人不再有禁止或者许可他人复制的权利,他人亦不负有不得复制的义务,只要付费便可合法使用。20 世纪 90 年代后期,网络技术、数字技术的大发展给著作权带来的挑战是具有颠覆性的,引起各国的注意并要求成功加以解决。于是,欧盟、南美、澳大利亚等国纷纷采取著作权补偿金制度,来解决作品复制带来的侵权问题,并且取得巨大成功。[1] 著作权权补偿金制度的最大特点就在于双向限制性,一方面极大地制约了权利人的权利行使,把绝对权利降格为一种获得合理报酬的权利;另一方面又使数字图书馆利用作品的行为受到限制,使著作权法认同的许多合理使用行为转变为法定许可。也就是说,著作权补偿金制度能够很好地平衡数字时代作者和数字图书馆等使用者之间的利益,解决了复制机会大大增加、难以控制的情况下作者利益的保护问题。由于提供复制机会设备的制造商和一定范围的销售商、经营者是较为固定且较有经济实力的主体,将其作为作者行使报酬请求权的相对人有利于作者权利的实现。不特定的数字图书馆等使用者似乎并不需要向其所使用作品的作者支付任何报酬,而制造商和一定范围的销售商、经营者并非直接使用作品的主体,却让他们负担支付该法定报酬的义务,似乎

---

[1] Gervais D, "The Internationalization of Intellectual Property: New Challenges from the VeryOld and the VeryNew", *Fordham Intellectual Property*, *Media and Entertainment Law Journal*, No.1, 2002.

有失公平。其实不然，虽然直接向作者承担支付报酬义务的是提供复制机会的设备制造商和一定范围的销售商、经营者，但其承担支付报酬义务的资金来源实质上却是不特定的数字图书馆或其他使用者。因为制造商和一定范围的销售商会将其因承担支付报酬义务而支出的费用摊加到该设备的销售价格中，当不特定的数字图书馆及其他使用者购买该设备或物品时，实际上就间接承担了支付报酬的义务。因此，笔者主张，我国的著作权权补偿金制度可以参照德国《著作权法》，将义务人定为提供复制机会设备的销售商和一定范围的销售商、经营者，不限于录音录像和扫描的方式提供复制机会，还可以扩大到提供作品的传播机会，这样就可以涵盖数字图书馆信息资源建设和信息服务的全过程。数字图书馆在采购复制与传播设备时，实际上就已经支付了作品使用费。再者，当数字图书馆在经营复制与传播设备时，对于非营利性服务行为，不应承担付酬义务；对于营利性行为，则应当负有付酬的义务。

### 三　依托著作权集体管理组织实施付酬

数字环境下作者和使用者的数量都十分庞大，向数量庞大的使用者收费的问题只能按照著作权补偿金的模式来解决，而作者权利的行使也只能通过著作权集体管理组织来解决。目前，我国的著作权集体管理组织权力运行不畅、工作效率不高，严重影响了我国著作权集体管理组织作用的发挥；很多作者并不重视、也不认可著作权集体管理组织的作用。但是，从降低交易成本的角度来看，著作权集体管理组织是有效行使基于提供复制与传播机会的法定报酬请求权的最佳主体，它与著作权补偿金制度组合在一起，可以以最小的成本实现作者和数字图书馆及公众使用者之间利益的平衡。因此，完善我国著作权集体管理组织的性质、分类以及利益分配等问题，是对数字图书馆付酬的重要保障。具体而言：首先，可以有针对性地引入集体管理组织延伸职能制度。数字图书馆作品使用数量巨大，涵盖学科范围广，并不是其所需的每部作品的作者都把他的著作权或相关的权利都委托著作权集体管理组织，这就有可能导致数字图书馆获取不到这部分作品的授权，付酬问题更是无从谈起。而现今北欧国家流行的集体管理延伸职能制度能够很好地解决这一问题，它是指如果一些著作权人未加入集体管理组织，集体管理组织也可以代管其权利,并将收取的作品使用费参照会员的待遇分配给著作权人。① 有针对性引入延伸职能制度后,我国著作权集体管理组织的权利就得以稳定化,无须调查某类作品是否有作者的授权,就可以直接行使基于提供复制与传播机会的法定报酬请求权,来请求数字图书馆和其他相对人支付相应的报酬。稳定的权利催生行使的积极性和工作的效率,只有在权利稳定的前提下,我国的著作权集体管理组织才能更好地积极行使相关权利。2012年4月,我国《著作权法》草案意见征求中,关于此制度争议较大,因为作者担心其权利"被代表了"。② 其实,引起作者担心的主要原因不在于延伸管理制度本身,而在于著作权集体管理组织相关制度没有建立或者完善,其利益无法真正实现。殊不知引入延伸管理制度就是完善集体管理组织重要的部分,也是作者利益实现的重要保障制度之一,因此,有针对性地部分引入延伸管理制度最终被草案采纳。其次,逐步改变我国著作权集体管理组织的性质与分类。著作权集体管理组织是基于降低交易成本需要的市场选择,也是基于著作权人的授权行使著作权的机构。作为中介组织,著作权集体管理组织是为著作权交易提供市场的机构,具有服务于著作权交易的功能。目前大多数国家的集体管理组织都是以"私主体"的形式出现,具有独立的主体地位;而在我国却是以"公主体"出现,是相关行政命令的执行主体,不具有独立的市场主体地位,强调的是干预交易,具有"二政府"性质;并且不允许著作权集体管理组织的业务交叉、重合,导致业务毫无竞争性。鉴于此,我国可逐步改变著作权集体管理组织行政性质、去除不许业务交叉的规定,允许设置多个著作权集体管理组织,管理同类或多类作品的著作权或相关权利。笔者建议,在条件成熟时,可以设置专门的著作权集体管理组织,专门管理数字图书馆的授权与付酬工作。专门的集体管理组织可以分设管理文字、音像、音乐、摄影等著作权管理部门,分门别类地管理这些作品的作者的相关权利。各个部门主动负责联系各类作品的著

---

① 马继超:《我国实行延伸著作权集体管理制度的必要性和紧迫性》,2012年5月1日,http://www.cavca.org/news_show.php?un=xhxw&id=543&tn=AC。
② 《著作权法修改增加延伸性集体管理内容惹争议》,2012年5月20日,http://news.sina.com.cn/c/2012-04-05/030424221538.shtml。

作权人，获取著作权人的授权，方便著作权人找到授权渠道，有利于其作品的传播和报酬的回收，避免著作权人将部分精力花费在作品的传播、盗版打击、诉讼纠纷等复杂的社会关系问题上。倘若如此，就可以建立起数字图书馆的有效付酬机制，维持著作权人与数字图书馆的利益均衡，真正使权利人与数字图书馆合作共赢。[①]

---

[①] Depooter B,"Parisi F. Fair Use and Copyright Protection: A Price Theory Explanation", *International Review of Law and Economics*, No. 4, 2002.

# 第十一章

# 数字出版者和数字图书馆
# 著作权利益的融合

20世纪90年代初,数字图书馆诞生,数字出版也初见端倪。从产业链来看,数字出版与数字图书馆是源和流的关系。数字出版者是数字图书馆信息服务资源的最大供给者;数字图书馆是数字出版产品的直接使用者,也是沟通数字出版者和最终公众读者的桥梁。[1] 早期的数字出版产业规模不大,数字资源需求量小,需求品种单一,数字出版与图书馆在著作权交易中利益冲突不大。进入21世纪以来,随着数字技术与"三网融合"技术的发展,数字出版开始迅猛发展;数字图书馆功能也得到快速拓展,数字资源总量与品种多样性的需求加大。但是二者却没有很好地互动与融合:数字出版者追求利益最大化,不注重数字资源质量,过于强调著作权保护;数字图书馆则追求高效、低成本资源获取,强调作品合理使用、广泛传播。这样,二者在著作权交易中就产生了冲突。数字出版者与数字图书馆是共生关系,存在促进文学艺术和科学技术繁荣的共同价值目标,因此,倡导开放获取、以开放出版与存储来缓解有偿使用与合理使用的冲突,沿着诚实、信用、合作的路径构建一种双赢的著作权交易模式,是紧迫而有必要的。

---

[1] 盖红波:《从数字出版到数字图书馆的有效对接》,《图书馆建设》2007年第5期。

## 第一节　数字出版者与数字图书馆交易的著作权利益冲突

### 一　不同交易模式下的著作权利益冲突

数字出版者的数字内容，一般都是通过三种交易模式向数字图书馆提供，即数字出版者自建平台、由第三方搭建平台、由馆配商自建平台。数字出版者通过这三种平台，与数字图书馆达成著作权交易，虽各具特色、各有优势，但都与数字图书馆存在著作权利的冲突。[①]

（一）数字出版者通过自己建设技术平台进行交易

数字出版者自建平台主要是直销自己所拥有的数字内容，也附带让别的内容销售商支付租金通过平台向图书馆机构或公众提供。例如，国外的爱思唯尔、斯普林格等大型的国际出版集团，都建设了自己的数字平台。爱思唯尔公司现有专门供应法律读物市场的 LexisNexis，也有聚合科学期刊的 ScienceDirect 平台，通过大型数字内容平台，爱思唯尔公司把自己的期刊、图书等在内的数字资源，直接供应数字图书馆及公众。同时，爱思唯尔的技术平台也对外出租，那些希望销售数字内容的供应商，可以借助其平台来进行内容销售，但要向爱思唯尔支付一定的佣金，但是，爱思唯尔公司始终控制着对数字内容的交易和使用获取过程。在国内，同方知网、万方数据网、阿帕比、超星、龙源期刊网、书生等数字出版者也都是以内容资源为主导，自建平台与数字图书馆进行交易。[②]

此类数字出版者一般都是依靠其拥有的特别资源，实现对交易市场的垄断。例如，爱思唯尔公司依靠其提供的世界一流的、无可替代的资源，以较高的价格向中国的高校及科研机构的数字图书馆销售，我国的数字图书馆因为其资源的权威性，不得不选择接受。一般来说，这类数字出版者的工作重心在于了解受众市场需求，以需求打造数字内容，建

---

[①] 《国外出版商与数字图书馆的营销模式》，2014年1月10日，http://www.chuban.cc/cbsd/201110/t20111019_95039.html。

[②] 庞沁文：《数字出版的七大商业模式：营销渠道带动赢利》，2014年1月10日，http://news.sina.com.cn/m/2011-10-19/104923327672.shtml。

立自己的数字内容平台，再完善平台的各项服务功能。数字图书馆可以通过这种方式，便捷地完成著作权交易，快速地获取到数字资源的使用授权，但因为此类出版者对市场和内容的完全控制，进行价格垄断，使数字图书馆在著作权交易中处于不平等的地位，平等协商定价的话语权丧失，只能被动地接受数字内容的高价使用权。

(二) 数字出版者将内容通过第三方平台进行交易

这里所说的第三方平台通常是由技术公司专门设计而成。技术公司应数字出版者之需，给数字图书馆搭建数字内容的交易、使用与管理平台，建立起数字内容直达数字图书馆的销售网络，此时，技术公司也已成为主导著作权交易的另一个数字出版者。技术公司的初衷是给一些没有能力建立自己的平台的数字出版者提供著作权交易解决方案，让数字内容拥有者和数字图书馆通过其平台满足各自的著作权需求，却因在运作过程中积累了经验，构建了自己直达数字图书馆的销售网络，最终演化为数字出版商。这种由第三方提供平台的著作权交易模式，弥补了单一数字出版者的平台和资源品种相对单一的不足，使数字图书馆馆藏资源建设和读者服务的选择面增大，可成为数字图书馆优化资源建设的选择路径。如英国的出版科技集团建立的英捷特全球数字图书馆平台上，既有像爱思唯尔公司这样大的国际出版集团，通过与其平台对接，以服务于更广泛的受众；也有小型专业内容提供商，利用这个技术平台的商务功能，销售为数不多但市场明确的专业内容。目前，它在全球170多个国家拥有2.5万多家数字图书馆用户。

但是，在利用第三方平台与数字图书馆交易中，平台商重视的往往是其营销策略，以广告赢利，虽然它也重视与出版者密切联系，让数字图书馆能搜索到所需资源，完成著作权交易，但交易中的著作权收益与广告收入无法相提并论。例如，谷歌在与出版者的合作中，只提取10%的著作权利益分成，90%的收入归出版者。这种第三方平台商注重搜索窗口、交易平台建设，以吸引大量内容资源，为数字图书馆提供便捷的服务，确保著作权交易有效运行，但它们并不注重审查内容资源的质量，也不干涉出版者的电子书、报、刊的自主定价权，导致的结果可能是数字图书馆支付高额的费用，便捷地获取到数字资源，享受到优质的售后服务，得到的可能是质量不高、内容不够权威的资源。

### （三）馆配商自建平台进行交易

此种交易平台一般是由大型的馆配商，在借助数字技术的基础上，建立自己的数字资源交易平台。它们拥有传统的渠道优势和坚实的数字图书馆等用户基础，在原有渠道的基础上进行拓展，提供新的数字内容产品。他们的业务人员跟数字图书馆有着广泛的业务关系，能够说服数字图书馆对其内容的购买，尤其是对于内容选择能力不强的图书馆，他们依靠长期积累的专业判断经验，提出最有效的数字资源使用费预算，能够赢得数字图书馆的充分信任。例如，亚马逊现在就拥有一个完整的网络销售渠道（高效的配送渠道和完整的支付体系），以及一个可靠的具有数字消费习惯的受众群体，在渠道基础上，亚马逊推出 Kindle 电子书能够迅速地被广大图书馆及公众接受。现在，我国的新华文轩的九月网、新华传媒的数字出版内容运营平台也属于馆配商自建型。

这种类型的数字出版者（馆配商），依靠长期培育出来的网络销售渠道的优势，很容易和其他数字出版商合作，获得大量的内容资源，同时也依靠渠道优势，把数字内容、终端产品向数字图书馆等用户输送。但是，馆配商一般都掌握着数字内容资源的定价权，把数字资源以低价出售或者把数字内容随终端阅读器打包附送，这种低价销售策略确实让数字图书馆受益。然而，说到底，在著作权交易中，交易标的是数字内容，而不是终端电子阅读器，没有内容的阅读器，只能是个玩具而已。例如，有的馆配商把1000多元的阅读器附送10万册电子书向图书馆或读者兜售，可以想象内容资源质量的可靠性。一般来说，在著作权交易谈判中，数字图书馆选择的是高质量内容资源、周到售后服务、合理的资源价格、较低的交易成本等条件，而不仅仅以极低的资源价格作为决定因素，这与馆配商追求利益最大化的交易目标是不一致的。因此，馆配商与数字图书馆的著作权交易，仍然存在利益冲突。

## 二 交易带来有偿使用与合理使用的冲突

传统时期，作品内容主要是依附于固定载体向公众传播。在纸张、磁盘等各种载体上制作复制件，然后销售这些负载作品内容的复制件，成为这个时期的主要著作权交易模式。数字出版环境中，一切作品均可数字化呈现，数字内容不再依靠固定载体传播，而是依靠网络传播，以信息流形式流动，可以摆脱载体的束缚，受数字出版者的控制性变弱。虽然著作权法赋予数字出版者的权利仍然存在，但是出版者却无法向每一个未经授权而下载或复制的数字图书馆等使用者逐一要求赔偿，因此，未经授权的资源利用不仅导致数字出版者的著作权利益无法实现，更会导致传统的著作权交易市场萎缩。此时，传统时期的著作权法对数字作品的复制和传播，已经无力回应，数字出版者的利益已经得不到著作权法的有效支持与保护。[1] 出版者开始寻求其他方法来维护自己的著作权利益，他们在作品上设置技术保护措施来防止潜在的使用者接触作品。现在《欧盟版权与相关权指令》、美国的《数字千年版权法》和我国的《信息网络传播保护条例》都对技术保护措施进行了规定，说明在制度层面上，也加强了对技术保护措施的法律救济。接着，数字出版者寻求著作权法的上位法——民法的支持，以数字作品网络许可合同的模式，来进行著作权交易。上述的数字出版者与数字图书馆的三种交易模式中，采用的大多是以网络合同的形式，来解决著作权授权问题。现在网络流行的拆封合同、点击合同、浏览合同就是较为典型的数字作品网络授权合同，也被称为"微量许可"模式，意思是数字作品可以在极低的交易成本下进行量化付费使用。[2] 尽管数字出版者选择网络中的私人创制授权模式，提高了内容资源使用的授权效率，维护了数字出版者的利益，也在一定程度上满足了数字图书馆资源快速获取的需要，但是，这种网络交易模式，都是以有偿使用的方式来实现出版者的著作权财产利益，不能照顾数字图书馆的著作权利益。这是因为，建立在技术保护措施之上的网络许可交易模式，取消了使用者无须授权、免费的合理使用数字作品的权利，虽然不是专门为数字图书馆设计，但是它采用的是一刀切的保护办法，在技术上无法区分是合理使用还是应当禁止的非法使用，从而取消或削弱了数字图书馆法定的合理使用权，即数字图书馆的公益性、非营利性使用、公众读者个人合理使用都不复存在。即便是数字图书馆通过传统的协议许可模式，采购到数字出版者的数据库、电子书等数字

---

[1] 高富平：《寻求数字时代的版权法生存法则》，《知识产权》2011 年第 2 期。
[2] Randal C. Picker, "From Edison to the Broadcast Flag: Mechanisms of Consent and Refusal and the Propertization of Copyright", *The University of Chicago Law Review*, No. 1, 2003.

内容的使用权以后，数字出版者还是以限制用户数量、反"恶意"下载技术控制等手段，对数字内容的使用进行保护，虽然是付了费的使用，也不给图书馆及读者任何自由、合理使用的机会。因此，数字出版者这种"意定"的权利对数字图书馆的"法定"合理使用权的驱逐，导致了数字图书馆合理使用空间受到严重的压挤。[①]

## 第二节 数字出版者与数字图书馆著作权交易融合策略

### 一 以开放获取来缓解有偿使用与合理使用的冲突

数字出版者利用技术措施维护了自身的著作权利益，但却不能通过技术措施来维护数字图书馆的合理使用权。尽管《世界知识产权组织版权条约》（WCT）第10条允许成员国在它们自己的根据《伯尔尼公约》可以接受的法律中，将限制与例外适用到数字环境中。规定数字图书馆通过著作权交易获取数字资源以后，在网络中以阅读、浏览、复制甚至网络传输的方式利用，都是合理使用。但是，当技术措施阻止数字图书馆以合理使用规则来获取数字资源时，上述合理使用的权利，因无法获取到资源而不复存在了，这说明WCT第10条对于数字图书馆合理使用权的维护力度极其有限。因此，当技术不能解决技术保护措施带来的新问题时，社会各界开始倡导以开放获取（Open Access，简称OA）的模式来扩充公有领域资源，弥补数字图书馆及公众合理使用区域的减损，缓解有偿使用与合理使用的冲突。

开始于20世纪90年代的自由软件运动的开放获取，经历了20多年，已经扩展到科学数据、期刊论文、机构知识库等领域。现在开放获取的出版者不断地增加，开放获取的出版模式不断地创新，科研人员和科研资助机构对开放学术资源的支持力度也在不断地增强，机构知识库对学术资源开放获取也在积极地推进。目前，"开放获取学术信息资源已成为

---

[①] 熊琦：《著作权许可的私人创制与法定安排》，《政法论坛》2012年第6期。

学术研究不可或缺的资源，正逐步逼近成为学术研究主流资源的转折点"。① 为什么开放获取能够扎下根来，而且能够得到学术出版者的支持，是因为开放获取已经是一种可靠的商业模式。在传统时期，期刊的出版一般是要求图书馆或公众付费使用，出版者以附有内容的有形载体为商品有偿地提供给图书馆及公众订户；而 OA 期刊一般要求作者支付论文出版经费——论文处理费（Article Processing Charge，简称 APC）以后出版，作者无偿地提供给图书馆及公众使用。现在，有些图书馆、研究或教育等机构，为了解决部分无项目资助的经济困难的作者，开始资助本机构作者在 OA 期刊发表论文。例如，中国科学院图书馆作为开放获取出版机构 BioMed Central（简称 BMC）的第一家中国机构会员，代表中科院为中科院科研人员和研究生在 BMC 发表的作为第一作者或通讯作者的论文，支付 50% 的论文处理费，还以同样的方式资助中科院作者在英国物理学会出版社发表论文；国外的加州大学各分校、马普学会、曼彻斯特大学等机构则采取集团付费的方式，来承担本机构作者的论文处理费。如今，开放获取已经发展到不再是解决图书馆期刊危机的一项善举，而是科学家、科研机构乃至政府参与改变出版环境的重大责任，因此，越来越多的科研机构、图书馆、资助机构将 OA 科学数据、OA 机构知识库和 OA 期刊作为知识基础设施的组成部分来建设。② 直接的体现是，很多的图书馆把其资源建设经费，很多的科研机构把其科研经费的一部分投入到开放出版中。有人对原本是出版者向作者支付稿酬，变为现在的出版者分享图书馆和科研机构的经费这种情况，表示不解。其实，这是由于 OA 出版合同中的权利义务发生部分倒置，经费配置模式相应地变革而已，但它仍属于平等、自由协商的出版合同的范畴，符合民事合同规则，如果没有其他法律瑕疵，任何人或法律不能干涉。

　　职业数字出版者的开放获取，主要表现为开放出版与开放存储两个方面。在开放出版方面，例如，开放出版（金色 OA）是指期刊论文发表

---

　　① 张晓林等：《开放获取学术资源：逼近"主流化"转折点》，《图书情报工作》2012 年第 5 期。
　　② 张晓林、刘兰、李麟：《科技信息开放获取的内涵演变责任意义》，《图书情报工作》2009 年第 3 期。

后，数字图书馆及公众可以通过网络立即免费阅读，金色 OA 包括两种基本形式，一是整个期刊开放出版，所有论文均免费阅读，简称"开放期刊"；二是期刊本身以订阅为主，部分论文可在交纳论文处理费后开放阅读，简称"开放论文"。在开放存储方面，出版者可以选择多种政策来允许作者存储与发布。例如，选择绿色政策的出版者，允许作者存储未经同行评议的投稿手稿和经过同行评议修改的最终录用稿；选择蓝色政策的出版者，允许作者只可存储录用稿；黄色政策下，出版者允许作者只可存储投稿手稿，部分出版者允许在限制开放时间下可存储录用稿；白色政策的出版者，没有明确允许作者存储论文的任何版本。一般情况下，出版者要求作者只能将作品存储在个人网站、所在机构的知识库和资助机构规定的专门知识库中；而且要延迟开放，大多在 12 个月以后；作者和接受存储的数字图书馆及公众还要提供完整的出版来源信息，并提供指向期刊网站的 URL。开放存取允许数字图书馆及公众免费使用已经发表的研究成果，仍然是现行的著作权法规制下的产物。现行著作权法赋予作者拥有关于作品完整的权利，即享有精神权利与财产权，作者选择 OA 期刊发表，可以向出版者转让部分权利或者全部权利，来体现其对于著作权的专有支配。① 因此，著作权转让权利多少不同，就产生了不同的结果：传统出版时期，出版者取得作者的大部分财产权利后，将其作品出版后让数字图书馆支付费用才能使用；OA 出版则是作者支付 APC，开放出版，作者以"创作共用"（Creative Commons，简称 CC）许可协议，将绝大部分的著作财产权赋予了数字图书馆及公众用户，用户就可以无限制地检索、链接、阅读、下载、保存、复制、打印、分享，作者仅保留署名权、保护作品完整权等精神权利和阻止恶意传播的复制权利。但是，目前 CC 许可协议并不能解决 OA 出版中所有的著作权授权问题，作者对 OA 出版的关键著作权利的保留，大多采用著作权补遗协议来进行维护。例如，2007 年 8 月 15 日，加拿大研究图书馆协会和美国学术出版与学术资源联盟联合宣布发布"加拿大作者版权协议补遗"，允许作者保留某些权利，如复制权、再用权、不以商业利益为目的公开展示其作品权

---

① 冯晓青：《试论知识产权的专有性》，《知识产权》2006 年第 5 期。

等,以有利于作者将其作品向所有能从中获益的数字图书馆及公众开放;① 目前,中科院图书馆也采用补遗协议来保证图书馆及公众自由存储与使用。

非职业的 OA 数字出版,因为它"去中心化、去阶层化"的作品生产与传播,排除了著作权的搜寻成本,降低了协商成本与执行成本,提高了许可效率与传播效率,成为数字出版环境中广受欢迎的新模式。它所有开放获取的作品,也是以 CC 许可的模式来约束数字图书馆及公众尊重权利人的知识产权,进行合理地使用与储存,以促进作品的自由流动,有利于作品的再创造。② 非职业 OA 数字出版者之所以释放著作财产权,把自己的作品发布到网络中,与他人分享,原因在于:有一部分数字出版者确实自愿放弃其著作财产权来扩张公有领域;③ 另有一部分是出于间接的经济利益需要,即故意将权利释放,旨在使作品处于更多人可接触的状态,一旦该作品的使用者形成规模,就能够带动传统商业模式中的销售和衍生新产品的开发和销售,或者出版者先向数字图书馆等使用者提供部分免费的作品供其使用或欣赏,期望他们能够在试用期过后去购买完整或其他类型的版本。但是,还有一部分数字出版者就不愿意放弃著作权或著作财产权,我们也不能强迫,只能尊重其选择。因此,开放获取运动的生命力一度曾遭到质疑。如何保持开放获取运动的生命力呢?学界开始尝试寻找一种新的方法——自助许可,对其予以辅助。具体而言,就是这些数字出版者可以选择以有偿的方式把自己的作品置于网络中供他人利用,这样,出版者就可以实现"我的权利我作主",以合理(较低)的价格,让其他人利用自己的作品。④ 需要申明的是,这种模式是与前面所述的微量许可模式有本质区别的,微量许可属于网络中协议许可模式,而以自助许可辅助的开放获取仍然是开放获取模式,使用者获取作品后,创作出来的衍生作品还必须发布出来,与大家分享,只不

---

① 《加拿大采纳 SPARC 的作者版权协议补遗》,2014 年 1 月 10 日,http://www.jslib.org.cn。

② 陈传夫:《开放软件资源的知识产权问题研究》,《大学图书馆学报》2004 年第 5 期。

③ Merges P. Robert, "A New Dynamism in the Public Domain", The University of Chicago Law Review, No.1, 2004.

④ 张平:《数字图书馆版权纠纷及授权模式探讨》,《法律适用》2010 年第 1 期。

过是数字出版者在开放获取运动中获得了"直接"的经济补偿,刺激他们进行作品再创造,提高他们参与开放获取运动的积极性,使开放获取运动获得生机,也使公有领域作品资源不断丰富、公有领域不断扩大,从而保证数字图书馆丧失的合理使用权,以另一种形式得到持续补偿。因此,OA 出版成为当今缓解有偿使用与合理使用冲突的可行模式。

**二 建构著作权利益融合的交易模式**

上述三种交易模式中,还存在一个共性问题,那就是出版者向数字图书馆销售产品(尤其是数据库产品),大多是整库提供或者拆分组合后提供,要求图书馆直接按照提供资源"量"的多少支付费用,而不是以图书馆读者点击、下载的多少为标准来支付资源使用费,导致图书馆付出巨资购买的资源利用率却不高,直接打击数字图书馆资源建设的积极性与信心。这也往往成为数字图书馆不经授权、不向数字出版者支付费用而侵权使用数字作品的主要原因,也会动摇数字出版者对数字图书馆的信任。因此,建构以贴近使用资源的频率或数量的方法,来确定使用费的数字资源交易模式,成为目前数字出版者和数字图书馆最为关注的共同话题。而目前德国的德古意特向数字图书馆推出"先租后购"的数字发行模式,[①] 对解决此问题具有重大的启示。具体思路是,数字出版者融合上述三种交易模式的优势,构建一种新的著作权交易模式:数字图书馆先支付一定的租用费,获得数字内容的使用权,等租用到期以后,数字图书馆再根据其读者对数字产品的实际使用率,有针对性地购进数字产品。具体实施步骤:

第一步,数字出版者建设或选择可行的数字产品交易平台。数字出版者的数字内容进入数字图书馆的几种渠道,并不是彼此割裂的,而是相辅相成,可以融合的。因此,笔者建议:有能力的作者、出版社、期刊社、网络游戏制作商、唱片公司、影视制作商、数字作品的网络发行者、数据库商等数字出版者,可以建立自己的数字产品在线交易平台,把自己的数字内容置于平台之上,设立检索口,为自己的数字产品向数

---

[①] 《德古意特推出针对图书馆的数字发行新模式》,2014 年 1 月 10 日,http://www.dajianet.com/digital/2013/0522/199709.shtml。

字图书馆销售提供基础条件；没有能力的出版者或者有自己的平台但希望享受别人的客户资源的出版者，可以租借别的出版者的平台，开通向数字图书馆供应自己资源的接口，或者让别人的交易平台成为向自己的平台导入客户的中介。通过这种融合对接的方式，出版者可以拥有更多的数字图书馆用户，数字图书馆也可以选择更多的数字出版者和更多更广泛的数字内容。例如，目前的"德古意特在线"平台上，总计有自己的大约11000种电子书、250种学术期刊以及1500万个数据库条目可供数字图书馆获取；英国的出版科技集团建立的英捷特全球数字图书馆平台，也有爱思唯尔这样的国际大公司来租用，它们通过平台对接，可以服务于更广泛的数字图书馆等受众。

第二步，数字出版者以租借的形式向数字图书馆提供数字内容的使用权。即数字出版者可以直接联系数字图书馆，以传统的协议许可模式为数字图书馆建立镜像站点或在线提供数字内容；也可以通过网络协议，在其平台上借助身份认证系统与数字图书馆建立租借关系，[1]约定租用期限。数字图书馆向数字出版者支付一定的租金后，数字出版者就可以向数字图书馆开放其在线平台或建立站点，数字图书馆的读者即可直接使用出版者的数字产品。

第三步，租用到期后，数字图书馆依据读者阅读与下载数字产品的频次和数量，向数字出版者支付使用费；还可依据读者使用率结合数字图书馆馆藏建设目标，确定购买数字产品的种类，建设自己的馆藏库。数字图书馆在购买数字产品内容时，可以将先前已支付的租用费折算进全部的购买费用。

如何确定租用费的问题，确实是一个难题。建议数字出版者参考德古意特采用的一种公平的计算方式来确立。比如平均每位读者每年下载1篇电子书章节、期刊文章或数据库条目，数字出版者可以按照每篇文章、章节或条目的价格为3元，假设某一数字图书馆读者的数量为10000人，那么租借费就为30000元。为降低风险、公平起见，数字出版者可为每位读者每年的下载量设立一个（＋／－）20%的浮动值，即平均下载量可在

---

[1] 吉宇宽：《图书馆合理使用的发展、限制与保障》，《图书馆工作与研究》2013年第2期。

0.8—1.2浮动。租用期结束以后，如果实际的使用量高于平均值1，那么数字图书馆就需向数字出版者额外支付最高5000元的附加金额，即最终支付总金额为35000元；如果实际使用量低于平均值1，那么数字出版者就需向数字图书馆退还最高5000元，即数字图书馆实际最终支付为25000元。这就是说，通过推出这个浮动值，数字图书馆与数字出版者双方都可以规避风险，并且透明、公平，还有利于监督和管理。[①]

　　这种"先租后购"的著作权交易模式，是建立在数字出版者与数字图书馆地位平等的基础之上，符合关于民事交易的基本规则，它可以规避以往无论馆大馆小、读者多少、使用量多少，交付租金都一个样的不公平的现象发生，能够真正体现交易双方互信与合作的诚意。对数字图书馆来说，它实用而经济，既可以满足了读者需求，又可以节省开支；对数字出版者来说，既可以赢得商业信誉，也可获取经济利益。因此，它可成为促进数字出版者与数字图书馆著作权利益融合的、可行的交易模式选择。

---

　　① 《德古意特推出针对图书馆的数字发行新模式》，2014年1月10日，http://www.dajia-net.com/digital/2013/0522/199709.shtml。

附件 I

# 中华人民共和国著作权法

全国人民代表大会常务委员会
中华人民共和国主席令（第二十六号）

《全国人民代表大会常务委员会关于修改〈中华人民共和国著作权法〉的决定》已由中华人民共和国第十一届全国人民代表大会常务委员会第十三次会议于 2010 年 2 月 26 日通过，现予公布，自 2010 年 4 月 1 日起施行。

中华人民共和国主席　胡锦涛
2010 年 2 月 26 日

中华人民共和国著作权法（1990 年 9 月 7 日第七届全国人民代表大会常务委员会第十五次会议通过　根据 2001 年 10 月 27 日第九届全国人民代表大会常务委员会第二十四次会议《关于修改〈中华人民共和国著作权法〉的决定》第一次修正　根据 2010 年 2 月 26 日第十一届全国人民代表大会常务委员会第十三次会议《关于修改〈中华人民共和国著作权法〉的决定》第二次修正）

# 目 录

**第一章　总则**
**第二章　著作权**
　　第一节　著作权人及其权利
　　第二节　著作权归属
　　第三节　权利的保护期
　　第四节　权利的限制
**第三章　著作权许可使用和转让合同**
**第四章　出版、表演、录音录像、播放**
　　第一节　图书、报刊的出版
　　第二节　表演
　　第三节　录音录像
　　第四节　广播电台、电视台播放
**第五章　法律责任和执法措施**
**第六章　附则**

# 第一章　总则

**第一条**　为保护文学、艺术和科学作品作者的著作权，以及与著作权有关的权益，鼓励有益于社会主义精神文明、物质文明建设的作品的创作和传播，促进社会主义文化和科学事业的发展与繁荣，根据宪法制定本法。

**第二条**　中国公民、法人或者其他组织的作品，不论是否发表，依照本法享有著作权。

外国人、无国籍人的作品根据其作者所属国或者经常居住地国同中国签订的协议或者共同参加的国际条约享有的著作权，受本法保护。

外国人、无国籍人的作品首先在中国境内出版的，依照本法享有著作权。

未与中国签订协议或者共同参加国际条约的国家的作者以及无国籍人的作品首次在中国参加的国际条约的成员国出版的，或者在成员国和非成员国同时出版的，受本法保护。

**第三条** 本法所称的作品，包括以下列形式创作的文学、艺术和自然科学、社会科学、工程技术等作品：

（一）文字作品；

（二）口述作品；

（三）音乐、戏剧、曲艺、舞蹈、杂技艺术作品；

（四）美术、建筑作品；

（五）摄影作品；

（六）电影作品和以类似摄制电影的方法创作的作品；

（七）工程设计图、产品设计图、地图、示意图等图形作品和模型作品；

（八）计算机软件；

（九）法律、行政法规规定的其他作品。

**第四条** 著作权人行使著作权，不得违反宪法和法律，不得损害公共利益。国家对作品的出版、传播依法进行监督管理。

**第五条** 本法不适用于：

（一）法律、法规，国家机关的决议、决定、命令和其他具有立法、行政、司法性质的文件，及其官方正式译文；

（二）时事新闻；

（三）历法、通用数表、通用表格和公式。

**第六条** 民间文学艺术作品的著作权保护办法由国务院另行规定。

**第七条** 国务院著作权行政管理部门主管全国的著作权管理工作；各省、自治区、直辖市人民政府的著作权行政管理部门主管本行政区域的著作权管理工作。

**第八条** 著作权人和与著作权有关的权利人可以授权著作权集体管理组织行使著作权或者与著作权有关的权利。著作权集体管理组织被授权后，可以以自己的名义为著作权人和与著作权有关的权利人主张权利，并可以作为当事人进行涉及著作权或者与著作权有关的权利的诉讼、仲裁活动。

著作权集体管理组织是非营利性组织,其设立方式、权利义务、著作权许可使用费的收取和分配,以及对其监督和管理等由国务院另行规定。

# 第二章 著作权

## 第一节 著作权人及其权利

**第九条** 著作权人包括:

(一) 作者;

(二) 其他依照本法享有著作权的公民、法人或者其他组织。

**第十条** 著作权包括下列人身权和财产权:

(一) 发表权,即决定作品是否公之于众的权利;

(二) 署名权,即表明作者身份,在作品上署名的权利;

(三) 修改权,即修改或者授权他人修改作品的权利;

(四) 保护作品完整权,即保护作品不受歪曲、篡改的权利;

(五) 复制权,即以印刷、复印、拓印、录音、录像、翻录、翻拍等方式将作品制作一份或者多份的权利;

(六) 发行权,即以出售或者赠予方式向公众提供作品的原件或者复制件的权利;

(七) 出租权,即有偿许可他人临时使用电影作品和以类似摄制电影的方法创作的作品、计算机软件的权利,计算机软件不是出租的主要标的的除外;

(八) 展览权,即公开陈列美术作品、摄影作品的原件或者复制件的权利;

(九) 表演权,即公开表演作品,以及用各种手段公开播送作品的表演的权利;

（十）放映权，即通过放映机、幻灯机等技术设备公开再现美术、摄影、电影和以类似摄制电影的方法创作的作品等的权利；

（十一）广播权，即以无线方式公开广播或者传播作品，以有线传播或者转播的方式向公众传播广播的作品，以及通过扩音器或者其他传送符号、声音、图像的类似工具向公众传播广播的作品的权利；

（十二）信息网络传播权，即以有线或者无线方式向公众提供作品，使公众可以在其个人选定的时间和地点获得作品的权利；

（十三）摄制权，即以摄制电影或者以类似摄制电影的方法将作品固定在载体上的权利；

（十四）改编权，即改变作品，创作出具有独创性的新作品的权利；

（十五）翻译权，即将作品从一种语言文字转换成另一种语言文字的权利；

（十六）汇编权，即将作品或者作品的片段通过选择或者编排，汇集成新作品的权利；

（十七）应当由著作权人享有的其他权利。

著作权人可以许可他人行使前款第（五）项至第（十七）项规定的权利，并依照约定或者本法有关规定获得报酬。

著作权人可以全部或者部分转让本条第一款第（五）项至第（十七）项规定的权利，并依照约定或者本法有关规定获得报酬。

## 第二节　著作权归属

**第十一条**　著作权属于作者，本法另有规定的除外。

创作作品的公民是作者。

由法人或者其他组织主持，代表法人或者其他组织意志创作，并由法人或者其他组织承担责任的作品，法人或者其他组织视为作者。

如无相反证明，在作品上署名的公民、法人或者其他组织为作者。

**第十二条**　改编、翻译、注释、整理已有作品而产生的作品，其著作权由改编、翻译、注释、整理人享有，但行使著作权时不得侵犯原作品的著作权。

**第十三条**　两人以上合作创作的作品，著作权由合作作者共同享有。

没有参加创作的人，不能成为合作作者。

合作作品可以分割使用的，作者对各自创作的部分可以单独享有著作权，但行使著作权时不得侵犯合作作品整体的著作权。

**第十四条** 汇编若干作品、作品的片段或者不构成作品的数据或者其他材料，对其内容的选择或者编排体现独创性的作品，为汇编作品，其著作权由汇编人享有，但行使著作权时，不得侵犯原作品的著作权。

**第十五条** 电影作品和以类似摄制电影的方法创作的作品的著作权由制片者享有，但编剧、导演、摄影、作词、作曲等作者享有署名权，并有权按照与制片者签订的合同获得报酬。

电影作品和以类似摄制电影的方法创作的作品中的剧本、音乐等可以单独使用的作品的作者有权单独行使其著作权。

**第十六条** 公民为完成法人或者其他组织工作任务所创作的作品是职务作品，除本条第二款的规定以外，著作权由作者享有，但法人或者其他组织有权在其业务范围内优先使用。作品完成两年内，未经单位同意，作者不得许可第三人以与单位使用的相同方式使用该作品。

有下列情形之一的职务作品，作者享有署名权，著作权的其他权利由法人或者其他组织享有，法人或者其他组织可以给予作者奖励：

（一）主要是利用法人或者其他组织的物质技术条件创作，并由法人或者其他组织承担责任的工程设计图、产品设计图、地图、计算机软件等职务作品；

（二）法律、行政法规规定或者合同约定著作权由法人或者其他组织享有的职务作品。

**第十七条** 受委托创作的作品，著作权的归属由委托人和受托人通过合同约定。合同未作明确约定或者没有订立合同的，著作权属于受托人。

**第十八条** 美术等作品原件所有权的转移，不视为作品著作权的转移，但美术作品原件的展览权由原件所有人享有。

**第十九条** 著作权属于公民的，公民死亡后，其本法第十条第一款第（五）项至第（十七）项规定的权利在本法规定的保护期内，依照继承法的规定转移。

著作权属于法人或者其他组织的，法人或者其他组织变更、终止后，其本法第十条第一款第（五）项至第（十七）项规定的权利在本法规定的保护期内，由承受其权利义务的法人或者其他组织享有；没有承受其权利义务的法人或者其他组织的，由国家享有。

### 第三节　权利的保护期

**第二十条**　作者的署名权、修改权、保护作品完整权的保护期不受限制。

**第二十一条**　公民的作品，其发表权、本法第十条第一款第（五）项至第（十七）项规定的权利的保护期为作者终生及其死亡后五十年，截止于作者死亡后第五十年的12月31日；如果是合作作品，截止于最后死亡的作者死亡后第五十年的12月31日。

法人或者其他组织的作品、著作权（署名权除外）由法人或者其他组织享有的职务作品，其发表权、本法第十条第一款第（五）项至第（十七）项规定的权利的保护期为五十年，截止于作品首次发表后第五十年的12月31日，但作品自创作完成后五十年内未发表的，本法不再保护。

电影作品和以类似摄制电影的方法创作的作品、摄影作品，其发表权、本法第十条第一款第（五）项至第（十七）项规定的权利的保护期为五十年，截止于作品首次发表后第五十年的12月31日，但作品自创作完成后五十年内未发表的，本法不再保护。

### 第四节　权利的限制

**第二十二条**　在下列情况下使用作品，可以不经著作权人许可，不向其支付报酬，但应当指明作者姓名、作品名称，并且不得侵犯著作权人依照本法享有的其他权利：

（一）为个人学习、研究或者欣赏，使用他人已经发表的作品；

（二）为介绍、评论某一作品或者说明某一问题，在作品中适当引用他人已经发表的作品；

（三）为报道时事新闻，在报纸、期刊、广播电台、电视台等媒体中不可避免地再现或者引用已经发表的作品；

（四）报纸、期刊、广播电台、电视台等媒体刊登或者播放其他报纸、期刊、广播电台、电视台等媒体已经发表的关于政治、经济、宗教问题的时事性文章，但作者声明不许刊登、播放的除外；

（五）报纸、期刊、广播电台、电视台等媒体刊登或者播放在公众集会上发表的讲话，但作者声明不许刊登、播放的除外；

（六）为学校课堂教学或者科学研究，翻译或者少量复制已经发表的作品，供教学或者科研人员使用，但不得出版发行；

（七）国家机关为执行公务在合理范围内使用已经发表的作品；

（八）图书馆、档案馆、纪念馆、博物馆、美术馆等为陈列或者保存版本的需要，复制本馆收藏的作品；

（九）免费表演已经发表的作品，该表演未向公众收取费用，也未向表演者支付报酬；

（十）对设置或者陈列在室外公共场所的艺术作品进行临摹、绘画、摄影、录像；

（十一）将中国公民、法人或者其他组织已经发表的以汉语言文字创作的作品翻译成少数民族语言文字作品在国内出版发行；

（十二）将已经发表的作品改成盲文出版。

前款规定适用于对出版者、表演者、录音录像制作者、广播电台、电视台的权利的限制。

**第二十三条** 为实施九年制义务教育和国家教育规划而编写出版教科书，除作者事先声明不许使用的外，可以不经著作权人许可，在教科书中汇编已经发表的作品片段或者短小的文字作品、音乐作品或者单幅的美术作品、摄影作品，但应当按照规定支付报酬，指明作者姓名、作品名称，并且不得侵犯著作权人依照本法享有的其他权利。

前款规定适用于对出版者、表演者、录音录像制作者、广播电台、电视台的权利的限制。

## 第三章　著作权许可使用和转让合同

**第二十四条** 使用他人作品应当同著作权人订立许可使用合同，本法规定可以不经许可的除外。

许可使用合同包括下列主要内容：

（一）许可使用的权利种类；

（二）许可使用的权利是专有使用权或者非专有使用权；

（三）许可使用的地域范围、期间；

（四）付酬标准和办法；

（五）违约责任；

（六）双方认为需要约定的其他内容。

**第二十五条** 转让本法第十条第一款第（五）项至第（十七）项规定的权利，应当订立书面合同。

权利转让合同包括下列主要内容：

（一）作品的名称；

（二）转让的权利种类、地域范围；

（三）转让价金；

（四）交付转让价金的日期和方式；

（五）违约责任；

（六）双方认为需要约定的其他内容。

**第二十六条** 以著作权出质的，由出质人和质权人向国务院著作权行政管理部门办理出质登记。

**第二十七条** 许可使用合同和转让合同中著作权人未明确许可、转让的权利，未经著作权人同意，另一方当事人不得行使。

**第二十八条** 使用作品的付酬标准可以由当事人约定，也可以按照国务院著作权行政管理部门会同有关部门制定的付酬标准支付报酬。当事人约定不明确的，按照国务院著作权行政管理部门会同有关部门制定的付酬标准支付报酬。

**第二十九条** 出版者、表演者、录音录像制作者、广播电台、电视台等依照本法有关规定使用他人作品的，不得侵犯作者的署名权、修改权、保护作品完整权和获得报酬的权利。

# 第四章　出版、表演、录音录像、播放

## 第一节　图书、报刊的出版

**第三十条**　图书出版者出版图书应当和著作权人订立出版合同，并支付报酬。

**第三十一条**　图书出版者对著作权人交付出版的作品，按照合同约定享有的专有出版权受法律保护，他人不得出版该作品。

**第三十二条**　著作权人应当按照合同约定期限交付作品。图书出版者应当按照合同约定的出版质量、期限出版图书。

图书出版者不按照合同约定期限出版，应当依照本法第五十四条的规定承担民事责任。

图书出版者重印、再版作品的，应当通知著作权人，并支付报酬。图书脱销后，图书出版者拒绝重印、再版的，著作权人有权终止合同。

**第三十三条**　著作权人向报社、期刊社投稿的，自稿件发出之日起十五日内未收到报社通知决定刊登的，或者自稿件发出之日起三十日内未收到期刊社通知决定刊登的，可以将同一作品向其他报社、期刊社投稿。双方另有约定的除外。

作品刊登后，除著作权人声明不得转载、摘编的外，其他报刊可以转载或者作为文摘、资料刊登，但应当按照规定向著作权人支付报酬。

**第三十四条**　图书出版者经作者许可，可以对作品修改、删节。

报社、期刊社可以对作品作文字性修改、删节。对内容的修改，应当经作者许可。

**第三十五条**　出版改编、翻译、注释、整理、汇编已有作品而产生的作品，应当取得改编、翻译、注释、整理、汇编作品的著作权人和原作品的著作权人许可，并支付报酬。

**第三十六条**　出版者有权许可或者禁止他人使用其出版的图书、期刊的版式设计。

前款规定的权利的保护期为十年,截止于使用该版式设计的图书、期刊首次出版后第十年的 12 月 31 日。

## 第二节 表演

**第三十七条** 使用他人作品演出,表演者(演员、演出单位)应当取得著作权人许可,并支付报酬。演出组织者组织演出,由该组织者取得著作权人许可,并支付报酬。

使用改编、翻译、注释、整理已有作品而产生的作品进行演出,应当取得改编、翻译、注释、整理作品的著作权人和原作品的著作权人许可,并支付报酬。

**第三十八条** 表演者对其表演享有下列权利:

(一)表明表演者身份;

(二)保护表演形象不受歪曲;

(三)许可他人从现场直播和公开传送其现场表演,并获得报酬;

(四)许可他人录音录像,并获得报酬;

(五)许可他人复制、发行录有其表演的录音录像制品,并获得报酬;

(六)许可他人通过信息网络向公众传播其表演,并获得报酬。

被许可人以前款第(三)项至第(六)项规定的方式使用作品,还应当取得著作权人许可,并支付报酬。

**第三十九条** 本法第三十八条第一款第(一)项、第(二)项规定的权利的保护期不受限制。

本法第三十八条第一款第(三)项至第(六)项规定的权利的保护期为五十年,截止于该表演发生后第五十年的 12 月 31 日。

## 第三节 录音录像

**第四十条** 录音录像制作者使用他人作品制作录音录像制品,应当取得著作权人许可,并支付报酬。

录音录像制作者使用改编、翻译、注释、整理已有作品而产生的作品,应当取得改编、翻译、注释、整理作品的著作权人和原作品著作权人许可，并支付报酬。

录音制作者使用他人已经合法录制为录音制品的音乐作品制作录音制品，可以不经著作权人许可，但应当按照规定支付报酬；著作权人声明不许使用的不得使用。

**第四十一条** 录音录像制作者制作录音录像制品，应当同表演者订立合同，并支付报酬。

**第四十二条** 录音录像制作者对其制作的录音录像制品，享有许可他人复制、发行、出租、通过信息网络向公众传播并获得报酬的权利；权利的保护期为五十年，截止于该制品首次制作完成后第五十年的12月31日。

被许可人复制、发行、通过信息网络向公众传播录音录像制品，还应当取得著作权人、表演者许可，并支付报酬。

## 第四节 广播电台、电视台播放

**第四十三条** 广播电台、电视台播放他人未发表的作品，应当取得著作权人许可，并支付报酬。

广播电台、电视台播放他人已发表的作品，可以不经著作权人许可，但应当支付报酬。

**第四十四条** 广播电台、电视台播放已经出版的录音制品，可以不经著作权人许可，但应当支付报酬。当事人另有约定的除外。具体办法由国务院规定。

**第四十五条** 广播电台、电视台有权禁止未经其许可的下列行为：

（一）将其播放的广播、电视转播；

（二）将其播放的广播、电视录制在音像载体上以及复制音像载体。

前款规定的权利的保护期为五十年，截止于该广播、电视首次播放后第五十年的12月31日。

**第四十六条** 电视台播放他人的电影作品和以类似摄制电影的方法创作的作品、录像制品，应当取得制片者或者录像制作者许可，并支付报酬；播放他人的录像制品，还应当取得著作权人许可，并支付报酬。

## 第五章　法律责任和执法措施

**第四十七条**　有下列侵权行为的，应当根据情况，承担停止侵害、消除影响、赔礼道歉、赔偿损失等民事责任：

（一）未经著作权人许可，发表其作品的；

（二）未经合作作者许可，将与他人合作创作的作品当作自己单独创作的作品发表的；

（三）没有参加创作，为谋取个人名利，在他人作品上署名的；

（四）歪曲、篡改他人作品的；

（五）剽窃他人作品的；

（六）未经著作权人许可，以展览、摄制电影和以类似摄制电影的方法使用作品，或者以改编、翻译、注释等方式使用作品的，本法另有规定的除外；

（七）使用他人作品，应当支付报酬而未支付的；

（八）未经电影作品和以类似摄制电影的方法创作的作品、计算机软件、录音录像制品的著作权人或者与著作权有关的权利人许可，出租其作品或者录音录像制品的，本法另有规定的除外；

（九）未经出版者许可，使用其出版的图书、期刊的版式设计的；

（十）未经表演者许可，从现场直播或者公开传送其现场表演，或者录制其表演的；

（十一）其他侵犯著作权以及与著作权有关的权益的行为。

**第四十八条**　有下列侵权行为的，应当根据情况，承担停止侵害、消除影响、赔礼道歉、赔偿损失等民事责任；同时损害公共利益的，可以由著作权行政管理部门责令停止侵权行为，没收违法所得，没收、销毁侵权复制品，并可处以罚款；情节严重的，著作权行政管理部门还可以没收主要用于制作侵权复制品的材料、工具、设备等；构成犯罪的，依法追究刑事责任：

（一）未经著作权人许可，复制、发行、表演、放映、广播、汇编、

通过信息网络向公众传播其作品的,本法另有规定的除外

（二）出版他人享有专有出版权的图书的;

（三）未经表演者许可,复制、发行录有其表演的录音录像制品,或者通过信息网络向公众传播其表演的,本法另有规定的除外;

（四）未经录音录像制作者许可,复制、发行、通过信息网络向公众传播其制作的录音录像制品的,本法另有规定的除外;

（五）未经许可,播放或者复制广播、电视的,本法另有规定的除外;

（六）未经著作权人或者与著作权有关的权利人许可,故意避开或者破坏权利人为其作品、录音录像制品等采取的保护著作权或者与著作权有关的权利的技术措施的,法律、行政法规另有规定的除外;

（七）未经著作权人或者与著作权有关的权利人许可,故意删除或者改变作品、录音录像制品等的权利管理电子信息的,法律、行政法规另有规定的除外;

（八）制作、出售假冒他人署名的作品的。

**第四十九条** 侵犯著作权或者与著作权有关的权利的,侵权人应当按照权利人的实际损失给予赔偿;实际损失难以计算的,可以按照侵权人的违法所得给予赔偿。赔偿数额还应当包括权利人为制止侵权行为所支付的合理开支。

权利人的实际损失或者侵权人的违法所得不能确定的,由人民法院根据侵权行为的情节,判决给予五十万元以下的赔偿。

**第五十条** 著作权人或者与著作权有关的权利人有证据证明他人正在实施或者即将实施侵犯其权利的行为,如不及时制止将会使其合法权益受到难以弥补的损害的,可以在起诉前向人民法院申请采取责令停止有关行为和财产保全的措施。

人民法院处理前款申请,适用《中华人民共和国民事诉讼法》第九十三条至第九十六条和第九十九条的规定。

**第五十一条** 为制止侵权行为,在证据可能灭失或者以后难以取得的情况下,著作权人或者与著作权有关的权利人可以在起诉前向人民法院申请保全证据。

人民法院接受申请后,必须在四十八小时内作出裁定;裁定采取保

全措施的,应当立即开始执行。

人民法院可以责令申请人提供担保,申请人不提供担保的,驳回申请。

申请人在人民法院采取保全措施后十五日内不起诉的,人民法院应当解除保全措施。

**第五十二条** 人民法院审理案件,对于侵犯著作权或者与著作权有关的权利的,可以没收违法所得、侵权复制品以及进行违法活动的财物。

**第五十三条** 复制品的出版者、制作者不能证明其出版、制作有合法授权的,复制品的发行者或者电影作品或者以类似摄制电影的方法创作的作品、计算机软件、录音录像制品的复制品的出租者不能证明其发行、出租的复制品有合法来源的,应当承担法律责任。

**第五十四条** 当事人不履行合同义务或者履行合同义务不符合约定条件的,应当依照《中华人民共和国民法通则》、《中华人民共和国合同法》等有关法律规定承担民事责任。

**第五十五条** 著作权纠纷可以调解,也可以根据当事人达成的书面仲裁协议或者著作权合同中的仲裁条款,向仲裁机构申请仲裁。

当事人没有书面仲裁协议,也没有在著作权合同中订立仲裁条款的,可以直接向人民法院起诉。

**第五十六条** 当事人对行政处罚不服的,可以自收到行政处罚决定书之日起三个月内向人民法院起诉,期满不起诉又不履行的,著作权行政管理部门可以申请人民法院执行。

## 第六章　附则

**第五十七条** 本法所称的著作权即版权。

**第五十八条** 本法第二条所称的出版,指作品的复制、发行。

**第五十九条** 计算机软件、信息网络传播权的保护办法由国务院另行规定。

**第六十条** 本法规定的著作权人和出版者、表演者、录音录像制作者、广播电台、电视台的权利，在本法施行之日尚未超过本法规定的保护期的，依照本法予以保护。

本法施行前发生的侵权或者违约行为，依照侵权或者违约行为发生时的有关规定和政策处理。

**第六十一条** 本法自 1991 年 6 月 1 日起施行。

# 附件 Ⅱ

# 中华人民共和国著作权法实施条例

**第一条** 根据《中华人民共和国著作权法》（以下简称"著作权法"），制定本条例。

**第二条** 著作权法所称作品，是指文学、艺术和科学领域内具有独创性并能以某种有形形式复制的智力成果。

**第三条** 著作权法所称创作，是指直接产生文学、艺术和科学作品的智力活动。为他人创作进行组织工作，提供咨询意见、物质条件，或者进行其他辅助工作，均不视为创作。

**第四条** 著作权法和本条例中下列作品的含义：

（一）文字作品，是指小说、诗词、散文、论文等以文字形式表现的作品；

（二）口述作品，是指即兴的演说、授课、法庭辩论等以口头语言形式表现的作品；

（三）音乐作品，是指歌曲、交响乐等能够演唱或者演奏的带词或者不带词的作品；

（四）戏剧作品，是指话剧、歌剧、地方戏等供舞台演出的作品；

（五）曲艺作品，是指相声、快书、大鼓、评书等以说唱为主要形式表演的作品；

（六）舞蹈作品，是指通过连续的动作、姿势、表情等表现思想情感的作品；

（七）杂技艺术作品，是指杂技、魔术、马戏等通过形体动作和技巧表现的作品；

（八）美术作品，是指绘画、书法、雕塑等以线条、色彩或者其他方式构成的有审美意义的平面或者立体的造型艺术作品；

（九）建筑作品，是指以建筑物或者构筑物形式表现的有审美意义的作品；

（十）摄影作品，是指借助器械在感光材料或者其他介质上记录客观物体形象的艺术作品；

（十一）电影作品和以类似摄制电影的方法创作的作品，是指摄制在一定介质上，由一系列有伴音或者无伴音的画面组成，并且借助适当装置放映或者以其他方式传播的作品；

（十二）图形作品，是指为施工、生产绘制的工程设计图、产品设计图，以及反映地理现象、说明事物原理或者结构的地图、示意图等作品；

（十三）模型作品，是指为展示、试验或者观测等用途，根据物体的形状和结构，按照一定比例制成的立体作品。

**第五条** 著作权法和本条例中下列用语的含义：

（一）时事新闻，是指通过报纸、期刊、广播电台、电视台等媒体报道的单纯事实消息；

（二）录音制品，是指任何对表演的声音和其他声音的录制品；

（三）录像制品，是指电影作品和以类似摄制电影的方法创作的作品以外的任何有伴音或者无伴音的连续相关形象、图像的录制品；

（四）录音制作者，是指录音制品的首次制作人；

（五）录像制作者，是指录像制品的首次制作人；

（六）表演者，是指演员、演出单位或者其他表演文学、艺术作品的人。

**第六条** 著作权自作品创作完成之日起产生。

**第七条** 著作权法第二条第三款规定的首先在中国境内出版的外国人、无国籍人的作品，其著作权自首次出版之日起受保护。

**第八条** 外国人、无国籍人的作品在中国境外首先出版后，30日内在中国境内出版的，视为该作品同时在中国境内出版。

**第九条** 合作作品不可以分割使用的，其著作权由各合作作者共同享有，通过协商一致行使；不能协商一致，又无正当理由的，任何一方不得阻止他方行使除转让以外的其他权利，但是所得收益应当合理分配给所有合作作者。

**第十条** 著作权人许可他人将其作品摄制成电影作品和以类似摄制电影的方法创作的作品的，视为已同意对其作品进行必要的改动，但是这种改动不得歪曲篡改原作品。

**第十一条** 著作权法第十六条第一款关于职务作品的规定中的"工作任务"，是指公民在该法人或者该组织中应当履行的职责。

著作权法第十六条第二款关于职务作品的规定中的"物质技术条件"，是指该法人或者该组织为公民完成创作专门提供的资金、设备或者资料。

**第十二条** 职务作品完成两年内，经单位同意，作者许可第三人以与单位使用的相同方式使用作品所获报酬，由作者与单位按约定的比例分配。作品完成两年的期限，自作者向单位交付作品之日起计算。

**第十三条** 作者身份不明的作品，由作品原件的所有人行使除署名权以外的著作权。作者身份确定后，由作者或者其继承人行使著作权。

**第十四条** 合作作者之一死亡后，其对合作作品享有的著作权法第十条第一款第（五）项至第（十七）项规定的权利无人继承又无人受遗赠的，由其他合作作者享有。

**第十五条** 作者死亡后，其著作权中的署名权、修改权和保护作品完整权由作者的继承人或者受遗赠人保护。

著作权无人继承又无人受遗赠的，其署名权、修改权和保护作品完整权由著作权行政管理部门保护。

**第十六条** 国家享有著作权的作品的使用，由国务院著作权行政管理部门管理。

**第十七条** 作者生前未发表的作品，如果作者未明确表示不发表，作者死亡后50年内，其发表权可由继承人或者受遗赠人行使；没有继承人又无人受遗赠的，由作品原件的所有人行使。

**第十八条** 作者身份不明的作品，其著作权法第十条第一款第（五）项至第（十七）项规定的权利的保护期截止于作品首次发表后第五十年的12月31日。作者身份确定后，适用著作权法第二十一条的规定。

**第十九条** 使用他人作品的，应当指明作者姓名、作品名称；但是，当事人另有约定或者由于作品使用方式的特性无法指明的除外。

**第二十条** 著作权法所称已经发表的作品，是指著作权人自行或者许可他人公之于众的作品。

**第二十一条** 依照著作权法有关规定，使用可以不经著作权人许可的已经发表的作品的，不得影响该作品的正常使用，也不得不合理地损害著作权人的合法利益。

**第二十二条** 依照著作权法第二十三条、第三十三条第二款、第四十条第三款的规定使用作品的付酬标准，由国务院著作权行政管理部门会同国务院价格主管部门制定、公布。

**第二十三条** 使用他人作品应当同著作权人订立许可使用合同，许可使用的权利是专有使用权的，应当采取书面形式，但是报社、期刊社刊登作品除外。

**第二十四条** 著作权法第二十四条规定的专有使用权的内容由合同约定，合同没有约定或者约定不明的，视为被许可人有权排除包括著作权人在内的任何人以同样的方式使用作品；除合同另有约定外，被许可人许可第三人行使同一权利，必须取得著作权人的许可。

**第二十五条** 与著作权人订立专有许可使用合同、转让合同的，可以向著作权行政管理部门备案。

**第二十六条** 著作权法和本条例所称与著作权有关的权益，是指出版者对其出版的图书和期刊的版式设计享有的权利，表演者对其表演享有的权利，录音录像制作者对其制作的录音录像制品享有的权利，广播电台、电视台对其播放的广播、电视节目享有的权利。

**第二十七条** 出版者、表演者、录音录像制作者、广播电台、电视台行使权利，不得损害被使用作品和原作品著作权人的权利。

**第二十八条** 图书出版合同中约定图书出版者享有专有出版权但没有明确其具体内容的，视为图书出版者享有在合同有效期限内和在合同约定的地域范围内以同种文字的原版、修订版出版图书的专有权利。

**第二十九条** 著作权人寄给图书出版者的两份订单在6个月内未能得到履行，视为著作权法第三十二条所称图书脱销。

**第三十条** 著作权人依照著作权法第三十三条第二款声明不得转载、摘编其作品的，应当在报纸、期刊刊登该作品时附带声明。

**第三十一条** 著作权人依照著作权法第四十条第三款声明不得对其作品制作录音制品的，应当在该作品合法录制为录音制品时声明。

第三十二条　依照著作权法第二十三条、第三十三条第二款、第四十条第三款的规定，使用他人作品的，应当自使用该作品之日起 2 个月内向著作权人支付报酬。

第三十三条　外国人、无国籍人在中国境内的表演，受著作权法保护。

外国人、无国籍人根据中国参加的国际条约对其表演享有的权利，受著作权法保护。

第三十四条　外国人、无国籍人在中国境内制作、发行的录音制品，受著作权法保护。

外国人、无国籍人根据中国参加的国际条约对其制作、发行的录音制品享有的权利，受著作权法保护。

第三十五条　外国的广播电台、电视台根据中国参加的国际条约对其播放的广播、电视节目享有的权利，受著作权法保护。

第三十六条　有著作权法第四十八条所列侵权行为，同时损害社会公共利益，非法经营额 5 万元以上的，著作权行政管理部门可处非法经营额 1 倍以上 5 倍以下的罚款；没有非法经营额或者非法经营额 5 万元以下的，著作权行政管理部门根据情节轻重，可处 25 万元以下的罚款。

第三十七条　有著作权法第四十八条所列侵权行为，同时损害社会公共利益的，由地方人民政府著作权行政管理部门负责查处。

国务院著作权行政管理部门可以查处在全国有重大影响的侵权行为。

第三十八条　本条例自 2002 年 9 月 15 日起施行。1991 年 5 月 24 日国务院批准、1991 年 5 月 30 日国家版权局发布的《中华人民共和国著作权法实施条例》同时废止。

# 附件 Ⅲ

# 信息网络传播权保护条例

（2006年5月18日中华人民共和国国务院令第468号公布 根据2013年1月30日《国务院关于修改〈信息网络传播权保护条例〉的决定》修订）

**第一条** 为保护著作权人、表演者、录音录像制作者（以下统称"权利人"）的信息网络传播权，鼓励有益于社会主义精神文明、物质文明建设的作品的创作和传播，根据《中华人民共和国著作权法》（以下简称"著作权法"），制定本条例。

**第二条** 权利人享有的信息网络传播权受著作权法和本条例保护。除法律、行政法规另有规定的外，任何组织或者个人将他人的作品、表演、录音录像制品通过信息网络向公众提供，应当取得权利人许可，并支付报酬。

**第三条** 依法禁止提供的作品、表演、录音录像制品，不受本条例保护。

权利人行使信息网络传播权，不得违反宪法和法律、行政法规，不得损害公共利益。

**第四条** 为了保护信息网络传播权，权利人可以采取技术措施。

任何组织或者个人不得故意避开或者破坏技术措施，不得故意制造、进口或者向公众提供主要用于避开或者破坏技术措施的装置或者部件，不得故意为他人避开或者破坏技术措施提供技术服务。但是，法律、行政法规规定可以避开的除外。

**第五条** 未经权利人许可，任何组织或者个人不得进行下列行为：

（一）故意删除或者改变通过信息网络向公众提供的作品、表演、录

音录像制品的权利管理电子信息,但由于技术上的原因无法避免删除或者改变的除外;

(二) 通过信息网络向公众提供明知或者应知未经权利人许可被删除或者改变权利管理电子信息的作品、表演、录音录像制品。

**第六条** 通过信息网络提供他人作品,属于下列情形的,可以不经著作权人许可,不向其支付报酬:

(一) 为介绍、评论某一作品或者说明某一问题,在向公众提供的作品中适当引用已经发表的作品;

(二) 为报道时事新闻,在向公众提供的作品中不可避免地再现或者引用已经发表的作品;

(三) 为学校课堂教学或者科学研究,向少数教学、科研人员提供少量已经发表的作品;

(四) 国家机关为执行公务,在合理范围内向公众提供已经发表的作品;

(五) 将中国公民、法人或者其他组织已经发表的、以汉语言文字创作的作品翻译成的少数民族语言文字作品,向中国境内少数民族提供;

(六) 不以营利为目的,以盲人能够感知的独特方式向盲人提供已经发表的文字作品;

(七) 向公众提供在信息网络上已经发表的关于政治、经济问题的时事性文章;

(八) 向公众提供在公众集会上发表的讲话。

**第七条** 图书馆、档案馆、纪念馆、博物馆、美术馆等可以不经著作权人许可,通过信息网络向本馆馆舍内服务对象提供本馆收藏的合法出版的数字作品和依法为陈列或者保存版本的需要以数字化形式复制的作品,不向其支付报酬,但不得直接或者间接获得经济利益。当事人另有约定的除外。

前款规定的为陈列或者保存版本需要以数字化形式复制的作品,应当是已经损毁或者濒临损毁、丢失或者失窃,或者其存储格式已经过时,并且在市场上无法购买或者只能以明显高于标定的价格购买的作品。

**第八条** 为通过信息网络实施九年制义务教育或者国家教育规划,可以不经著作权人许可,使用其已经发表作品的片断或者短小的文字作品、音乐作品或者单幅的美术作品、摄影作品制作课件,由制作课件或者依法取得课件的远程教育机构通过信息网络向注册学生提供,但应当向著作权人支付报酬。

**第九条** 为扶助贫困,通过信息网络向农村地区的公众免费提供中国公民、法人或者其他组织已经发表的种植养殖、防病治病、防灾减灾等与扶助贫困有关的作品和适应基本文化需求的作品,网络服务提供者应当在提供前公告拟提供的作品及其作者、拟支付报酬的标准。自公告之日起30日内,著作权人不同意提供的,网络服务提供者不得提供其作品;自公告之日起满30日,著作权人没有异议的,网络服务提供者可以提供其作品,并按照公告的标准向著作权人支付报酬。网络服务提供者提供著作权人的作品后,著作权人不同意提供的,网络服务提供者应当立即删除著作权人的作品,并按照公告的标准向著作权人支付提供作品期间的报酬。

依照前款规定提供作品的,不得直接或者间接获得经济利益。

**第十条** 依照本条例规定不经著作权人许可、通过信息网络向公众提供其作品的,还应当遵守下列规定:

(一)除本条例第六条第(一)项至第(六)项、第七条规定的情形外,不得提供作者事先声明不许提供的作品;

(二)指明作品的名称和作者的姓名(名称);

(三)依照本条例规定支付报酬;

(四)采取技术措施,防止本条例第七条、第八条、第九条规定的服务对象以外的其他人获得著作权人的作品,并防止本条例第七条规定的服务对象的复制行为对著作权人利益造成实质性损害;

(五)不得侵犯著作权人依法享有的其他权利。

**第十一条** 通过信息网络提供他人表演、录音录像制品的,应当遵守本条例第六条至第十条的规定。

**第十二条** 属于下列情形的,可以避开技术措施,但不得向他人提供避开技术措施的技术、装置或者部件,不得侵犯权利人依法享有的其他权利:

(一)为学校课堂教学或者科学研究,通过信息网络向少数教学、科研人员提供已经发表的作品、表演、录音录像制品,而该作品、表演、录音录像制品只能通过信息网络获取；

（二）不以营利为目的，通过信息网络以盲人能够感知的独特方式向盲人提供已经发表的文字作品，而该作品只能通过信息网络获取；

（三）国家机关依照行政、司法程序执行公务；

（四）在信息网络上对计算机及其系统或者网络的安全性能进行测试。

**第十三条** 著作权行政管理部门为了查处侵犯信息网络传播权的行为，可以要求网络服务提供者提供涉嫌侵权的服务对象的姓名（名称）、联系方式、网络地址等资料。

**第十四条** 对提供信息存储空间或者提供搜索、链接服务的网络服务提供者，权利人认为其服务所涉及的作品、表演、录音录像制品，侵犯自己的信息网络传播权或者被删除、改变了自己的权利管理电子信息的，可以向该网络服务提供者提交书面通知，要求网络服务提供者删除该作品、表演、录音录像制品，或者断开与该作品、表演、录音录像制品的链接。通知书应当包含下列内容：

（一）权利人的姓名（名称）、联系方式和地址；

（二）要求删除或者断开链接的侵权作品、表演、录音录像制品的名称和网络地址；

（三）构成侵权的初步证明材料。

权利人应当对通知书的真实性负责。

**第十五条** 网络服务提供者接到权利人的通知书后，应当立即删除涉嫌侵权的作品、表演、录音录像制品，或者断开与涉嫌侵权的作品、表演、录音录像制品的链接，并同时将通知书转送提供作品、表演、录音录像制品的服务对象；服务对象网络地址不明、无法转送的，应当将通知书的内容同时在信息网络上公告。

**第十六条** 服务对象接到网络服务提供者转送的通知书后，认为其提供的作品、表演、录音录像制品未侵犯他人权利的，可以向网络服务提供者提交书面说明，要求恢复被删除的作品、表演、录音录像制品，或者恢复与被断开的作品、表演、录音录像制品的链接。书面说明应当包含下列内容：

（一）服务对象的姓名（名称）、联系方式和地址；

（二）要求恢复的作品、表演、录音录像制品的名称和网络地址；

（三）不构成侵权的初步证明材料。

服务对象应当对书面说明的真实性负责。

**第十七条** 网络服务提供者接到服务对象的书面说明后，应当立即恢复被删除的作品、表演、录音录像制品，或者可以恢复与被断开的作品、表演、录音录像制品的链接，同时将服务对象的书面说明转送权利人。权利人不得再通知网络服务提供者删除该作品、表演、录音录像制品，或者断开与该作品、表演、录音录像制品的链接。

**第十八条** 违反本条例规定，有下列侵权行为之一的，根据情况承担停止侵害、消除影响、赔礼道歉、赔偿损失等民事责任；同时损害公共利益的，可以由著作权行政管理部门责令停止侵权行为，没收违法所得，非法经营额5万元以上的，可处非法经营额1倍以上5倍以下的罚款；没有非法经营额或者非法经营额5万元以下的，根据情节轻重，可处25万元以下的罚款；情节严重的，著作权行政管理部门可以没收主要用于提供网络服务的计算机等设备；构成犯罪的，依法追究刑事责任：

（一）通过信息网络擅自向公众提供他人的作品、表演、录音录像制品的；

（二）故意避开或者破坏技术措施的；

（三）故意删除或者改变通过信息网络向公众提供的作品、表演、录音录像制品的权利管理电子信息，或者通过信息网络向公众提供明知或者应知未经权利人许可而被删除或者改变权利管理电子信息的作品、表演、录音录像制品的；

（四）为扶助贫困通过信息网络向农村地区提供作品、表演、录音录像制品超过规定范围，或者未按照公告的标准支付报酬，或者在权利人不同意提供其作品、表演、录音录像制品后未立即删除的；

（五）通过信息网络提供他人的作品、表演、录音录像制品，未指明作品、表演、录音录像制品的名称或者作者、表演者、录音录像制作者的姓名（名称），或者未支付报酬，或者未依照本条例规定采取技术措施防止服务对象以外的其他人获得他人的作品、表演、录音录像制品，或者未防止服务对象的复制行为对权利人利益造成实质性损害的。

**第十九条** 违反本条例规定，有下列行为之一的，由著作权行政管理部门予以警告,没收违法所得,没收主要用于避开、破坏技术措施的装置或者部件;情节严重的,可以没收主要用于提供网络服务的计算机等设备,非法经营额 5 万元以上的,可处非法经营额 1 倍以上 5 倍以下的罚款;没有非法经营额或者非法经营额 5 万元以下的,根据情节轻重,可处 25 万元以下的罚款;构成犯罪的,依法追究刑事责任:

(一) 故意制造、进口或者向他人提供主要用于避开、破坏技术措施的装置或者部件,或者故意为他人避开或者破坏技术措施提供技术服务的;

(二) 通过信息网络提供他人的作品、表演、录音录像制品,获得经济利益的;

(三) 为扶助贫困通过信息网络向农村地区提供作品、表演、录音录像制品,未在提供前公告作品、表演、录音录像制品的名称和作者、表演者、录音录像制作者的姓名(名称)以及报酬标准的。

第二十条 网络服务提供者根据服务对象的指令提供网络自动接入服务,或者对服务对象提供的作品、表演、录音录像制品提供自动传输服务,并具备下列条件的,不承担赔偿责任:

(一) 未选择并且未改变所传输的作品、表演、录音录像制品;

(二) 向指定的服务对象提供该作品、表演、录音录像制品,并防止指定的服务对象以外的其他人获得。

第二十一条 网络服务提供者为提高网络传输效率,自动存储从其他网络服务提供者获得的作品、表演、录音录像制品,根据技术安排自动向服务对象提供,并具备下列条件的,不承担赔偿责任:

(一) 未改变自动存储的作品、表演、录音录像制品;

(二) 不影响提供作品、表演、录音录像制品的原网络服务提供者掌握服务对象获取该作品、表演、录音录像制品的情况;

(三) 在原网络服务提供者修改、删除或者屏蔽该作品、表演、录音录像制品时,根据技术安排自动予以修改、删除或者屏蔽。

第二十二条 网络服务提供者为服务对象提供信息存储空间,供服务对象通过信息网络向公众提供作品、表演、录音录像制品,并具备下列条件的,不承担赔偿责任:

(一) 明确标示该信息存储空间是为服务对象所提供,并公开网络服务提供者的名称、联系人、网络地址；

（二）未改变服务对象所提供的作品、表演、录音录像制品；

（三）不知道也没有合理的理由应当知道服务对象提供的作品、表演、录音录像制品侵权；

（四）未从服务对象提供作品、表演、录音录像制品中直接获得经济利益；

（五）在接到权利人的通知书后，根据本条例规定删除权利人认为侵权的作品、表演、录音录像制品。

第二十三条　网络服务提供者为服务对象提供搜索或者链接服务，在接到权利人的通知书后，根据本条例规定断开与侵权的作品、表演、录音录像制品的链接的，不承担赔偿责任；但是，明知或者应知所链接的作品、表演、录音录像制品侵权的，应当承担共同侵权责任。

第二十四条　因权利人的通知导致网络服务提供者错误删除作品、表演、录音录像制品，或者错误断开与作品、表演、录音录像制品的链接，给服务对象造成损失的，权利人应当承担赔偿责任。

第二十五条　网络服务提供者无正当理由拒绝提供或者拖延提供涉嫌侵权的服务对象的姓名（名称）、联系方式、网络地址等资料的，由著作权行政管理部门予以警告；情节严重的，没收主要用于提供网络服务的计算机等设备。

第二十六条　本条例下列用语的含义：

信息网络传播权，是指以有线或者无线方式向公众提供作品、表演或者录音录像制品，使公众可以在其个人选定的时间和地点获得作品、表演或者录音录像制品的权利。

技术措施，是指用于防止、限制未经权利人许可浏览、欣赏作品、表演、录音录像制品的或者通过信息网络向公众提供作品、表演、录音录像制品的有效技术、装置或者部件。

权利管理电子信息，是指说明作品及其作者、表演及其表演者、录音录像制品及其制作者的信息，作品、表演、录音录像制品权利人的信息和使用条件的信息，以及表示上述信息的数字或者代码。

第二十七条　本条例自 2006 年 7 月 1 日起施行。

# 附件 Ⅳ

# 中华人民共和国著作权法
# （修订草案送审稿）

## 目　　录

第一章　总则
第二章　著作权
　第一节　著作权人及其权利
　第二节　著作权的归属
　第三节　著作权的保护期
第三章　相关权
　第一节　出版者
　第二节　表演者
　第三节　录音制作者
　第四节　广播电台、电视台
第四章　权利的限制
第五章　权利的行使
　第一节　著作权和相关权合同
　第二节　著作权集体管理
第六章　技术保护措施和权利管理信息
第七章　权利的保护
第八章　附则

# 第一章　总则

**第一条**　为保护文学、艺术和科学作品作者的著作权，以及传播者的相关权，鼓励有益于社会主义精神文明、物质文明建设的作品的创作和传播，促进社会主义文化、科学和经济的发展与繁荣，根据宪法制定本法。

**第二条**　中国自然人、法人或者其他组织的作品，不论是否发表，受本法保护。

外国人、无国籍人的作品，根据其所属国或者经常居住地国同中国签订的协议或者共同参加的国际条约，受本法保护。

未与中国签订协议或者共同参加国际条约的国家的作者和无国籍人的作品，首次在中国参加的国际条约的成员国出版的，或者在成员国和非成员国同时出版的，受本法保护。

**第三条**　中国自然人、法人或者其他组织的版式设计、表演、录音制品和广播电视节目，受本法保护。

外国人、无国籍人的版式设计、表演、录音制品和广播电视节目，根据其所属国或者经常居住地国同中国签订的协议或者共同参加的国际条约，受本法保护。

未与中国签订协议或者共同参加国际条约的国家的外国人和无国籍人，其在中国境内的表演或者在中国境内制作、发行的录音制品，受本法保护。

**第四条**　外国人、无国籍人的实用艺术作品以及根据本法第十四条享有的权利，其所属国或者经常居住地国对中国权利人给予保护的，受本法保护。

**第五条**　本法所称的作品，是指文学、艺术和科学领域内具有独创性并能以某种形式固定的智力表达。

作品包括以下种类：

（一）文字作品，是指小说、诗词、散文、论文等以文字形式表现的作品；

（二）口述作品，是指即兴的演说、授课等以口头语言形式表现的作品；

（三）音乐作品，是指歌曲、乐曲等能够演唱或者演奏的带词或者不带词的作品；

（四）戏剧作品，是指戏曲、话剧、歌剧、舞剧等供舞台演出的作品；

（五）曲艺作品，是指相声小品、快板快书、鼓曲唱曲、评书评话、弹词等以说唱为主要形式表演的作品；

（六）舞蹈作品，是指通过连续的动作、姿势、表情等表现思想情感的作品；

（七）杂技艺术作品，是指杂技、魔术、马戏、滑稽等通过连续的形体和动作表现的作品；

（八）美术作品，是指绘画、书法、雕塑等以线条、色彩或者其他方式构成的有审美意义的平面或者立体的造型艺术作品；

（九）实用艺术作品，是指玩具、家具、饰品等具有实用功能并有审美意义的平面或者立体的造型艺术作品；

（十）建筑作品，是指以建筑物或者构筑物形式表现的有审美意义的作品，包括作为其施工基础的平面图、设计图、草图和模型；

（十一）摄影作品，是指借助器械在感光材料或者其他介质上记录客观物体形象的艺术作品；

（十二）视听作品，是指由一系列有伴音或者无伴音的连续画面组成，并且能够借助技术设备被感知的作品，包括电影、电视剧以及类似制作电影的方法创作的作品；

（十三）图形作品，是指为施工、生产绘制的工程设计图、产品设计图，以及反映地理现象、说明事物原理或者结构的地图、示意图等作品；

（十四）立体作品，是指为生产产品、展示地理地形、说明事物原理或者结构而创作的三维作品；

（十五）计算机程序，是指以源程序或者目标程序表现的、用于电子计算机或者其他信息处理装置运行的指令，计算机程序的源程序和目标程序为同一作品；

（十六）其他文学、艺术和科学作品。

著作权自作品创作之日起自动产生，无须履行任何手续。

**第六条** 本法所称的相关权，指出版者对其出版的图书或者期刊的版式设计享有的权利，表演者对其表演享有的权利，录音制作者对其制作的录音制品享有的权利，广播电台、电视台对其播放的广播电视节目享有的权利。

相关权自使用版式设计的图书或者期刊首次出版、表演发生、录音制品首次制作完成和广播电视节目首次播放之日起自动产生，无须履行任何手续。

**第七条** 著作权人行使著作权、相关权人行使相关权，不得违反宪法和法律，不得损害公共利益。

国家对作品的传播依法进行监督管理。

**第八条** 著作权人和相关权人可以向国务院著作权行政管理部门设立的专门登记机构进行著作权或者相关权登记。登记文书是登记事项属实的初步证明。

登记应当缴纳费用，收费标准由国务院财政、价格管理部门确定。

著作权和相关权登记管理办法由国务院著作权行政管理部门另行规定。

**第九条** 著作权保护延及表达，不延及思想、过程、原理、数学概念、操作方法等。

本法不适用于：

（一）法律、法规，国家机关的决议、决定、命令和其他具有立法、行政、司法性质的文件，及其官方正式译文；

（二）通过报纸、期刊、广播电台、电视台、网络等媒体报道的单纯事实消息；

（三）历法、通用数表、通用表格和公式。

**第十条** 民间文学艺术表达的保护办法由国务院另行规定。

**第十一条** 国务院著作权行政管理部门主管全国的著作权和相关权管理工作；地方人民政府著作权行政管理部门主管本行政区域的著作权和相关权管理工作。

## 第二章 著作权

### 第一节 著作权人及其权利

**第十二条** 著作权人包括：

（一）作者；

（二）其他依照本法享有著作权的自然人、法人或者其他组织。

**第十三条** 著作权包括人身权和财产权。

著作权中的人身权包括：

（一）发表权，即决定作品是否公之于众的权利；

（二）署名权，即决定是否表明作者身份以及如何表明作者身份的权利；

（三）保护作品完整权，即允许他人修改作品以及禁止歪曲、篡改作品的权利。

著作权中的财产权包括：

（一）复制权，即以印刷、复印、录制、翻拍以及数字化等方式将作品固定在有形载体上的权利；

（二）发行权，即以出售、赠予或者其他转让所有权的方式向公众提供作品的原件或者复制件的权利；

（三）出租权，即有偿许可他人临时使用视听作品、计算机程序或者包含作品的录音制品的原件或者复制件的权利，计算机程序不是出租的主要标的的除外；

（四）展览权，即公开陈列美术作品、摄影作品的原件或者复制件的权利；

（五）表演权，即以演唱、演奏、舞蹈、朗诵等方式公开表演作品，以及通过技术设备向公众传播作品或者作品的表演的权利；

（六）播放权，即以无线或者有线方式公开播放作品或者转播该作品的播放，以及通过技术设备向公众传播该作品的播放的权利；

（七）信息网络传播权，即以无线或者有线方式向公众提供作品，使公众可以在其个人选定的时间和地点获得作品的权利；

（八）改编权，即将作品改变成其他体裁和种类的新作品，或者将文字、音乐、戏剧等作品制作成视听作品，以及对计算机程序进行增补、删节，改变指令、语句顺序或者其他变动的权利；

（九）翻译权，即将作品从一种语言文字转换成另一种语言文字的权利；

（十）应当由著作权人享有的其他权利。

信息网络传播权的保护办法由国务院另行规定。

**第十四条** 美术、摄影作品的原件或者文字、音乐作品的手稿首次转让后，作者或者其继承人、受遗赠人对原件或者手稿的所有人通过拍卖方式转售该原件或者手稿所获得的增值部分，享有分享收益的权利，该权利专属于作者或者其继承人、受遗赠人。其保护办法由国务院另行规定。

## 第二节 著作权的归属

**第十五条** 著作权属于作者，本法另有规定的除外。

创作作品的自然人是作者。

由法人或者其他组织主持或者投资，代表法人或者其他组织意志创作，以法人、其他组织或者其代表人名义发表，并由法人或者其他组织承担责任的作品，法人或者其他组织视为作者。

如无相反证明，在作品上署名的自然人、法人或者其他组织推定为作者。

**第十六条** 以改编、翻译、注释、整理等方式利用已有作品而产生的新作品为演绎作品，其著作权由演绎者享有。

使用演绎作品应当取得演绎作品的著作权人和原作品的著作权人许可。

**第十七条** 两人以上合作创作的作品，其著作权由合作作者共同享有。没有参加创作的人，不能成为合作作者。

合作作品可以分割使用的，作者对各自创作的部分单独享有著作权，但行使著作权时不得妨碍合作作品的正常使用。

合作作品不可以分割使用的，其著作权由各合作作者共同享有，通过协商一致行使；不能协商一致，又无正当理由的，任何一方不得阻止他方使用或者许可他人使用，但是所得收益应当合理分配给所有合作作者。

他人侵犯合作作品著作权的，任何合作作者可以以自己的名义提起诉讼，但其所获得的赔偿应当合理分配给所有合作作者。

**第十八条** 汇编若干作品、作品的片段或者不构成作品的数据或者其他材料，对其内容的选择或者编排体现独创性的作品，为汇编作品，其著作权由汇编者享有。

使用汇编作品应当取得汇编作品的著作权人和原作品的著作权人许可。

**第十九条** 制片者使用小说、音乐和戏剧等已有作品制作视听作品，应当取得著作权人的许可；如无相反约定，前述已有作品的著作权人根据第十六条第二款对视听作品的使用享有专有权。

电影、电视剧等视听作品的作者包括导演、编剧以及专门为视听作品创作的音乐作品的作者等。

电影、电视剧等视听作品的著作权中的财产权和利益分享由制片者和作者约定。没有约定或者约定不明的，著作权中的财产权由制片者享有，但作者享有署名权和分享收益的权利。

视听作品中可以单独使用的剧本、音乐等作品，作者可以单独行使著作权，但不得妨碍视听作品的正常使用。

**第二十条** 职工在职期间为完成工作任务所创作的作品为职务作品，其著作权归属由当事人约定。

当事人没有约定或者约定不明的，职务作品的著作权由职工享有，但工程设计图、产品设计图、地图、计算机程序和有关文档，以及报刊社、通讯社、广播电台和电视台的职工专门为完成报道任务创作的作品的著作权由单位享有，作者享有署名权。

依本条第二款规定，职务作品的著作权由职工享有的，单位有权在业务范围内免费使用该职务作品并对其享有两年的专有使用权。

依本条第二款规定，职务作品由单位享有的，单位应当根据创作作品的数量和质量对职工予以相应奖励，职工可以通过汇编方式出版其创作的作品。

**第二十一条** 受委托创作的作品，其著作权归属由当事人约定。

当事人没有约定或者约定不明的，委托作品的著作权由受托人享有，但委托人在约定的使用范围内可以免费使用该作品；当事人没有约定使用范围的，委托人可以在委托创作的特定目的范围内免费使用该作品。

**第二十二条** 作品原件所有权的移转，不产生著作权的移转。

美术、摄影作品原件的所有人可以展览该原件。

作者将未发表的美术或者摄影作品的原件转让给他人，受让人展览该原件不构成对作者发表权的侵犯。

陈列于公共场所的美术作品的原件为该作品的唯一载体的，原件所有人对其进行拆除、损毁等事实处分前，应当在合理的期限内通知作者，作者可以通过回购、复制等方式保护其著作权，当事人另有约定的除外。

**第二十三条** 作者死亡后，其著作权中的署名权和保护作品完整权由作者的继承人或者受遗赠人保护。

著作权无人继承又无人受遗赠的，其署名权和保护作品完整权由著作权行政管理部门保护。

**第二十四条** 作者生前未发表的作品，如果作者未明确表示不发表，作者死亡后五十年内，其发表权可由其继承人或者受遗赠人行使；没有继承人又无人受遗赠的，其发表权由作品原件的所有人行使。

**第二十五条** 著作权属于自然人的，自然人死亡后，著作权中的财产权在本法规定的保护期内，依照《中华人民共和国继承法》的规定转移。

著作权属于法人或者其他组织的，法人或者其他组织变更、终止后，著作权中的财产权在本法规定的保护期内，由承受其权利义务的法人或者其他组织享有；没有承受其权利义务的法人或者其他组织的，由国家享有。

**第二十六条** 合作作者之一死亡后，其对合作作品享有的著作权中的财产权无人继承又无人受遗赠的，由其他合作作者享有。

**第二十七条** 作者身份不明的作品，其著作权除署名权外由作品原件的所有人行使。作者身份确定后，其著作权由作者或者其继承人、受遗赠人行使。

### 第三节 著作权的保护期

**第二十八条** 署名权、保护作品完整权的保护期不受限制。

**第二十九条** 自然人的作品，其发表权、著作权中的财产权的保护期为作者终身及其死亡后五十年；如果是合作作品，其保护期计算以最后死亡的作者为准。

法人或者其他组织的作品、著作权（署名权除外）由单位享有的职务作品、视听作品，其发表权的保护期为五十年，但作品自创作完成后五十年内未发表的，本法不再保护；其著作权中的财产权的保护期为首次发表后五十年，但作品自创作完成后五十年内未发表的，本法不再保护。

实用艺术作品，其发表权的保护期为二十五年，但作品自创作完成后二十五年内未发表的，本法不再保护；其著作权中的财产权的保护期为首次发表后二十五年，但作品自创作完成后二十五年内未发表的，本法不再保护。

前三款所称的保护期，自作者死亡、相关作品首次发表或者作品创作完成后次年1月1日起算。

本法施行前保护期已经届满、但依据本条第一款仍在保护期内的摄影作品，不受本法保护。

本法第十四条规定的权利的保护期，适用本条第一款的规定。

**第三十条** 作者身份不明的作品，其著作权中的财产权的保护期为五十年，自该作品首次发表后次年1月1日起算。作者身份确定后适用本法第二十九条的规定。

## 第三章 相关权

### 第一节 出版者

**第三十一条** 本法所称的出版，是指复制并发行。

本法所称的版式设计,是指对图书和期刊的版面格式的设计。

第三十二条　出版者有权许可他人使用其出版的图书、期刊的版式设计。

前款规定的权利的保护期为十年,自使用该版式设计的图书或者期刊首次出版后次年1月1日起算。

## 第二节　表演者

第三十三条　本法所称的表演者,是指以朗诵、演唱、演奏以及其他方式表演文学艺术作品或者民间文学艺术表达的自然人。

第三十四条　表演者对其表演享有下列权利:

(一)表明表演者身份;

(二)保护表演形象不受歪曲;

(三)许可他人以无线或者有线方式公开播放其现场表演;

(四)许可他人录制其表演;

(五)许可他人复制、发行、出租其表演的录制品或者该录制品的复制件;

(六)许可他人以无线或者有线方式向公众提供其表演,使公众可以在其个人选定的时间和地点获得该表演。

前款第(一)项、第(二)项规定的权利的保护期不受限制;第(三)项至第(六)项规定的权利的保护期为五十年,自该表演发生后次年1月1日起算。

被许可人以本条第一款第(三)项至第(六)项规定的方式使用作品,还应当取得著作权人许可。

第三十五条　演出组织者组织表演的,由该演出组织者取得著作权人许可。

第三十六条　表演者在职期间为完成工作任务进行的表演为职务表演,其权利归属由当事人约定。

当事人没有约定或者约定不明的,职务表演的权利由表演者享有,但集体性职务表演的权利由演出单位享有,表演者享有署名权。

依本条第二款规定,职务表演的权利由表演者享有的,演出单位可以在其业务范围内免费使用该表演。

依本条第二款规定，职务表演的权利由演出单位享有的，单位应当根据表演的数量和质量对表演者予以奖励。

**第三十七条** 制片者聘用表演者制作视听作品，应当签订书面合同并支付报酬。

视听作品中的表演者根据第三十四条第（五）项和第（六）项规定的财产权及利益分享由制片者和主要表演者约定。如无约定或者约定不明的，前述权利由制片者享有，但主要表演者享有署名权和分享收益的权利。

## 第三节 录音制作者

**第三十八条** 本法所称的录音制品，是指任何对表演的声音和其他声音的录制品。

本法所称的录音制作者，是指录音制品的首次制作人。

**第三十九条** 录音制作者对其制作的录音制品享有下列权利：

（一）许可他人复制其录音制品；

（二）许可他人发行其录音制品；

（三）许可他人出租其录音制品；

（四）许可他人以无线或者有线方式向公众提供其录音制品，使公众可以在其个人选定的时间和地点获得该录音制品。

前款规定的权利的保护期为五十年，自录音制品首次制作完成后次年1月1日起算。

被许可人复制、发行、出租、通过信息网络向公众传播录音制品，还应当取得著作权人、表演者许可。

**第四十条** 以下列方式使用录音制品的，其录音制作者享有获得合理报酬的权利：

（一）以无线或者有线方式公开播放录音制品或者转播该录音制品的播放，以及通过技术设备向公众传播该录音制品的播放；

（二）通过技术设备向公众传播录音制品。

## 第四节 广播电台、电视台

**第四十一条** 本法所称的广播电视节目，是指广播电台、电视台首次播放的载有声音或者图像的信号。

**第四十二条** 广播电台、电视台对其播放的广播电视节目享有下列权利：

（一）许可他人以无线或者有线方式转播其广播电视节目；

（二）许可他人录制其广播电视节目；

（三）许可他人复制其广播电视节目的录制品。

前款规定的权利的保护期为五十年，自广播电视节目首次播放后的次年1月1日起算。

被许可人以本条第一款规定的方式使用作品、表演和录音制品的，还应当取得著作权人、表演者和录音制作者的许可。

# 第四章 权利的限制

**第四十三条** 在下列情况下使用作品，可以不经著作权人许可，不向其支付报酬，但应当指明作者姓名或者名称、作品名称、作品出处，并且不得侵犯著作权人依照本法享有的其他权利：

（一）为个人学习、研究，复制他人已经发表的作品的片段；

（二）为介绍、评论某一作品或者说明某一问题，在作品中适当引用他人已经发表的作品，引用部分不得构成引用人作品的主要或者实质部分；

（三）为报道新闻，在报纸、期刊、广播电台、电视台、网络等媒体中不可避免地再现或者引用已经发表的作品；

（四）报纸、期刊、广播电台、电视台、网络等媒体刊登或者播放其他报纸、期刊、广播电台、电视台、网络等媒体已经发表的关于政治、经济、宗教问题的时事性文章，但作者声明不得使用的除外；

（五）报纸、期刊、广播电台、电视台、网络等媒体刊登或者播放在

公众集会上发表的讲话,但作者声明不得使用的除外;

(六)为学校课堂教学或者科学研究,翻译或者少量复制已经发表的作品,供教学或者科研人员使用,但不得出版;

(七)国家机关为执行公务在合理范围内使用已经发表的作品;

(八)图书馆、档案馆、纪念馆、博物馆、美术馆等为陈列或者保存版本的需要,复制本馆收藏的作品;

(九)免费表演已经发表的作品,该表演未向公众收取费用,未向表演者支付报酬,也未以其他方式获得经济利益;

(十)对设置或者陈列在室外公共场所的艺术作品进行临摹、绘画、摄影、录像并复制、发行以及向公众传播,但不得以该艺术作品的相同方式复制、陈列以及公开传播;

(十一)将中国自然人、法人或者其他组织已经发表的以汉语言文字创作的作品翻译成少数民族语言文字作品在国内出版;

(十二)将已经发表的作品改成盲文出版;

(十三)其他情形。

以前款规定的方式使用作品,不得影响作品的正常使用,也不得不合理地损害著作权人的合法利益。

**第四十四条** 计算机程序的合法授权使用者可以从事下列行为:

(一)根据使用的需要把该程序装入计算机等具有信息处理能力的装置内;

(二)为了防止计算机程序损坏而制作备份复制件;这些备份复制件不得通过任何方式提供给他人使用,并在本人丧失合法授权时,负责将备份复制件销毁;

(三)为了把该程序用于实际的计算机应用环境或者实现其功能而进行必要的改动;未经该程序的著作权人许可,不得向任何第三方提供修改后的程序以及专门用作修改程序的装置或者部件。

**第四十五条** 为了学习和研究计算机程序内含的设计思想和原理,计算机程序的合法授权使用者通过安装、显示、传输或者存储等方式使用计算机程序的,可以不经计算机程序著作权人许可,不向其支付报酬。

**第四十六条** 计算机程序的合法授权使用者在通过正常途径无法获取必要的兼容性信息时,可以不经该程序著作权人许可,复制和翻译该程序中与兼容性信息有关的部分内容。

适用前款规定获取的信息，不得超出计算机程序兼容的目的使用，不得提供给他人，不得用于开发、生产或者销售实质性相似的计算机程序，不得用于任何侵犯著作权的行为。

**第四十七条** 为实施国家义务教育编写教科书，依照本法第五十条规定的条件，可以不经著作权人许可，在教科书中汇编已经发表的短小的文字作品、音乐作品或者单幅的美术作品、摄影作品、图形作品。

**第四十八条** 文字作品在报刊上刊登后，其他报刊依照本法第五十条规定的条件，可以不经作者许可进行转载或者作为文摘、资料刊登。

报刊社对其刊登的作品根据作者的授权享有专有出版权，并在其出版的报刊显著位置作出不得转载或者刊登的声明的，其他报刊不得进行转载或者刊登。

**第四十九条** 广播电台、电视台依照本法第五十条规定的条件，可以不经著作权人许可，播放其已经发表的作品；但播放视听作品，应当取得著作权人的许可。

本条规定适用于中国著作权人以及其作品创作于中国的外国著作权人。

**第五十条** 根据本法第四十七条、第四十八条和第四十九条的规定，不经著作权人许可使用其已发表的作品，必须符合下列条件：

（一）在首次使用前向相应的著作权集体管理组织申请备案；

（二）在使用作品时指明作者姓名或者名称、作品名称和作品出处，但由于技术原因无法指明的除外；

（三）在使用作品后一个月内按照国务院著作权行政管理部门制定的付酬标准直接向权利人或者通过著作权集体管理组织向权利人支付使用费，同时提供使用作品的作品名称、作者姓名或者名称和作品出处等相关信息。前述付酬标准适用于自本法施行之日起的使用行为。

著作权集体管理组织应当及时公告前款规定的备案信息，并建立作品使用情况查询系统供权利人免费查询作品使用情况和使用费支付情况。

著作权集体管理组织应当在合理时间内及时向权利人转付本条第一款所述的使用费。

**第五十一条** 著作权保护期未届满的已发表作品，使用者尽力查找其权利人无果，符合下列条件之一的，可以在向国务院著作权行政管理部门指定的机构申请并提存使用费后以数字化形式使用：

（一）著作权人身份不明的；

（二）著作权人身份确定但无法联系的。

前款具体实施办法，由国务院著作权行政管理部门另行规定。

## 第五章　权利的行使

### 第一节　著作权和相关权合同

第五十二条　著作权人可以通过许可、转让、设立质权或者法律允许的其他形式行使著作权中的财产权。

第五十三条　使用他人作品，应当同著作权人订立许可使用合同，本法规定可以不经许可的除外。

许可使用合同包括下列主要内容：

（一）作品的名称；

（二）许可使用的权利种类和使用方式；

（三）许可使用的是专有使用权或者非专有使用权；

（四）许可使用的地域范围、期限；

（五）付酬标准和办法；

（六）违约责任；

（七）双方认为需要约定的其他内容。

使用作品的付酬标准由当事人约定，当事人没有约定或者约定不明的，按照市场价格或者国务院著作权行政管理部门会同有关部门制定的付酬标准支付报酬。

第五十四条　许可使用的权利是专有使用权的，许可使用合同应当采取书面形式。

合同中未明确约定许可使用的权利是专有使用权的，视为许可使用的权利为非专有使用权。

合同中约定许可使用的方式是专有使用权，但对专有使用权的内容没有约定或者约定不明的，视为被许可人有权排除包括著作权人在内的任何人以同样的方式使用作品。

报刊社与著作权人签订专有出版权合同，但对专有出版权的期限没有约定或者约定不明的，专有出版权的期限推定为一年。

**第五十五条** 图书出版合同中约定图书出版者享有专有出版权但没有明确其具体内容的，视为图书出版者享有在合同有效期内和在合同约定的地域范围内以同种文字的原版、修订版出版图书的专有权利。

**第五十六条** 图书出版者重印、再版作品的，应当通知著作权人，并支付报酬。

图书脱销后，图书出版者拒绝重印、再版的，著作权人有权终止合同。著作权人寄给图书出版者的两份订单在6个月内未得到履行，视为图书脱销。

**第五十七条** 转让著作权中的财产权利，应当订立书面合同。

权利转让合同包括下列主要内容：

（一）作品的名称；

（二）转让的权利种类、地域范围；

（三）转让金；

（四）支付转让金的日期和方式；

（五）违约责任；

（六）双方认为需要约定的其他内容。

**第五十八条** 许可使用合同和转让合同中著作权人未明确许可或者转让的权利，未经著作权人同意，被许可人或者受让人不得行使。

未经著作权人同意，被许可人不得许可第三人行使同一权利。

**第五十九条** 与著作权人订立专有许可合同或者转让合同的，使用者可以向国务院著作权行政管理部门设立的专门登记机构登记。未经登记的权利，不得对抗善意第三人。

登记应当缴纳费用，收费标准由国务院财政、价格管理部门确定。

**第六十条** 以著作权出质的，由出质人和质权人向国务院著作权行政管理部门办理出质登记。

登记应当缴纳费用，收费标准由国务院财政、价格管理部门确定。

## 第二节 著作权集体管理

**第六十一条** 著作权集体管理组织是根据著作权人和相关权人的授权或者法律规定,以集体管理的方式行使权利人难以行使和难以控制的著作权或者相关权的非营利性社会组织。

著作权集体管理组织管理权利时,可以以自己的名义为著作权人和相关权人主张权利,并可以作为当事人进行著作权或者相关权的诉讼、仲裁和调解活动。

**第六十二条** 著作权集体管理组织应当根据管理的权利提供使用费标准,该标准在国务院著作权行政管理部门指定的媒体上公告实施,有异议的,由国务院著作权行政管理部门组织专门委员会裁定,裁定为最终结果,裁定期间使用费标准不停止执行。

前款所述专门委员会由法官、著作权集体管理组织的监管部门公务员、律师等组成。

**第六十三条** 著作权集体管理组织取得权利人授权并能在全国范围内代表权利人利益的,可以就自助点歌系统向公众传播已经发表的音乐或者视听作品以及其他方式使用作品,代表全体权利人行使著作权或者相关权,权利人书面声明不得集体管理的除外。

著作权集体管理组织在转付相关使用费时,应当平等对待所有权利人。

**第六十四条** 著作权和相关权权利人依据本法第十四条和第四十条享有的获酬权,应当通过相应的著作权集体管理组织行使。

**第六十五条** 两个以上著作权集体管理组织就同一使用方式向同一使用者收取使用费的,应当共同制定统一的使用费标准,并且协商确定由一个著作权集体管理组织统一收取使用费。收取的使用费应当在相应的著作权集体管理组织之间合理分配。

**第六十六条** 国务院著作权行政管理部门主管全国的著作权集体管理工作,负责著作权集体管理组织的设立、业务范围、变更、注销以及其他登记事项的审批和监督管理。

国务院其他主管部门在各自职责范围内对著作权集体管理组织进行

监督管理。

第六十七条  著作权集体管理组织的设立方式、业务范围、权利义务、著作权许可使用费的收取和分配,对其监督和管理,授权使用收费标准异议裁定等事宜由国务院另行规定。

## 第六章  技术保护措施和权利管理信息

第六十八条  本法所称的技术保护措施,是指权利人为防止、限制其作品、表演、录音制品或者广播电视节目被复制、浏览、欣赏、运行、改编或者通过网络传播而采取的有效技术、装置或者部件。

本法所称的权利管理信息,是指说明作品及其作者、表演及其表演者、录音制品及其制作者的信息、广播电视节目及其广播电台电视台,作品、表演、录音制品以及广播电视节目权利人的信息和使用条件的信息,以及表示上述信息的数字或者代码。

第六十九条  为保护著作权和相关权,权利人可以采用技术保护措施。

未经许可,任何组织或者个人不得故意避开或者破坏技术保护措施,不得故意制造、进口或者向公众提供主要用于避开或者破坏技术保护措施的装置或者部件,不得故意为他人避开或者破坏技术保护措施提供技术或者服务,但是法律、行政法规另有规定的除外。

第七十条  未经权利人许可,不得进行下列行为:

(一)故意删除或者改变权利管理信息,但由于技术上的原因无法避免删除或者改变的除外;

(二)知道或者应当知道相关权利管理信息被未经许可删除或者改变,仍然向公众提供该作品、表演、录音制品或者广播电视节目。

第七十一条  下列情形可以避开技术保护措施,但不得向他人提供避开技术保护措施的技术、装置或者部件,不得侵犯权利人依法享有的其他权利:

(一)为学校课堂教学或者科学研究,向少数教学、科研人员提供已经发表的作品、表演、录音制品或者广播电视节目，而该作品、表演、录音制品或者广播电视节目无法通过正常途径获取；

（二）不以营利为目的，以盲人能够感知的独特方式向盲人提供已经发表的作品，而该作品无法通过正常途径获取；

（三）国家机关依照行政、司法程序执行公务；

（四）具有安全测试资质的机构对计算机及其系统或者网络的安全性能进行测试；

（五）进行加密研究或者计算机程序反向工程研究。

# 第七章　权利的保护

第七十二条　侵犯著作权或者相关权，违反本法规定的技术保护措施或者权利管理信息有关义务的，应当依法承担停止侵害、消除影响、赔礼道歉、赔偿损失等民事责任。

第七十三条　网络服务提供者为网络用户提供存储、搜索或者链接等单纯网络技术服务时，不承担与著作权或者相关权有关的审查义务。

他人利用网络服务实施侵犯著作权或者相关权行为的，权利人可以书面通知网络服务提供者，要求其采取删除、断开链接等必要措施。网络服务提供者接到通知后及时采取必要措施的，不承担赔偿责任；未及时采取必要措施的，对损害的扩大部分与该侵权人承担连带责任。

网络服务提供者知道或者应当知道他人利用其网络服务侵害著作权或者相关权，未及时采取必要措施的，与该侵权人承担连带责任。

网络服务提供者教唆或者帮助他人侵犯著作权或者相关权的，与该侵权人承担连带责任。

网络服务提供者通过网络向公众提供他人作品、表演或者录音制品，不适用本条第一款规定。

第七十四条　使用者使用权利人难以行使和难以控制的权利，依照与著作权集体管理组织签订的合同向其支付会员的报酬后，非会员权利人就同一权利和同一使用方式提起诉讼的，使用者应当停止使用，并按照相应的著作权集体管理使用费标准赔偿损失。

下列情形不适用前款规定：

（一）使用者知道非会员权利人作出不得以集体管理方式行使其权利的声明，仍然使用其作品的；

（二）非会员权利人通知使用者不得使用其作品，使用者仍然使用的；

（三）使用者履行非会员诉讼裁决停止使用后，再次使用的。

**第七十五条** 计算机程序的复制件持有人不知道也不应当知道该程序是侵权复制件的，不承担赔偿责任；但是应当停止使用、销毁该侵权复制件。计算机程序复制件持有人需要继续使用该计算机程序的，应当取得该计算机程序著作权人的许可。

**第七十六条** 侵犯著作权或者相关权的，在计算损害赔偿数额时，权利人可以选择实际损失、侵权人的违法所得、权利交易费用的合理倍数或者一百万元以下数额请求赔偿。

对于两次以上故意侵犯著作权或者相关权的，人民法院可以根据前款计算的赔偿数额的二倍至三倍确定赔偿数额。

人民法院在确定赔偿数额时，应当包括权利人为制止侵权行为所支付的合理开支。

人民法院为确定赔偿数额，在权利人已经尽力举证，而与侵权行为相关的账簿、资料主要由侵权人掌握的情况下，可以责令侵权人提供与侵权行为相关的账簿、资料；侵权人不提供或者提供虚假的账簿、资料的，人民法院可以根据权利人的主张判定侵权赔偿数额。

**第七十七条** 下列侵权行为，可以由著作权行政管理部门责令停止侵权行为，予以警告，没收违法所得，没收、销毁侵权制品和复制件，非法经营额五万元以上的，可处非法经营额一倍以上五倍以下的罚款，没有非法经营额、非法经营额难以计算或者非法经营额五万元以下的，可处二十五万元以下的罚款；情节严重的，著作权行政管理部门可以没收主要用于制作侵权制品和复制件的材料、工具、设备等；构成犯罪的，依法追究刑事责任：

（一）未经著作权人许可，复制、发行、出租、展览、表演、播放、通过网络向公众传播其作品的，本法另有规定的除外；

（二）未经表演者许可，播放、录制其表演，复制、发行、出租录有其表演的录音制品，或者通过网络向公众传播其表演的，本法另有规定的除外；

（三）未经录音制作者许可，复制、发行、出租、通过网络向公众传播其录音制品的，本法另有规定的除外；

（四）未经广播电台、电视台许可，转播、录制、复制其广播电视节目的，本法另有规定的除外；

（五）使用他人享有专有使用权的作品、表演、录音制品或者广播电视节目的；

（六）违反本法第五十条规定使用他人作品的；

（七）未经许可，使用权利人难以行使和难以控制的著作权或者相关权的，本法第七十四条第一款规定的情形除外；

（八）制作、出售假冒他人署名的作品的。

**第七十八条** 下列违法行为，可以由著作权行政管理部门予以警告，没收违法所得，没收主要用于避开、破坏技术保护措施的装置或者部件；情节严重的，没收相关的材料、工具和设备，非法经营额五万元以上的，可处非法经营额一倍以上五倍以下的罚款，没有非法经营额、非法经营额难以计算或者非法经营额五万元以下的，可处二十五万元以下的罚款；构成犯罪的，依法追究刑事责任：

（一）未经许可，故意避开或者破坏权利人采取的技术保护措施的，法律、行政法规另有规定的除外；

（二）未经许可，故意制造、进口或者向他人提供主要用于避开、破坏技术保护措施的装置或者部件，或者故意为他人避开或者破坏技术保护措施提供技术或者服务的；

（三）未经许可，故意删除或者改变权利管理信息的，本法另有规定的除外；

（四）未经许可，知道或者应当知道权利管理信息被删除或者改变，仍然复制、发行、出租、表演、播放、通过网络向公众传播相关作品、表演、录音制品或者广播电视节目的。

**第七十九条** 著作权行政管理部门对涉嫌侵权和违法行为进行查处时，可以询问有关当事人，调查与涉嫌侵权和违法行为有关的情况；对当事人涉嫌侵权和违法行为的场所和物品实施现场检查；查阅、复制与涉嫌侵权和违法行为有关的合同、发票、账簿以及其他有关资料；对于涉嫌侵权和违法行为的场所和物品，可以查封或者扣押。

著作权行政管理部门依法行使前款规定的职权时，当事人应当予以协助、配合，无正当理由拒绝、阻挠或者拖延提供前款材料的，可以由著作权行政管理部门予以警告；情节严重的，没收相关的材料、工具和设备；构成犯罪的，依法追究刑事责任。

第八十条 当事人对行政处罚不服的，可以自收到行政处罚决定书之日起六十日内向有关行政机关申请行政复议，或者自收到行政处罚决定书之日起三个月内向人民法院提起诉讼，期满不申请行政复议或者提起诉讼，又不履行的，著作权行政管理部门可以申请人民法院执行。

第八十一条 著作权和相关权的使用者在下列情形下，应当承担民事或者行政法律责任：

（一）复制件的出版者、制作者不能证明其出版、制作有合法授权的；

（二）网络用户不能证明其通过网络向公众传播的作品有合法授权的；

（三）出租者不能证明其出租视听作品、计算机程序或者录音制品的原件或者复制件有合法授权的；

（四）发行者不能证明其发行的复制件有合法来源的。

第八十二条 著作权人或者相关权人申请行为、财产或者证据保全的，适用《中华人民共和国民事诉讼法》有关保全的规定。

第八十三条 人民法院审理案件，对于侵犯著作权或者相关权的，可以没收违法所得、侵权制品和复制件以及进行违法活动的财物。

第八十四条 著作权和相关权纠纷的当事人可以按照《中华人民共和国仲裁法》向仲裁机构申请仲裁，也可以申请调解。

第八十五条 著作权行政管理部门可以设立著作权纠纷调解委员会，负责著作权和相关权纠纷的调解。调解协议的司法确认，适用《中华人民共和国民事诉讼法》有关确认调解协议的规定。

著作权调解委员会的组成、调解程序以及其他事项，由国务院著作权行政管理机关另行规定。

第八十六条　著作权人和相关权人对进口或者出口涉嫌侵害其著作权或者相关权的物品，可以申请海关查处。具体办法由国务院另行规定。

## 第八章　附则

第八十七条　本法所称的著作权即版权。

第八十八条　相关权的限制和行使适用本法中著作权的相关规定。

第八十九条　本法规定的著作权人和相关权人的权利，在本法施行之日尚未超过本法规定的保护期的，依照本法予以保护。

本法施行前发生的侵权或者违约行为，依照侵权或者违约行为发生时的有关法律、规定和政策处理。

第九十条　本法自　年　月　日起施行

# 参考文献

## 一 中文著作

1. 王流芳：《社区图书馆的理论与实践》，中国民族摄影艺术出版社 2002 年版。
2. 王立贵：《中外图书馆事业比较研究》，齐鲁书社 1999 年版。
3. 于良芝：《图书馆学导论》，科学出版社 2003 年版。
4. 桑建：《图书馆学概论》，辽宁人民出版社 1985 年版。
5. 董云虎：《世界人权约法总览》，四川人民出版社 1990 年版。
6. 全国人大常委会法制工作委员会：《中华人民共和国著作权法修改立法资料选》，法律出版社 2002 年版。
7. 吴汉东：《知识产权法》，北京大学出版社 2007 年版。
8. 王迁：《著作权法》，北京大学出版社 2007 年版。
9. 李永明：《知识产权法》，浙江大学出版社 2004 年版。
10. 刘春田：《知识产权法》，北京大学出版社 2003 年版。
11. 董保华：《社会法原论》，中国政法大学出版社 2001 年版。
12. 肖燕：《网络环境下的著作权与数字图书馆》，国家图书馆出版社 2002 年版。
13. 吴汉东：《知识产权基本问题研究》，中国人民大学出版社 2005 年版。
14. 李明德：《美国知识产权》，法律出版社 2003 年版。
15. 李培：《数字图书馆原理及应用》，高等教育出版社 2004 年版。
16. 李明德：《著作权法》，法律出版社 2003 年版。

## 二 外文译著

1. [挪] A. 艾德：《经济、社会和文化的权利》，黄列译，中国社会科学出版社 2003 年版。
2. [美] 罗伯特·考特、托马斯·尤伦：《法和经济学》，张军等译，上海人民出版社 1994 年版。

3. [美] 波纳斯:《法律之经济分析》,台湾商务印书馆 1987 年版。

4. [日] 中山信弘:《多媒体与著作权》,张玉瑞译,专利文献出版社 1997 年版。

5. [日] 竹内弘高、野中郁次郎:《知识创造的螺旋》,李萌译,知识产权出版社 2006 年版。

6. [法] 克洛德·科隆贝:《世界各国著作权和邻接权的基本原则——比较法研究》,高凌瀚译,上海外语教育出版社 1995 年版。

7. [西] 利普希克:《著作权与邻接权》,联合国教科文组织译,中国对外翻译出版公司 2000 年版。

### 三 外文著作

1. Paul Goldstein, *Copyright Highway*, New York: Hill And Wang Adivision of Farrar, Straus and Giroux, 1994.

2. Sam Ricketson, Jane C. Ginsburg, *International Copyright and Neighboring Rights: The Berne Convention and Beyond*, Oxford University Press, 2006.

3. Ficsor, M., T. *he Law of Copyright and the Internet: the 1996 WIPO Treaties – Their Interpretation and Implementation*, New York: Oxford University Press, 2002.

4. *Library of Congress. Strategic plan: Fiscal years* 2004 – 2008, Washington, DC: Library of Congress, 2003.

5. W. R. Cornish, *Intellectual Property: Patent, Copyright, Trademarks and Allied Right*, Landon: Sweet & Maxwell, 1981.

6. L. Ray Patterson, *Stanley W. Lindberg. The Nature of Copyright: A Law of Users' Right*, the University of Georgia Press, 1991.

7. Michael Lesk, *ractial Digitical Libraries: books, bytes, and bucks*, San Francisco: Morgran Kaufmann Publisher, 1997.

8. Peter Drahos, *A Philosophy of Intellectual Property*, Dart – mouth Publishing, 1996.

9. Polanyi M, *The Tacit Dimension*, London: Doubleday & Company, 1967.

10. Nonaka I., *The Knowledge Creating Company: How Japanese Companies Create the Dynamics of Innovation*, New York: Oxford University Press, 1995.

11. Stewart S, *International Copyright and Neighbouring Rights*, Butterworths, 1989.

12. Nimmer M, *Nimmer D. Nimmer on Copyright*, Lexis Pub, 1999.

### 四 中文论文

1. 吉宇宽:《图书馆享有著作权豁免法理基础探析》,《情报资料工作》2007 年第

3 期。
2. 吴汉东：《科技、经济、法律协调机制中的知识产权法》，《法学研究》2001 年第 6 期。
3. 冯晓青：《著作权法目的与利益平衡论》，《科技与法律》2004 年第 2 期。
4. 梅术文：《物尽其用与利益分享》，《中国发明与专利》2007 年第 6 期。
5. 柯平：《基于群落生态原理的公共文化服务体系中的公共图书馆定位研究》，《图书馆论坛》2008 年第 6 期。
6. 费安玲：《论著作权法的理念与数字图书馆的利益维护》，《中国版权》2006 年第 1 期。
7. 张今：《数字环境下恢复著作权利益平衡的思路》，《科技与法律》2004 年第 4 期。
8. 冯晓青：《著作权扩张及其缘由透视》，《政法论坛》2006 年第 11 期。
9. 袁真富：《版权保护中的技术措施对公众利益的妨碍及其对策》，《中国专利与商标》2002 年第 3 期。
10. 范并思：《信息获取权利：政府信息公开的法理基础》，《图书情报工作》2008 年第 6 期。
11. 李钢、匡传英：《论作品无障碍版式的著作权合理使用》，《中国出版》2013 年第 5 期。
12. 魏建国：《3G 时代数字图书馆的发展方向及其服务模式的构建》，图书情报工作杂志社第 24 次学术研讨会论文集，2011 年 5 月。
13. 周光斌：《从欧盟实践看我国三网融合》，《中国电信业》2010 年第 3 期。
14. 郭溪川：《国内外基于 3G 网络的移动数字图书馆实践现状和创新应用》，《图书情报工作》2011 年第 9 期。
15. 梅术文：《我国著作权法上的传播权整合》，《法学》2010 年第 9 期。
16. 吉宇宽：《基于"三网"融合的图书馆著作权利益新诉求》，《图书馆理论与实践》2012 年第 1 期。
17. 梅术文：《信息网络传播权合理使用的立法完善》，《法学》2008 年第 6 期。
18. 刘耀：《网络传播技术控制的直接控制模式研究》，《情报科学》2009 年第 9 期。
19. 黄玉烨：《著作权合理使用具体情形立法完善之探讨》，《法商研究》2012 年第 4 期。
20. 陶鑫良：《网上作品传播的"法定许可"适用探讨》，《知识产权》2008 年第 4 期。
21. 李永明、曹兴龙：《中美著作权法定许可制度比较研究》，《浙江大学学报》2005 年第 4 期。

22. 张晓林：《颠覆数字图书馆的大趋势》，《中国图书馆学报》2011年第9期。
23. 熊琦：《著作权法法定许可的正当性解构与制度替代》，《知识产权》2011年第6期。
24. 陈传夫：《转型时期图书馆知识产权观管理战略需求、目标与路径》，《中国图书馆学报》2010年第2期。
25. 吴汉东：《科技、经济、法律协调机制中的知识产权法》，《法学研究》2001年第6期。
26. 冯晓青：《著作权法目的与利益平衡论》，《科技与法律》2004年第2期。
27. 冯洁涵：《全球公共健康危机、知识产权国际保护与WTO多哈宣言》，《法学评论》2003年第2期。
28. 吴汉东：《合理使用制度的法律价值分析》，《法律科学》1996年第3期。
29. 程焕文：《岭南模式：崛起的广东公共图书馆事业》，《中国图书馆学报》2007年第3期。
30. 王巧玲、钟永恒、江洪：《英国科学数据共享政策法规研究》，《图书馆杂志》2009年第10期。
31. 曹新明：《试论"均衡原理"对著作权法律制度的作用》，《著作权》1996年第2期。
32. 冯晓青：《试论知识产权的专有性》，《知识产权》2006年第5期。
33. 吴汉东：《合理使用制度的经济分析》，《法商研究》1996年第2期。
34. 姚长青等：《基于DOI技术的数字化信息知识产权保护研究》，《数字图书馆论坛》2007年第10期。
35. 张今：《数字环境下私人复制的限制与反限制》，《法商研究》2005年第6期。
36. 冯晓青：《论著作权法与公共利益》，《法学论坛》2004年第3期。
37. 余彩霞：《GATS与我国图书馆的公益性服务》，《图书馆理论与实践》2003年第6期。
38. 刘玲香：《英美国家的版权代理人》，《出版参考》2002年第22期。
39. 卢海君：《论市场导向的著作权集体管理》，《电子知识产权》2007年第3期。
40. 香江波：《中西方"版代"的差距在哪里？》，《出版参考》2006年第14期。
41. 徐彦冰：《网络时代版权利益平衡的再审视》，《上海知识产权论坛》2004年第3期。
42. 北川善太郎：《网上信息、著作权与契约》，《环球法律评论》1998年第3期。
43. 高富平：《寻求数字时代的版权法生存法则》，《知识产权》2011年第2期。
44. 熊琦：《网络授权使用与合理使用的冲突与竞合》，《科技与法律》2006年第

2 期。

45. 陈传夫：《开放软件资源的知识产权问题研究》，《大学图书馆学报》2004 年第 5 期。
46. 张晓林：《颠覆数字图书馆的大趋势》，《中国图书馆学报》2011 年第 9 期。
47. 沈水荣：《新媒体新技术下的阅读新变革》，《出版参考》2011 年第 27 期。
48. 陈传夫：《图书馆资源公益性增值利用的优势、挑战与开发定位》，《图书与情报》2012 年第 2 期。
49. 张晓林：《重新认识知识过程和知识服务》，《图书情报工作》2009 年第 1 期。
50. 初景利、吴冬曼：《论图书服务的泛在化——以用户为中心重构图书馆服务模式》，《图书馆建设》2008 年第 4 期。
51. 刘军华：《论"通过计算机网络定时播放作品"行为的权利属性与侵权之法律适用》，《东方法学》2009 年第 1 期。
52. 李后卿、孙涵楚、张福林：《知识共享的层面体系研究》，《图书馆》2011 年第 6 期。
53. 肖志远：《版权制度的政策蕴含及其启示》，《法学杂志》2009 年第 10 期。
54. 王太平：《著作权保护的双重限制》，《知识产权》2007 年第 4 期。
55. 初景利、孟连生：《参考咨询服务的数字化趋向》，《图书馆建设》2003 年第 3 期。
56. 戴龙基、张红扬：《图书馆联盟——实现资源共享和互利互惠的组织形式》，《大学图书馆学报》2000 年第 3 期。
57. 刘可静：《知识产权与图书情报工作》，《图书情报工作》2002 年第 6 期。
58. 盛小平：《数字环境下图书馆的合理使用》，《图书馆》2005 年第 5 期。
59. 吉宇宽：《图书馆作为 ISP 著作权侵权豁免分析》，《图书馆学研究》2008 年第 7 期。
60. 顾敏康：《欧盟基本权利宪章的启迪》，《人权》2002 年第 4 期。
61. 冯晓青、李薇：《德国著作权法中报酬请求权制度及其启示》，《河北法学》2010 年第 12 期。
62. 盖红波：《从数字出版到数字图书馆的有效对接》，《图书馆建设》2007 年第 5 期。
63. 熊琦：《著作权许可的私人创制与法定安排》，《政法论坛》2012 年第 6 期。
64. 张晓林等：《开放获取学术资源：逼近"主流化"转折点》，《图书情报工作》2012 年第 5 期。
65. 张晓林、刘兰、李麟：《科技信息开放获取的内涵演变责任意义》，《图书情报工作》2009 年第 3 期。
66. 张平:《数字图书馆版权纠纷及授权模式探讨》,《法律适用》2010 年第 1 期。
67. 吉宇宽:《图书馆合理使用的发展、限制与保障》,《图书馆工作与研究》2013 年第 2 期。

## 五 外文论文

1. Gordon W., "A Property Right in Self-Expression: Equality and Individualism in the Natural Lawof Intellectual Property Right", *Yale Law Journal*, No. 7, 1993.
2. Litman J., "The Public Domain", *Emory Law Journal*, No. 39, 1990.
3. Ochoa T., "Origins and Meanings of the Public Domain", *University of Dayton Law Review*, No. 28, 2002.
4. Samuels E., "The Public Domain in Copyright Law", *Journal of the Copyright Society of the USA*, No. 5, 1993.
5. Goldstein P., "Copyright and its Substitutes", *Electronic Intellectual Property*, No. 6, 1999.
6. Gideon P., Kevin G., "Fair Use Harbors", *Virginia Law Review*, No. 6, 2007.
7. Guo-Xin Li, "Library Information Network Services and the Information Network Transmission Right Protection Ordinance", *Journal of Library and Information Science*, No. 1, 2007.
8. Randal C. Picker, "From Edison to the Broadcast Flag: Mechanisms of Consent and Refusal and the Propertization of Copyright", *The University of Chicago Law Review*, No. 1, 2003.
9. Ian Ayres, Eric Talley, "Solomonic Bargaining: Dividing a Legal Entitlement to Facilitate Coasean Trade", *The Yale Law Journal*, No. 5, 1995.
10. Merges, Robert P., "Contracting into Liability Rules: Intellectual Property Rights and Collective Rights Organizations", *California Law Review*, No. 5, 1996.
11. Smith, Henry E., "Institutions and Indirectness in Intellectual Property", *University of Pennsylvania Law Review*, No. 6, 2009.
12. Ben Depooter, Francesco Parisi, "Fair Use and Copyright protection: A Price Theory Explanation", *International Review of Law and Economics*, No. 4, 2002.
13. Daniel J. Gervais, "The Internationalization of Intellectual Property: New Challenges from the VeryOld and the VeryNew, Fordham Intellectual Property", *Media & Entertainment Law Journal*, No. 1, 2002.
14. Lopez, "Books and Challenges of New Technologies", *Copyright Bulletin*, No. 3, 2002.

15. Patterson L., Lindberg S., "The Nature of Copyright: A Law of Users' Right", *Journal of Academic Librarianship*, No. 1, 1993.
16. Aktekin, "Keeping Up with WIPO", *Managing Intellectual Property*, No. 17, 2007.
17. Jacqueline L., "Copyright Versus Fair Use", *New Teacher Advocate*, No. 4, 2012.
18. Christie A., "The New Right of Communication in Australia", *Sydney Law Review*, No. 9, 2005.
19. Depooter B., Parisi F., "Fair Use and Copyright Protection: A Price Theory Explanation", *International Review of Law and Economics*, No. 4, 2002.
20. Merges P. Robert, "A New Dynamism in the Public Domain", *The University of Chicago Law Review*, No. 1, 2004.

## 六 网络文献

1. 李玉香：《论知识产权的私权性和权力让渡》，2012年8月28日，http://www.studa.net/minfa/061110/11270161-2.html。
2. 吴汉东：《知识产权与人权：冲突、交叉与协调》，2013年1月22日，http://www.chinalawedu.com/news/16900/175/2004/7/ma4272253834177400217367-0122651.html。
3. 《与贸易有关的知识产权协定》第7条，2012年7月26日，http://www.sipo.gov.cn/sipo2008/zcfg/flfg/qt/gjty/200804/t20080403_369216.html。
4. "Research Funders Policies for the Management of Information Outputs", 2013-07-28, http://www.rin.ac.uk/policy information outputs.
5. 林峰：《视障者无障碍阅读国际条约获得通过》，2013年9月1日，http://news.xinhuanet.com/legal/2013-06/29/c_116338277.htm。
6. 《谈判者开始进行改进视障人士书籍获取的新条约的敲定工作》，2013年9月5日，http://www.ipr.gov.cn/guojiiprarticle/guojiipr/guobiebh/gjjgzz/201306/html。
7. "Standing Committee on Copyright and Related Rights, Revised Working Document On An International Instrument On Limitations And Exceptions For Visually Impaired Persons/Persons With Print isabilities, SCCR/24/9", 2013-09-08, http://www.flickr.com/photos/wipo.
8. "Human rights, Copyright and Visually Impaired Persons: Setting the Stage", 2013-09-05, http://lup.lub.lu.se/luur/download.
9. 《WIPO视障条约进入最后阶段》，2013年9月10日，http://www.ipr.gov.cn/guojiiprarticle/guojiipr/guobiebhjjgzz/html。
10. 《印度对WIPO视障人士条约谈判的看法》，2013-09-18，http://

www.ipr.gov.cn/guojiipraticle/guojiipr/guobiebhgjjgzz/201306/html。

11. 《欧洲议会成员要求去除WIPO盲人条约中的约束条件》，2013年9月20日，http：//copyright.las.ac.cn/news/6b276d328。

12. 《欧洲议会成员要求去除WIPO盲人条约中的约束条件》，2013年9月20日，http：//copyright.las.ac.cn/news/6b276d328。

13. 《视障者/阅读障碍者限制与例外国际文书》，2013年9年20日，http：//www.wipo.int/edocs/mdocs/copyright/zh/wipo_revwkgdoc。

14. 《我国三网融合发展历程》，2011年6月10日，http：//bbs.hualongxiang.com/read-htm-tid-7392990.html。

15. 张庶卓：《国家数字图书馆推广工程启动》，2011年8月20日，http：//www.chinanews.com/cul/2010/12-15/2724741.shtml。

16. 《光网城市：IPTV和智慧城市共进》，2011年9月15日，http：//www.enfodesk.com/SMinisite/index/articledetail-type_id-2-info_id-235290.html。

17. 《英国大学开放学习实施项目成效明显》，2011年9月20日，http：//www.open.ac.uk/。

18. 《三网融合的创新模式》，2011年9月20日，http：//www.sarft.net/a/31694.aspx.。

19. "UK Intellectual Property Committee. The Combination of Intellectual Propertyand Development Policy"，2011-11-20，http：//www.iprcommission.org/papers/word/Multi.

20. "Information Infrastructure Task Force，The Report of the Working Group on Intellectual Property and the National Information Infrastructure，1995"，2011-11-25.http：//www.lectlaw.com/files/inp12.htm。

21. 《美国数字千年版权法》，2013年5月20日，http：//www.techcn.com.cn/index.php？

22. 肖燕：《追寻著作权保护与权利限制的平衡》，《中国图书馆学报》，2013年5月20日，http：//www.cnki.net/kcms/detail/11.2746.G2.20110718.1329.001.html。

23. 《国家版权局公布中华人民共和国著作权法修改草案第二稿》，2013年5月28日，http：//www.ncac.gov.cn/cms/html/309/3502/201207/759779.html。

24. 曹新明：《关于权利弱化与利益分享理论之研究》，2010年8月28日，http：//www.iprch.com/view-new.asp？

25. 《吉林省图书馆联盟》，2012年4月25日，http：//www.clj.jllib.com/lmgk.html。

26. 《超星数字图书馆著作权付费办法》,2012 年 5 月 8 日,http://www.ssreader.com/dongtai/shengming.html#2。

27. 《中国音乐著作权协会服务》,2012 年 12 月 10 日,http://www.mcsc.com.cn/comein.do? method = comeinfo。

28. 《中国文字著作权协会服务》,2012 年 5 月 10 日,http://www.prccopyright.org.cn/。

29. 张平:《数字环境下版权授权方式研究》,2012 年 5 月 15 日,http://law.lawstar.com/txtcac/lwk/032/lwk032s191.txt.htm。

30. "TRIPS Agreement Preamble and Article 7",2012 - 05 - 12,http://www.translators.com.cn/Blog/netming/27800/2009/12/04/1559.html.

31. 周伟:《实现自己的数图——国家数字图书馆推广工程启动》,2013 年 2 月 12 日,http://www.cnstock.com/index/gdbb/201012/1048474.htm。

32. 马继超:《我国实行延伸著作权集体管理制度的必要性和紧迫性》,2013 年 2 月 12 日,http://www.cavca.org/news_show.php? un = xhxw&id = 543&tn = AC。

33. 《谷歌数字图书馆非营利性遭质疑》,《中国青年报》2009 年 12 月 29 日,http://www.chinanews.com.cn.2010/01 - 08/2060854.shtml。

34. "Copyright amendment (digital agenda) act 2000",2012 - 06 - 25,http://www.Decs.act.gov.au/policies/pdf/copyright - amendment.pdf.

35. 联合国教科文组织:《图书馆宣言》,2012 年 9 月 8 日,http://www.Ndcnc.gov.cn/datalib/opensts/2005/2005_12/opensts.2005 - 12 - 01.2282501503/view.

36. 李国新:《图书馆从数字出版到数字享用重要桥梁》,2012 年 10 月 8 日,http://www.cnm.gov.cn/web/cnm/cyzx/szcb/103376.htm。

37. 郑成思:《"数字图书馆"还是"数字公司"》,2012 年 10 月 8 日,http://www.bjiplawyer.cn/fxyj/600.html。

38. "Directive 2001 /29 /EC of the European Parliamentand of the Council",2012 - 10 - 10 日,http://europa.eu.int/eur - lex/pri/en/oj/dat/2001/1_167/11 6720010622en00100019.pdf.

39. 图书情报工作:《开放获取出版政策声明》,2013 年 2 月 28 日,www.lis.ac.cn。

40. Witt S.,"Knowledge management for social science information:Organizational and technical solutions to bridging disciplinary Structures",2012 - 10 - 25,http://conference.ifla.org/sites/default/files/files/papers/ifla77/142-witt-en.pdf.

41. Knapp J.,"Plugging the whole:Librarians as interdisciplinary Facilitators",2012 - 10 - 28,http://conference.ifla.org/sites/default/files/files/papers/ifla77/142-knapp-en.pdf.

42. 徐卓斌：《未经许可传播影视作品片段的侵权构成》，2012 年 10 月 20 日，http://www.law-lib.com/lw/lw_view.asp? no=20839。

43. 陈传夫、曾明、谢莹：《文献传递版权风险与规避策略》，2013 年 2 月 25 日，http://www.chinalibs.net。

44. 初景利：《从参考咨询走向知识咨询——图书馆咨询服务的变革与转型》，2013 年 5 月 5 日，http://124.16.154.130：8080/lis/CN/model/index.shtml。

45. 冯晓青：《论知识产权扩张与利益平衡》，2013 年 7 年 28 日，http://www.civillaw.com。

46. "the International Coalition of Library Consortia", 2013-06-28, http://www.library.yale.edu/consortia/index.html.

47. 《河南数字图书馆开通》，2012 年 4 月 12 日，http://www.ccnt.gov.cn/xxfbnew2011/xwzx/qgwhxxlb/201112/t201117.html。

48. 《著作权法修改增加延伸性集体管理内容惹争议》，2012 年 5 月 20 日，http://news.sina.com.cn/c/2012-04-05/030424221538.shtml。

49. 《国外出版商与数字图书馆的营销模式》，2014 年 1 月 10 日，http://www.chuban.cc/cbsd/201110/t20111019_95039.html。

50. 庞沁文：《数字出版的七大商业模式：营销渠道带动赢利》，2014 年 1 月 10 日，http://news.sina.com.cn/m/2011-10-19/104923327672.shtml。

51. 《加拿大采纳 SPARC 的作者版权协议补遗》，2014 年 1 月 10 日，http://www.jslib.org.cn。

52. 《德古意特推出针对图书馆的数字发行新模式》，2014 年 1 月 10 日，http://www.dajianet.com/digital/2013/0522/199709.shtml。